四川经济蓝皮书

2021四川经济展望

四川省县域经济研究中心
主编

四川人民出版社

图书在版编目（CIP）数据

2021四川经济展望 / 四川省县域经济研究中心主编.
—成都：四川人民出版社，2021.4
ISBN 978-7-220-12264-4

Ⅰ.①2… Ⅱ.①四… Ⅲ.①区域经济-经济分析-四川-2021②区域经济发展-经济发展趋势-经济预测-四川-2021 Ⅳ.①F127.71

中国版本图书馆CIP数据核字（2021）第015050号

2021 SICHUAN JINGJI ZHANWANG

2021 四川经济展望

四川省县域经济研究中心 主编

责任编辑	王 莹 蒋科兰
封面设计	张迪茗
内文设计	戴雨虹
特约校对	杨雨霏
责任印制	王 俊
出版发行	四川人民出版社（成都市槐树街2号）
网 址	http://www.scpph.com
E-mail	scrmcbs@sina.com
新浪微博	@四川人民出版社
发行部业务电话	（028）86259624 86259453
防盗版举报电话	（028）86259624
照 排	四川胜翔数码印务设计有限公司
印 刷	成都蜀通印务有限责任公司
成品尺寸	185mm×260mm
印 张	17.75
字 数	340千
版 次	2021年4月第1版
印 次	2021年4月第1次印刷
书 号	ISBN 978-7-220-12264-4
定 价	90.00元

《2021 四川经济展望》编辑委员会

《2021 四川经济展望》编辑部

目　录

宏观经济

区域经济

热点研究

产业与市场

附　录

Content

Part Ⅰ Macro-Economy

Part Ⅱ Regional Economy

Part Ⅲ Special Research

Part Ⅳ Industries and Markets

Appendix

宏观经济

2020年四川省经济运行情况与2021年预测

四川省发展和改革委员会国民经济综合处

一、2020年全省经济运行情况

2020年，面对错综复杂的国际形势、艰巨繁重的改革发展稳定任务，特别是新冠肺炎疫情的严重冲击，四川坚持以习近平新时代中国特色社会主义思想为指导，坚决贯彻落实党中央、国务院决策部署，按照“农业多贡献、工业挑大梁、投资唱主角、消费促升级”工作思路，统筹疫情防控和经济社会发展，积极推动成渝地区双城经济圈建设，深入实施“一干多支、五区协同”“四项拓展、全域开放”战略部署，扎实做好“六稳”工作，全面落实“六保”任务，全省经济逐季回升、稳定向好，全年实现地区生产总值48598.8亿元、增长3.8%，比全国高1.5个百分点，经济总量居全国第6位。

（一）三次产业全面增长

农业多贡献成效明显。召开现代农业园区建设现场会，扎实推进“10+3”现代农业发展。大力推动粮食扩面增产，全年粮食总产量达705.5亿斤、增长0.8%。严格落实非洲猪瘟防控措施，推动生猪产能加快恢复，全年生猪出栏5614.4万头、增长15.7%，年末生猪存栏3875.4万头、增长35%。川粮油、川茶、川果、川竹、川牛羊等特色产业加快发展，全年第一产业增加值增长5.2%。

工业挑大梁支撑有力。召开推动制造业高质量发展现场会，制定促进工业经济稳定增长的若干措施，全年规模以上工业增加值增长4.5%，比全国平均水平高1.7个百分点。重点产业增势较好，高技术产业增加值增长11.7%，高于规模以上工业7.2个百分点。关联指标持续向好，全年工业用电量增长7.7%，制造业采购经理指数连续4个月保持在扩张区间，税电指数连续9个月保持在100以上。全年第二产业增加值增长3.8%。

服务业加快恢复发展。召开服务业发展大会，建立省领导联系指导服务业“4+6”重点产业推进机制，扎实抓好服务业“三百工程”、服务业强县和现代服务业集聚区建设。持续做大做强金融业，四川银行挂牌开业，全年新增上市公司11家，其中科创板4家，金融业增加值增长6.4%。大力发展文化旅游产业，“天府三九大·安逸走四川”影响力持续提升，全年实现旅游收入6500亿元，恢复至2019年水平的57%。全年第三产业增加值增长3.4%。

（二）市场需求持续扩大

投资唱主角作用突出。召开全省抓项目促投资现场会，组织重大项目集中开工，建立投资项目“红黑榜”通报制度，深化基础设施等重点领域补短板三年行动，制定出台加快推进新型基础设施建设行动方案，全年全社会固定资产投资增长9.9%、比年度预期目标高1.9个百分点，21个市（州）全面实现正增长。773个省重点项目全年完成投资8362亿元、投资完成率133.7%，比2019年提高7.4个百分点。川藏铁路雅安至林芝段、成达万高铁实现开工建设，天府国际机场完成校飞，成自宜高铁、大运会体育场馆等加快建设。抢抓国家“逆周期”调节政策机遇，争取中央预算内投资和中央专项建设资金、抗疫特别国债、地方政府专项债券等国家资金2690.4亿元。

消费促升级效果显现。大力实施收入保障计划和消费提升行动，出台培育发展新消费三年行动方案，举办“天府里·悦生活”等系列促消费活动，支持成都创建国际消费中心城市，全年社会消费品零售总额20824.9亿元、下降2.4%，降幅比全国低1.5个百分点，其中：城镇消费下降2.5%，乡村消费下降2.1%。大力发展消费新业态，线上消费快速增长，实物商品网上零售额增长16.9%、比全国高2.1个百分点。

外贸实现高速增长。出台稳外贸配套政策，建立外贸订单跟踪机制，帮助重点企业保订单、保渠道，稳定市场份额，大力支持跨境电商、市场采购贸易试点等新业态发展，全省进出口总额首次突破8000亿元、达到8081.9亿元，居全国第8位、比2019年上升两位，增长19%、比全国高17.1个百分点。贸易结构持续优化，对东盟、欧盟进出口分别增长16.8%、27.4%，对“一带一路”沿线国家进出口增长24%。国际班列安全稳定高质量运行，成都国际班列开行4317列、增长35.5%，综合重载率97.7%。

（三）财政金融运行平稳

财政收支持续改善。切实加强财政运行调度，加大收入征管力度，加快资金支出进度，财政收支明显改善，全年全省地方一般公共预算收入完成4258亿元、增长4.6%，一般公共预算支出11200.7亿元、增长8.2%。全省财政民生支出7314亿元、占比为65.3%，比2019年提高0.1个百分点。

金融运行总体平稳。全省金融运行稳健，市场流动性总体充裕，截至

2020年底，全省金融机构本外币各项贷款余额71026亿元、增长13.7%，制造业、基础设施贷款余额分别增长14.9%、21.8%，普惠小微企业贷款余额增长27.5%，均高于全省贷款平均增速。融资成本持续下降，全年企业贷款加权平均利率5.08%，同比回落0.52个百分点。

（四）民生底线扎实兜牢

就业形势总体稳定。落实就业优先政策，扎实做好重点群体就业工作，在全国较早开展“春风行动”解决农民工外出务工难题，及时出台稳就业工作9条措施、促进高校毕业生就业10条措施，多渠道促进贫困劳动力就业。全年城镇新增就业96.2万人、完成年度预期目标113.2%。全年农村劳动力转移就业规模达2573.4万人、比2019年增加90.8万人。

居民收入稳步增长。不断拓宽居民收入渠道，全年城镇居民人均可支配收入38253元、增长5.8%；农村居民人均可支配收入15929元、增长8.6%；城乡居民收入倍差2.4、比2019年缩小0.06。

物价涨幅逐步回落。加大保供稳价力度，保障粮油菜、肉蛋奶等必需品供应充足，全年居民消费价格上涨3.2%，控制在4.5%的预期目标以内。落实社会救助和保障标准与物价上涨挂钩联动机制，全年累计发放价格临时补贴38.7亿元。

二、2021年经济运行的有利因素和面临的挑战

（一）有利因素

从国际看，世界经济将在低基数上开始恢复性增长。据国际货币基金组织、经合组织预测，2021年全球经济增长5.2%、4.2%，全球经济环境有望得到改善。从国内看，“十四五”规划实施进入开局起步之年。加快构建新发展格局，关键在于解决各类“卡脖子”和瓶颈问题，实现经济循环流转和产业关联畅通，这将为推动科技创新和产业结构升级创造新机遇和新空间。从四川省看，国家重大区域战略交汇叠加效应逐步显现。“一带一路”建设、长江经济带发展、新时代西部大开发、黄河流域生态保护和高质量发展、成渝地区双城经济圈建设等机遇在四川省交汇叠加，成为四川省提升区域位势和发展能级的一大优势，必将释放一系列政策红利、改革红利和发展红利。特别是《成渝地区双城经济圈建设规划纲要》的全面实施，为四川省带来的战略牵引力、政策推动力和发展支撑力前所未有。

（二）面临的挑战

一是世界经济增长不稳定性不确定性较大。当今世界正经历百年未有之大

变局，全球政治格局、经济体系、贸易规则等重组步伐加快、调整力度加大；中美之间战略博弈日趋激烈，推动世界格局发生深刻变革；全球单边主义和贸易保护主义盛行，推动国际贸易规则加速重构；新一轮科技革命和产业变革蓬勃发展，加快国际产业分工版图重塑；新冠肺炎疫情影响广泛深远，经济全球化遭遇逆流，这些使得全球经济复苏进程中的变数增多。二是我国内需不足制约经济稳定恢复。消费恢复相对滞后，居民消费能力和意愿不足。企业投资意愿不强，制造业等部分领域投资增长较慢。需求端恢复速度弱于供给端。三是四川省经济持续快速增长动力不足。产业发展存在短板，多个领域大而不强、大而不优问题突出，制造业占地区生产总值的比重逐年回落，生产性服务业发展不足，农业基础还不稳固，尤其是大企业、头部企业、行业领军企业数量偏少。

三、2021 年发展趋势与展望

2021 年是全面建设社会主义现代化四川新征程的开启之年，是“十四五”开局之年。综合分析客观环境变化和影响因素，预计 2021 年四川省经济走势将呈现以下特点。

（一）经济持续回升

尽管当前世界经济形势仍然复杂严峻，疫情变化和外部环境存在诸多不确定性，但 2021 年国家将加快构建新发展格局，深入实施扩大内需战略，保持对经济恢复的必要支持力度，政策效果将逐步显现，在疫情防控、基数效应和回补拉动下，预测 2021 年四川省地区生产总值增速有望恢复至疫情前水平。

（二）投资稳定增长

为有效应对外部经济环境变化，保持经济平稳运行，稳投资仍将是 2021 年经济工作的重要抓手。2021 年全省将围绕“两新一重”精准扩大有效投资，加大制造业设备更新和技术改造投资力度，逐步充实项目储备，加快新招引项目落地，充分发挥投资的关键作用，预测 2021 年全省全社会固定资产投资将继续保持较快的增长速度。

（三）消费稳步恢复

2021 年国家将继续加大促消费的政策力度，有序取消一些行政性限制消费购买的规定，着力挖掘新兴消费潜力。四川省将加快推进消费提质升级，实施消费和服务业发展七大行动，提升传统消费，扩大新型消费，推动线上线下消费融合发展，深度挖掘农村消费市场，充分激发消费潜力。精准有效的疫情防控将直接带动消费回暖，非必需品消费、接触类消费有望加快恢复回升。考虑2020年消费负增长情况，预测2021年全省社会消费品零售总额增长10%左右。

（四）物价温和运行

2020年居民消费价格指数从高位逐步回落，随着生猪产能逐步恢复，猪肉供给增加，2021年食品价格对CPI影响将有所减弱。综合考虑翘尾因素和新涨价因素，预测2021年物价呈低位运行、温和上涨态势，全省居民消费价格增长3.5%左右。

四、措施及建议

2021年，要坚持“稳农业、强工业、促消费、扩内需、抓项目、重创新、畅循环、提质量”工作思路，着力抓好重点工作，保持经济平稳运行。

（一）慎终如始抓好常态化疫情防控，促进经济持续回升发展

毫不放松抓好外防输入、内防反弹工作，周密做好重点场所、重点人群和重要环节疫情防控，建立健全冷链物流疫情防控机制，完善入境人员全流程闭环管理机制，提高快速有效处置局部疫情能力。加强疫情防控科技攻关，提升核酸检测能力，科学有序推进疫苗接种。认真落实经济形势分析机制，加强苗头性倾向性潜在性问题研究，强化分区分业经济运行调度，细化分解经济社会发展目标任务，层层压紧压实责任，针对突出问题研究制定解决措施。

（二）以成渝地区双城经济圈建设引领“一干多支”建设，加快融入新发展格局

全面落实《成渝地区双城经济圈建设规划纲要》，推动合作协议、合作事项细化落地。强化成都主干带动和极核引领，促进全省发展主干由成都拓展为成都都市圈，创建成德眉资同城化综合试验区。突出抓好成渝主轴发展，推动川南、川东北两翼协同发展，辐射成德绵眉乐雅广攀经济带、成遂南达经济带、攀乐宜泸沿江经济带加快发展。

（三）加快建设具有全国影响力的科技创新中心，培育经济发展新动能

强化战略科技力量支撑，研究制定综合性科学中心、西部（成都）科学城、中国（绵阳）科技城相关建设方案或指导意见。推动重大科技基础设施集群和重大科技项目建设，争创国家实验室，带动引进国家级科研院所和创新型企业。鼓励高校、科研院所、企业联合开展关键核心技术攻关。支持领军企业牵头组建产学研深度融合的创新联合体，完善产业技术创新体系。深入实施“天府英才”工程，加快集聚培养“高精尖缺”人才和创新团队。

（四）加快发展现代产业体系，着力提升产业链供应链现代化水平

推动制造业高质量发展，实施重大技术改造升级工程，推进制造业数字化、网络化、智能化转型。实施“1＋N”省级建筑产业园区行动计划，推动智能建造技术创新应用。实施服务业重点产业培育方案，推动科技服务、信息服务、商务会展等服务业创新发展。打造优质粮油基地和优质蔬菜、道地中药材、长江上游柑橘、川茶、南亚热带特色水果等产业带。抓好现代农业园区建设，推进优质粮食工程，增加绿色安全优质农产品供给。加快建设国家数字经济创新发展试验区，扎实推动“芯屏端软智网”数字产业集聚发展。围绕重点领域细化技术路线图、应用领域图和区域分布图，有针对性地强链、延链、补链，稳定产业链供应链。

（五）坚定实施扩大内需战略，着力激发市场活力和潜力

持续扩大有效投资，加大“两新一重”投资力度，推进超宽带网络、数据中心、充电桩等新型基础设施建设，加大对城镇老旧小区改造等新型城镇化建设的投入，加快实施交通、能源、水利等重大项目。规范创新政府和社会资本合作（PPP）模式，积极推进基础设施不动产投资信托基金（REITs）试点。着力激活消费潜能，实施培育发展新消费行动，促进无人零售、健康消费、品牌消费、时尚消费等新业态新模式加快发展。合理增加公共消费，提高教育、医疗、养老、育幼等公共服务支出效率。

（六）持续深化改革扩大开放，不断增强经济发展动力活力

纵深推进各项改革，扩大要素市场化配置范围和电力市场化交易规模，复制推广页岩气开发利益共享机制。持续深化“放管服”改革，加快推进“一网通办”前提下的“最多跑一次”改革，在更大范围推动“一件事”集成办理。加快西部陆海新通道建设，提升畅通国内国际双循环的战略枢纽功能。抓住区域全面经济伙伴关系协定（RCEP）带来的新机遇，拓展南向国家市场。办好第十八届西博会、2021 年泛珠三角区域合作行政首长联席会议、2021 中外知名企业四川行活动。

（七）坚持生态优先和绿色发展，筑牢长江黄河上游生态屏障

深入打好污染防治攻坚战，研究制订碳达峰工作方案，推动大气、水、土壤等环境质量持续改善。统筹推进山水林田湖草综合治理、系统治理、源头治理。严守生态保护红线，强化“三线一单”生态环境分区管控。认真落实全面推动长江经济带发展座谈会精神，严格遵守《长江保护法》，抓好长江十年禁渔，落实河湖长制。大力发展清洁能源产业，实施建设中国“气大庆”行动方案，有序推进“三江”水电基地建设，规划建设水风光一体化可再生能源综合开发基地。

（八）扎实办好民生实事，不断改善人民生活品质

突出抓好重点群体就业工作，深入实施高校毕业生就业创业促进计划和基层成长计划，完善退役军人就业创业支持政策，做好农民工服务保障工作，对就业困难人员实施“一对一”帮扶。实施重点群体增收激励计划，着力扩大中等收入群体。加大基本民生保障投入，做好基本民生商品保供稳价工作。实施疾病防控救治能力提升行动，加快推进省公共卫生综合临床中心、省儿童医学中心等公共服务领域重大项目建设。

2020 年四川省农业农村经济形势和 2021 年工作建议

四川省农业农村厅

2020 年，各地各部门认真贯彻落实党中央、国务院和四川省委、省政府决策部署，积极应对疫情影响，农业农村工作持续健康发展，“农业多贡献”成效显著。2020 年农业农村经济持续健康发展，第一产业增加值增长 5.2%，全省农村居民人均可支配收入 15929 元，同比增长 8.6%。

一、四川 2020 年农业农村经济形势

粮食生产稳中向好。2020 年粮食播种面积 9468.9 万亩，比 2019 年增加 49.9 万亩，增长 0.5%；全年粮食产量 3527.4 万吨，时隔 20 年产量再次迈上 3500 万吨台阶，比 2019 年增产 28.9 万吨，增长 0.8%，在全国各省（市、区）中居第 9 位。分季节看，夏粮、秋粮均获丰收。夏粮面积 1642.5 万亩，产量 85.3 亿斤，增产 0.8%；秋粮面积 7826.4 万亩，产量 620.2 亿斤，增产 0.8%。

生猪生产明显恢复。2020 年，四川省以生猪占主要地位的畜牧业生产实现了恢复性增长。2020 年末全省生猪存栏 3875.4 万头，较 2019 年增加 1004.7 万头，增幅达到 35%，恢复至非洲猪瘟发生前 2017 年正常生产年份的 88.5%。其中，能繁母猪存栏 372.1 万头，同比增长 35.8%。全年全省生猪出栏 5614.4 万头，较 2019 年增长 15.7%。牛羊生产保持稳定，牛出栏 296.4 万头，比 2019 年增长 1.6%；羊出栏 1792.1 万只，增长 0.7%；家禽生产在 2019 年大幅增加的情况下有所减少。受生猪供应增加的带动，全年猪牛羊禽肉类总产量为 574.9 万吨，较 2019 年增长 7.1%。

特色产业增产增收。蔬菜及食用菌产量 4813.4 万吨，增长 3.8%；油料产量 392.9 万吨，增长 7%，其中油菜籽总产量突破 300 万吨大关，达到 317.2 万吨，增长 7%；水果产量 1217.7 万吨，增长 7.1%；中草药材产量 52.7 万吨，增长 7.6%；茶叶产量 34.5 万吨，增长 6%。

农产品加工业稳定增长。2020 年，预计全省规模以上农产品加工企业营

业收入同比增长4.1%，利润总额同比增长20.5%。

农业农村投资较快增长。2020年，全省第一产业投资增长35.6%，比全社会固定资产投资增速高25.7个百分点。全省涉农贷款余额为1.9万亿元，同比增长11.5%，涉农贷款新增2086亿元、占全省各项新增额的23.9%。

农村消费市场逐步回暖。2020年，农村消费品零售额达4032.9亿元、下降2.1%，比前三季度收窄4.3个百分点。农村网络零售额同比增长16.28%，农产品网络零售额增长49.01%。4月以来，乡村旅游市场正在加快恢复。

农民工就业形势总体稳定。全省转移输出农民工2573.4万人次，较上半年增加193.3万人次，同比增加131.3万人次，实现劳务收入5673.6亿元。据统计，4月1日—9月底，从外省失业返乡农村劳动力累计5万人次，未形成规模性返乡潮，影响总体不大。

二、2021年重点工作

（一）保障粮食安全

习近平总书记反复强调，中国人的饭碗任何时候都要牢牢端在自己手上，中国的饭碗应该主要装中国粮。切实加强耕地保护，坚决制止耕地“非农化”，防止耕地“非粮化”，推动实行“田长制”，夯实国家粮食安全根基，端牢中华民族的“铁饭碗”。大力建设高标准农田，督促地方把3000元/亩的最低补助标准和“宜机作业、旱涝保收”的建设标准落实到位。优化生产结构和区域布局，巩固提升撂荒地整治成果，在适宜地区推广“退林还耕”等模式，大力建设粮食园区，确保全省粮食播种面积稳定在9400万亩以上、产量稳定在700亿斤以上。做好病虫害绿色高效防控。着力提高种粮效益，调整完善耕地地力补贴、农机购置补贴等惠农政策，推广粮经复合种植和稻渔综合种养模式，既稳粮又增收，提升农民种粮积极性。

（二）提高农业质量效益和竞争力

习近平总书记在2020年“两会”上强调，新形势下要着力解决农业发展中存在的深层次矛盾和问题，重点从农产品结构、抗风险能力、农业现代化水平上发力。深化农业供给侧结构性改革，加快推进现代农业“10+3”产业体系在园区落地，持续开展国、省、市、县四级园区创建工作，建好全省5920万亩粮食生产功能区和1000万亩重要农产品保护区，提高农产品品质质量，促进农民增收。推动生猪产业转型升级，持续推进草食畜牧业发展和奶业振兴，不断健全动物疫病防控体系。推进水产健康养殖，加快“鱼米之乡”试点示范创建。积极培育优势特色产业，大力创建特色农产品优势区，发展优势农业产业集群。抓好“舌尖上的安全”，推进农业标准化生产，强化执法监管，完善全链条农产品质量安全监管体系。推动组建四川农业种业发展集团。强化科技装备支撑，大力推进“五良”融合，加强农业科技创新，聚焦生物育种、智慧农业、农机装备、绿色投入品等领域，组织开展联合攻关，尽快突破一批关键核心技术和“卡脖子”技术。加快建设四川省数字三农大数据信息平台。推动农村一、二、三产业融合发展，加强农产品仓储保险冷链物流设施建设，发展休闲农业、乡村旅游、农村电商等新产业新业态。引导工商资本投资，用活集体建设用地。积极创建一批农业产业强镇。抓好农业农村扩大投资，进一步发挥政府投资的拉动效能，完善社会投资配套政策，撬动社会资本投入。扎实推动农业绿色发展，加大农业面源污染防治力度，持续推进化肥减量增效和农药减量替代，科学做好受污染耕地的划分利用。落实长江十年禁渔，保护修复长江水生生物资源。

（三）抓好乡村建设

习近平总书记指出，现阶段，城乡差距大最直观的是基础设施和公共服务差距大。全面改善村庄基础设施，要着力加强村内生活和生产道路建设，统筹推进农村人居环境整治“五大行动”，有效改善村容村貌。强化县域公共服务统筹，要加快推动乡村治理能力和治理体系现代化，推进涉农审批事项依法委托到乡镇实施，提高农村公共服务质量。有序推进乡村规划建设，要分类推进村庄建设，坚持先规划后建设，注重保留乡村风貌和乡土味道，在空间布局上留“白”、生态环境上留“绿”、特色保护上留“旧”、建设风貌上留“魂”，让乡村望得见山、看得见水、留得住乡愁。

（四）深化农村改革

习近平总书记强调，改革是乡村振兴的重要法宝。深化农村土地改革，重点抓好承包地、宅基地、集体建设用地“三块地”改革，深入推进承包地“三权分置”改革，坚决严控违规占地用于住房建设的情况，积极稳妥开展农村集体经营性建设用地入市。在推进农村土地制度改革过程中，一定要顺应城镇化发展规律，绝不能强迫农民流转承包地、退出宅基地，“被上楼”。深化农村集体产权制度改革，加快推进农村集体产权制度改革试点，推进经营性资产股份合作制改革。发展壮大农村集体经济，盘活利用集体资产。改革完善农业支持保护制度，健全多层次农业保险体系，推动从财政层面建立制度性保障，破解金融融资难、融资贵的问题。

（五）接续做好脱贫攻坚与乡村振兴有效衔接

习近平总书记明确提出，脱贫摘帽不是终点，而是新生活、新奋斗的起点，接下来要做好乡村振兴这篇大文章，推动乡村产业、人才、文化、生态、组织等全面振兴。农业农村部韩长赋部长在全国农办主任座谈会上指出，中央农办正在牵头会同有关部门研究具体意见，初步考虑是设置一个过渡期，过渡期内做好领导体制、发展规划、政策体系、工作体系、考核机制等有效衔接，在乡村振兴战略框架下建立健全农村低收入人群和欠发达地区帮扶机制。持续巩固脱贫攻坚成果，接续推进脱贫摘帽地区乡村全面振兴，加快发展优势特色产业，全面推进农村基础设施提档升级，进一步改善农村水电路气房等基础设施，加快建设农村公共服务体系，健全农村低收入人口常态化帮扶机制。将脱贫攻坚中有效的做法经验推广到乡村振兴工作中，对要坚持、要过渡、要衔接、要推广等工作做出合理安排。

2020 年四川省工业经济运行情况及 2021 年展望

四川省发展和改革委员会产业发展处

2020 年以来，新冠肺炎疫情持续在全球蔓延，国际环境越发错综复杂。面对百年未有之大变局，四川省深入学习贯彻习近平总书记关于统筹疫情防控和经济社会发展重要讲话精神，全面落实“六稳六保”工作要求和四川省委省政府“工业挑大梁、制造业扛大旗”决策部署，稳步推进常态化疫情防控和经济社会发展工作，工业经济顶住了压力，扭转了生产大幅下滑局面，整体呈现出“生产增速逐季加快、产销衔接不断改善、市场主体信心明显增强”的持续稳定恢复性态势。全省有力应对疫情负面冲击，经济发展取得阶段性胜利，2020 年全省工业增加值同比增长 3.9%，其中，规模以上工业增加值同比增长 4.5%，高出全国平均水平 1.7 个百分点。

市场主体投资信心持续修复，各市（州）产业转型升级有序推进，传统制造业加快向智能、绿色、服务方向发展，四川可持续发展动力不断增强。2020 年，全省全社会固定投资同比增长 9.9%，延续上涨趋势，其中 21 个市（州）中有 15 个市（州）增速高于全省平均增速。工业投资增速（累计）实现增长 10.7%，高于 2019 年 3.1 个百分点，相比 2018 年增长 2.6 个百分点。全省技改投资增速保持稳定增长势头，同比增长 12.1%，超出 2019 年增速达 7 个百分点。

一、当前工业发展基本情况

（一）工业经济延续回升态势

生产增速保持回升态势。12 月当月全省规模以上工业增加值增速达到 8.6%，一举扭转下降趋势，录得 2020 年最高水平，其中，成都市实现 9.4% 的增长速度，高出全省平均 0.8 个百分点，为未来全省工业发展提供了有力支撑。同期，全省制造业采购经理指数（PMI）达到 51.3，环比提高 0.4 个百分点，连续 4 个月保持在荣枯线以上。

（二）重点区域和行业支撑有力

成都平原经济区、川南经济区支撑作用明显，2020 全年工业增加值分别高于全省平均增速 0.2 个百分点和 1 个百分点。全省五大支柱产业生产向好。五大支柱产业实现营业收入 3.68 万亿元，同比增长 6.9%。其中，电子信息产业（不含软件）连续多个月保持在 10%左右的较快增长速度。重点行业持续回升。全省 41 个行业继续保持回升态势，工业占比前十大行业中的计算机、通信和其他电子设备行业，规模以上工业增加值同比增速为 17.9%，继续保持强劲增长势头。

（三）工业投资项目加快推进

投资增长加快回升。全省工业投资、技改投资增速达两位数，较 2019 年分别上涨 3.1 个百分点、7 个百分点。重点项目建设有力推动。重点工业和技术改造项目统筹推进。

（四）经济效益明显改善

规模以上工业企业实现利润总额为 3197.7 亿元，比 2019 年同期增长 13.4%，增速比上半年回升 15.5 个百分点，高出全国平均水平（增长 4.1%）9.3 个百分点。

（五）先行指标运行保持向好态势

工业用电当月电量和增速均创新高。12 月，全省工业用电量 174 亿千瓦时，同比增长 19%。1—12 月累计用电量 1761.9 亿千瓦时，增长 7.7%，增速分别较一季度、上半年三季度回升 9.2、5.1、3.2 个百分点。铁路货物发送量持续回升。12 月，完成货物发送量 553.6 万吨，同比增长 14.5%。1—12 月，全省累计铁路完成货物发送量 6055.5 万吨，同比增长 2.8%。增速较一季度、上半年、三季度分别回升 7.5、3.5、1.5 个百分点。

二、面临的主要困难问题

当前，国内外环境依然复杂严峻，制约工业经济稳定增长的不确定、不稳定因素较多，稳增长压力仍然突出。

（一）区域和行业分化明显

从地区看，12 月，全省 21 个市（州）中还有 7 个市（州）当月规模以上工业增加值增速低于全省水平，1—12 月仍有 6 个市（州）低于全省平均。从行业来看，41 个行业大类中有 15 个行业 12 月当月规模以上工业增加值增速尚未恢复 2019 年同期水平，16 个行业 1—12 月规模以上工业增加值增速同比为负。

（二）新增长点支撑不足

受市场预期、发展信心等诸多因素影响，工业投资稳定增长的基础不牢固，带动性强的大项目好项目缺乏、项目储备不足等问题突出。

（三）企业生产经营压力依然较大

资金紧张问题突出，2020年末全省规模以上工业企业应收账款5647.3亿元，比2019年末增长28.2%，高于全国平均水平（15.1%）。工业品价格持续回落，12月全省工业生产者出厂价格指数（PPI）下降1.2个百分点，连续15个月低位运行。企业有效订单不足，诸多中小企业反映生产经营缺乏有效订单，保证稳定生产面临较大压力。

（四）外部环境不确定因素增多

国外疫情无明显好转，生产尚未完全恢复，维护产业链供应链稳定压力较大。融资难融资贵得到改善，但一些结构性问题突出。结构性用工短缺在部分行业较为明显，一些企业特别是劳动密集型企业反映用工难，技术人才和熟练工人流失较多，影响企业稳定生产。

三、对策和建议

为深入贯彻四川省委、省政府关于推动制造业高质量发展意见精神，全面落实“工业挑大梁”“制造业扛大旗”的决策部署，持续推进产业基础高级化、产业链现代化，推动四川工业高质量发展，提出以下建议。

（一）进一步强化政策协同，推动各部门政策系统协调

进一步优化营商环境。加快行政审批制度改革，同步推动部门审批事项下放，全面推广线上审批、不见面审批，推动审批事项由“最多跑一次”转向“一次也不跑”，提高网上办结率。深入推进投资项目承诺制改革试点，进一步取消或简化审批事项、精简报审材料，推行容缺审批、多评合一、联评联审，提高行政审批效能。

（二）加大财政金融支持力度，缓解制造业企业经营压力

加大中央财政资金支持力度，特别是企业技术改造和5G网络、工业互联网等“新基建”支持力度，促进工业投资增长。强化逆周期调节，对冲疫情影响，重视制造业投资和民间投资稳定增长在稳投资中的重要支撑作用，调动企业家积极性，稳定制造业投资预期和信心。进一步加大对制造业融资的政策支持，创新融资方式，引导企业多渠道融资，着力解决制造业融资难、融资贵的问题。

（三）深化对外开放，支持有条件的地方高水平引进外资

充分利用国内疫情趋于稳定、国外疫情逐步发展的时间差，加快打通国内供应链和产业链，加速形成良好的产业基础能力和配套体系，培育产业生态圈。加大对中国制度优势的宣传力度，进一步深化对外开放，围绕带动性强的关键产业链以及核心技术、知识产权等高端资源，有针对性地引进外资龙头企业和配套企业，实现补链强链。

（四）加快推进制造业和服务业深度融合，形成强大国内市场

疫情以来，制造业和服务业深度融合的新业态、新模式加快发展，无人零售、智慧超市等受到消费者欢迎，线上消费持续保持快速增长。建议国家结合各地发展基础，支持在西部地区开展制造业和服务业深度融合发展试点（产业园区、骨干企业），促进西部地区制造业特别是传统产业融合发展。

（五）加大对成渝两地双城经济圈建设的支持力度，促进区域协同发展

推动成渝地区双城经济圈建设，在西部形成高质量发展的重要增长极。建议国家支持成渝地区加快布局一批科技创新和制造业重大项目，研究建设产业经济指挥调度等公共服务平台，促进产业、人口及各类生产要素合理流动和高效集聚，拓宽我国经济回旋空间，打造全国高质量发展的新动力源。

（六）进一步发挥保障机制作用，推动“5+1”产业稳定运行

充分发挥省领导联系重点产业推进机制作用，强化运行调度，组织召开产业运行调度会、联系机制会议，“一业一策”跟踪调度，“一企一策”靠前服务，推动重点产业稳定运行。加大重点项目建设，推动尽快投产达产。

2020 年四川省服务业发展情况与 2021 年展望

四川省发展和改革委员会产业发展处

2020 年，面对新冠肺炎疫情前所未有的冲击和错综复杂的宏观经济形势变化，全省上下坚持以习近平新时代中国特色社会主义思想为指导，深入学习贯彻党的十九大精神和习近平总书记对四川工作系列重要指示精神，增加“四个意识”，坚定“四个自信”，做到“两个维护”，统筹推进疫情防控和经济社会发展，扎实做好“六稳”工作，全面落实“六保”任务，召开全省服务业发展大会，印发《关于加快构建“4+6”现代服务业体系推动服务业高质量发展的意见》，服务业总体呈现恢复增长良好态势，稳步推动服务业高质量发展。

一、2020 年全省服务业总体运行情况

（一）服务业总体稳步复苏

2020 年，全省服务业实现增加值 25471.1 亿元，占 GDP 比重 52.4%。服务业增加值同比增长 3.4%，高于全国平均水平 1.3 个百分点，较一季度、上半年、前三季度分别回升 6.3、3.8、1.2 个百分点。服务业对经济增长贡献率达 42.5%，拉动经济增长 1.6 个百分点。其中，批发和零售业增加值增长 0.2%，交通运输、仓储和邮政业增长 0.7%，住宿和餐饮业下降 9.7%，金融业增长 6.4%，房地产业增长 2.6%，信息传输、软件和信息技术服务业增长 26.4%，租赁和商务服务业增长 1.6%，其他服务业增长 2%。

（二）对外贸易保持较快增长

2020 年，全省外贸进出口 8081.9 亿元，同比增长 19%，高于全国 15.2 个百分点，增速跃居全国第 2 位，出口 4654.3 亿元，增长 19.2%；进口 3427.5 亿元，增长 18.8%。前三季度市场主体稳中向好，全省进出口实绩的企业 5229 家，较 2019 年同期新增 355 家。民营企业恢复增长态势，进出口 1164.8 亿元，增长 20.7%，占 22.6%。对东盟、欧盟进出口分别增长 23.6%、34.1%，对“一带一路”沿线国家进出口增长 33.2%。国际班列安全稳定高质量运行，为畅通国际物流通道发挥了重要作用，成都国际班列开行

2991 列、增长 45.6%，综合重载率 97.5%、同比提高 7.1 个百分点。

（三）消费市场逐渐回缓

2020 年，全省实现社会消费品零售总额 20824.9 亿元，同比下降 2.4%，降幅低于全国平均水平 1.5 个百分点，比年初收窄 13.1 个百分点。自 8 月开始扭负为正，第三季度增长 0.56%，季度增速首次转正。限额以上 16 大类商品中有 9 大类实现增长，其中文化办公用品、日用品类零售额分别增长 21.1%、6.5%。线上消费快速增长，实物商品网上零售额增长 16.9%、比全国高 2.1 个百分点。

二、存在的主要问题

（一）部分服务行业复苏缓慢

2020 年前三季度，四川住宿、餐饮、交通仓储邮政销售收入分别下降 22.6%、4.9%、4%，旅行社销售收入累计降幅超 5 成，电影院营业收入降幅近 8 成。规模以上服务业企业仍有近 2 成未完全复产。部分关联指标支撑不足，铁路运输总周转量、电信业务总量等指标增速低于 2019 年同期。

（二）对外贸易形势复杂

国际上涉及四川的国际贸易摩擦案件增多，对美贸易下滑至 20.6%。国内，中小企业受资金、物流、市场等因素影响较大，订单减少、减员减产，甚至停工停产。1—8 月，4000 余家进出口民营企业仅占全省 2 成份额、增速低于外商投资企业 6.3 个百分点。

（三）消费回补回升势头较弱

2020 年三季度当季全省社会消费品零售总额增速低于全国 0.3 个百分点。餐饮业回升乏力，2020 年餐饮收入下降 9%。居民购买力仍显不足，2020 年前三季度城乡居民人均可支配收入扣除价格因素后分别增长 1.9%和 3.2%。居民储蓄意愿加强，9 月末全省居民存款比年初增加 5706 亿元，其中定期存款占比提高 0.9 个百分点。

三、2021 年发展趋势和工作重点

2020 年，中国全年经济增长 2.3%左右。四川实现 2021 年地区生产总值增速 7 个百分点以上的目标需要付出加倍努力。特别是服务业，由于增长动力与后劲不足，完成全年目标任务存在着较大的困难。2021 年是中国共产党成立 100 周年，是“十四五”规划的开局之年，也是开启全面建设社会主义现代化四川新征程的第一年，为进一步增强四川服务业综合实力，持续推动全省服

务业高质量发展，展望下一步重点工作：

（一）推进“4+6”现代服务业体系建设

深入贯彻落实全省服务业发展大会和省委、省政府《关于加快构建“4+6”现代服务业体系推动服务业高质量发展的意见》精神，依托服务业统筹推进机制，建立与高质量发展相适应的指标、政策、标准、统计体系和绩效评价、制定重点产业培育方案，开展“十四五”服务业发展规划编制。支持成都建设服务业核心城市，绵阳、宜宾、达州等创建区域性服务业中心城市。支持成都建设国际消费中心城市，推动区域中心城市和成渝地区双城经济圈重要节点城市建设区域性消费中心城市。

（二）扩大内需促进消费，畅通经济供需循环

坚定实施扩内需促消费战略，增强消费对经济发展的基础性作用，深入实施消费升级行动计划和培育发展新消费三年行动，从供给侧和需求端双向发力扩大消费，推动传统消费提档升级、新型消费扩容提质，适当增加公共消费。培育消费热点，挖掘消费潜力。动态研究市民消费需求，积极培育发展旅游休闲消费、文体娱乐消费、教育消费、健康消费、绿色消费等新热点，鼓励发展线上线下融合消费等新模式，大力发展在线教育、远程医疗、移动医疗、无人零售等新业态，打造夜间经济示范区等新场景，着力提升城市消费能级和生活品质。

（三）积极推动制造业与服务业融合发展

实施先进制造业与现代服务业深度融合发展行动，做好国家两业融合试点，推动省级试点开展。支持现代供应链新业态新模式发展，打造制造业和服务业融合的平台载体，推动服务型制造、智能制造、绿色制造，促进科技信息、现代物流、金融服务、人力资源、商务会展、节能环保等生产性服务业与制造业深度融合，支持成都、德阳、绵阳、乐山等地争取国家先进制造业和现代服务业深度融合发展试点。实施服务型制造行动，推动制造企业由生产型向生产服务型转变，鼓励有条件的制造企业向设计咨询、施工安装、维护管理等一体化服务总集成总承包商转变，支持领军制造企业面向全行业提供市场调研、研发设计、工程总包和系统控制等服务。鼓励服务企业利用信息、市场、创意等优势向制造环节拓展。

（四）统筹推动服务业区域协同发展

深度融入成渝地区双城经济圈建设，立足各地服务业发展基础，统筹考虑人口规模、区位条件、城镇化水平、区域协同发展等因素布局服务业，形成分工明确、相互衔接、梯度适中、错位发展的服务业分工布局。成都建设美丽宜

居公园城市和可持续发展的世界城市，重点培育总部经济，大力发展金融服务、现代物流、会展经济、文化旅游、生活服务五大新兴服务业，充分发挥中心城市的集聚和扩散效应，提升对全省其他区域服务业发展的引领、辐射和带动能力。推动绵阳、德阳、乐山服务业主动融入成都，提升环成都经济圈城市能级。推动宜宾、泸州辐射带动川南经济区服务业集聚发展，大力开展临港经济和通道经济，提升现代服务业水平。推动南充、达州辐射带动川东北经济区服务业加快发展，积极承接产业转移，深化与重庆、陕西等省市跨区域合作，打造区域性商贸物流枢纽。凉山州突出自然生态特色，建设阳光生态经济走廊，协同推动攀西经济区康养旅游、养老服务等特色服务业加快发展。

（五）加快完善服务业制度环境

深化“放管服”改革，实施推进服务业改革开放发展方案，破除各类准入障碍，切实减少审批事项，优化审批流程，清理规范各类前置审批和事中事后监管事项。推进服务市场信用体系建设，建立市场主体信用记录，健全守信联合激励和失信联合惩戒制度，完善服务消费领域信用信息共享共用机制。推动服务业标准与国内国际接轨，推进服务业标准化体系建设，主动与国际国内标准接轨，支持服务业社会团体（企业）参与国家、行业标准制（修）定工作，培育一批本土团体标准制定服务机构，推动一批四川服务标准的转化和推广应用。实施质量强省战略，分级建立质量管理认证和评价制度，健全质量责任追溯、传导和监督机制。强化品牌意识，鼓励企业对标先进标准，健全品牌管理体系，凝练企业文化、提升品牌培育和营销能力，提高品牌认可度和品牌价值，打造品质高端、市场认可、社会赞誉的四川造知名品牌。

2020 年四川省金融运行情况及趋势研判

中国人民银行成都分行

2020 年，人行成都分行认真贯彻落实党中央、国务院和四川省委、省政府各项决策部署，加大逆周期调节力度，大力支持疫情防控和复工复产，坚决落实“六稳”“六保”工作任务，全省融资总量创历史新高，贷款覆盖面明显提升，信贷结构不断优化，融资成本显著下降，为全省经济持续回升及高质量发展贡献了重要的金融力量。

一、金融运行基本情况

（一）融资总量创历史新高

运用降准、再贷款、再贴现和两项直达实体经济的货币政策工具[①]，引导督促金融机构加大信贷投放，推动各项融资创历史新高。2020 年末，全省社会融资规模、各项贷款、债券融资余额分别增长 15%、13.7%和 34.4%，增幅较上年分别加快 3.5、0.9 和 3.6 个百分点，分别高于全国 1.7、1.2 和 17.2 个百分点；全年分别新增 1.43 万亿元、8532 亿元和 2403 亿元，分别是 2019 年新增规模的 1.48 倍、1.26 倍和 1.46 倍。与河南、湖南、安徽、河北四省相比，各项贷款增量排名第 1，增速排名第 3，分别快于河南、河北 1 和 0.3 个百分点。12 月末存贷比 77.3%，较 2019 年末提高 2.1 个百分点，是近 15 年来最高水平。全年全省金融业增加值增长 6.4%，较 2019 年加快 0.2 个百分点。

（二）全力支持重大决策部署

紧紧围绕四川省委、省政府提出的“农业多贡献、工业挑大梁、投资唱主角、消费促升级”决策部署，出政策、搭平台、促对接，推动信贷结构不断优化。一是涉农贷款余额增长 11.5%，较 2019 年加快 6.7 个百分点。二是工业贷款余额（9684 亿元）增长 7.4%，较 2019 年加快 4.6 个百分点，其中，制

① 普惠小微企业贷款延期支持工具和普惠小微企业信用贷款支持计划。

造业贷款余额增长 14.9%，较 2019 年加快 10.5 个百分点，明显高于同期投资增速。具体看“5+1”现代产业中，电子信息、食品饮料、数字经济等产业贷款分别大幅增长 26.6%、18.4%和 22.9%。三是基础设施贷款余额（2.02 万亿元）增长 21.8%，较 2019 年加快 6.3 个百分点，融资保障充足。四是科学研究技术、软件信息技术等新兴服务业贷款余额分别增长 40.7%和 21%，大力支持数字经济发展。五是批发零售、住宿餐饮、文化体育娱乐等受疫情影响严重的生活性服务业贷款余额增长 12%，较 2019 年加快 13.3 个百分点，力助企业共渡难关。

（三）补短板力度明显增强

全力落实金融支持稳企业、保就业工作要求，形成以“两个计划、四大行动”[①] 为主要内容的工作框架，针对信贷市场的短板、薄弱领域，加大金融支持力度，取得较好成效。一是普惠小微贷款高速增长，余额（6276 亿元）增长 27.5%，较 2019 年加快 11.3 个百分点，远高于总体贷款增速。成都分行对全省 328 家企业问卷调查显示，四季度贷款获得难度感受指数（越大表示越容易获得）为 47.6%，连续创 1993 年调查以来新高。二是民营经济贷款明显恢复，余额（17272 亿元）增长 11.6%，较 2019 年加快 7.4 个百分点。三是绿色贷款快速增长，余额（5164 亿元）增长 19%，其中生态环境产业贷款增长达到 40.6%。四是企事业单位中长期贷款逐步加快，余额（34917 亿元）增长 14.7%，较 2019 年加快 3.2 个百分点，其中，制造业中长期贷款增长 28%，为企业提供较充裕的稳定资金。五是企业信用类贷款明显提速，余额（12651 亿元）增长 25.3%，较 2019 年同期加快 15.8 个百分点，大幅缓解企业抵押物不足矛盾。

（四）融资成本持续下降

认真落实国务院提出的让利目标，加快利率定价基准转换，加强利率定价自律约束，加大财政贴息和风险分担力度，引导金融机构主动让利，切实推动融资成本下降。2020 年，全省企业贷款加权平均利率 5.06%，较 2019 年同期下降 0.55 个百分点，处于近十年的最低位，节约企业全年利息支出约 110 亿元。其中，大型、中型、小型、微型企业贷款利率分别较 2019 年同期下降 0.51、0.51、0.55 和 0.71 个百分点，普惠小微贷款利率较 2019 年同期下降

① “两个计划”分别指“民营小微企业金融服务工作计划”和“个体工商户金融甘露行动计划”；“四个行动”分别指“金融需求摸排起底行动”“融资对接扩面提质行动”“政策工具聚合协同行动”和“传导渠道疏浚畅通行动”。

0.95 个百分点，政策重点支持的弱势领域降幅最大。除此之外，积极推动延期还本付息政策落地，有效缓解企业还款压力。

二、值得关注的主要问题

一是经济波动振幅较大。2020 年，全省经济增长 3.8%，快于全国 1.5 个百分点。受基数较低、惯性恢复动能等因素影响，2021 年上半年经济增速会处于高位，甚至局部领域呈现一定过热迹象，但全年看经济向好回升的基础仍不牢固。需求方面，消费复苏受疫情、收入等因素制约可能持续偏慢，基建、房地产对投资支撑可能减弱，外贸维持高景气度的难度较大。供给方面，41 个工业大类行业中仍有 4 成行业的增加值增速为负，亏损的规模以上企业户数增长 20.3%，小微企业经营压力更大，不平衡态势比较明显。二是金融支持经济高质量发展面临许多挑战。全省经济增长方式转变仍有很大空间，产业层级相对不高，龙头及隐形冠军企业不多，银行信贷产品创新力度也不够，金融支持创新驱动发展仍需要付出较大努力。成渝地区双城经济圈建设实现良好开局，但也面临推进初期的诸多困难，确保金融支持成势见效的压力较大。此外，金融支持碳达峰碳中和也需要积极探索。三是金融风险防控压力依然较大。川信等重点机构风险化解处置复杂艰巨，城投类企业、高风险金融机构和房地产市场等重点领域风险管控仍需要持续巩固，地方中小银行风险抵御能力有待加强，并且不确定的疫情形势、互联网平台公司金融活动等可能带来增量金融风险。

三、未来研判及工作打算

2021 年，国内将继续实施稳健的货币政策，保持流动性合理充裕，更加注重优化调整信贷结构，提升金融服务实体经济的质量和效率。综合考虑信贷与 GDP 增速的历史关系、稳健货币政策的要求以及金融支持四川经济领先全国发展的需要，预计 2021 年全省社会融资规模、各项贷款增长 12%—13%之间，总体保持基本平稳。

下阶段，中国人民银行成都分行将继续贯彻落实党中央、总行和省委、省政府决策部署，切实履行央行职责，促进四川省经济社会高质量发展。一是持续加大服务实体经济力度。贯彻落实稳健货币政策，保持信贷总量合理适度增长。深化民营小微金融服务，创新科技金融、供应链产业链金融和乡村振兴金融服务，促进信贷资源增量优化、存量重组。二是坚决守住不发生系统性金融风险底线。加强金融委办公室地方协调机制（四川省）和四川省金融工作议事协调机制的配合联动，形成金融监管和风险处置的更大合力。推动金融机构通过改革健全法人治理、内部控制和风险管理，实现长期稳健经营。三是扎实推进区域金融改革。深入推进金融支持成渝地区双城经济圈建设工作，推动出台《成渝共建西部金融中心规划》并抓好落地。四是进一步提升金融服务管理效率。做好疫情防控常态化下的各项金融服务工作。积极推进金融科技应用试点、金融科技创新监管试点等工作，提升金融服务实体经济的水平。

2020年四川开放型经济形势分析与2021年工作建议

四川省发展和改革委员会利用外资和境外投资处

2020年，四川省坚决贯彻落实党中央、国务院和省委、省政府关于扩大开放的决策部署，积极应对各类困难挑战，加快增强畅通国内大循环和联通国内国际双循环能力，深度融入“一带一路”建设，推动形成“四向拓展、全域开放”立体全面开放新态势，加快打造内陆开放战略高地。对外贸易保持快速增长，到位外资降幅逐步收窄，外经合作形势趋稳向好，全省开放型经济在逆境中稳步发展。

一、2020年全省开放型经济基本情况

（一）对外贸易

2020年，全省实现进出口总值8081.9亿元、位列全国第8，同比增长19%、增速位列全国第2。其中，出口4654.3亿元、增长19.2%，进口3427.6亿元、增长18.8%。

对主要贸易伙伴进出口保持增长。对美国、东盟、欧盟、中国台湾地区、日本合计进出口5776.8亿元，占全省进出口总额的71.5%，分别增长13.5%、16.8%、27.4%、20.4%、18.1%，其中，对美国进出口1719.8亿元、占比21.3%。对“一带一路”沿线国家贸易继续保持快速增长势头，实现进出口2454.9亿元、增长24%，占比30.4%。

机电产品成为拉动外贸增长主要力量。全省机电产品进出口7179.56亿元、增长25.6%，占进出口总值的88.8%，其中，出口4082.4亿元、增长27.5%，特别是海外疫情蔓延导致电子消费产品需求猛增，笔记本电脑、平板电脑等“宅经济”产品出口值分别增长29%和49%，两者合计拉动四川整体出口增长13.1个百分点。

国际班列继续发挥稳外贸作用。在空运、海运受阻的背景下，成都国际班列继续保持常态化运行且增势良好，境外站点城市扩展至58个，对稳定外贸产业链供应链发挥了重要作用。成都国际班列开行4317列、增长35.5%，进出口1011亿元、增长118.1%，占全省进出口总额的12.5%，其中，中欧班

列（成都）开行2440列、增长57.3%。

（二）利用外资

2020年，全省实际利用外资100.58亿美元、下降19.4%，其中外商投资实际到位86.9亿美元，下降5.9%（其中纳入商务部统计口径到位资金25.46亿美元、增长2.9%）。

外资市场主体总体平稳。2020年度，新设外商投资市场主体1547户，下降0.3%，批发和零售业、租赁和商务服务业、住宿和餐饮业等服务业新设市场主体数合计占比超过86.9%。2020年，全省外商投资企业入库税收426.7亿元，下降1.7%。四川现代汽车有限公司成为全国首家外商独资商用车企。全省新增落户境外世界500强企业3家，累计达到250家。

外资项目分布逐步拓展。2020年，全省共核准备案外商投资项目294个（其中核准4个），总投资906.9亿元。成都积极发挥“主干”引领带动，项目数和投资额分别占全省的61.2%和67.4%，其他市（州）引资成效比较明显，核准备案外资项目114个、增长23.9%，投资额295.7亿元、增长近86倍、占比提升22.4个百分点。

外债助推实体经济发展。全省企业新获批国家发展改革委外债备案登记14笔、可发行额度37亿美元，分别增长55.6%和1.6%。全年实际发行境外债8笔、融资15.03亿美元（其中调回境内使用12.13亿美元），募集资金主要用于教育、饮料、餐饮、装备制造等领域的发展。成都香投集团成功发行1.7亿欧元债，成为四川省首只在葡萄牙发行的外债。

（三）外经合作

2020年，全省新备案境外投资项目70个、下降22.2%，中方投资额6.92亿美元、下降51.9%。全省对外承包工程完成营业额51.8亿美元、居全国第8位。

境外投资呈现新的趋势。从投资方式看，对东盟绿地投资意愿有所回落，对发达国家的股权投资呈上升趋势，成都睿芯控股有限公司投资1.99亿美元收购瑞士Huba control AG公司股权是2020年以来全省境外投资最大项目。受中美贸易摩擦影响，新加坡正成为企业设立境外SPV公司的优先目的地。从投资领域看，企业境外投资更多关注装备制造、医药、服务业等领域，其中装备制造、医药投资占比为37%、30.6%。

对外承包工程集中在“一带一路”沿线国家。在新冠肺炎疫情冲击下，“一带一路”沿线国家仍是四川省对外承包工程的重要区域，新签合同额48.24亿美元、占全省总额的77.3%，完成营业额45.19亿美元、占比87.23%。从行业看，石油化工、电力工程和交通运输分别占比43.2%、

29.6%和9.9%。纳入第二届“一带一路”国际合作高峰论坛成果的塞内加尔加穆尼亚久工业园区二期项目已签署正式贷款协议。

二、2021 年工作建议

主动适应国内国际新形势，坚持对内开放与对外开放相结合，以成渝地区双城经济圈建设为引领，按照省委加快形成“四向拓展、全域开放”立体全面开放新态势的决策部署，坚定不移推动更高水平、更高层次的对外开放，推动形成以国内大循环为主体、国内国际双循环相互促进的新发展格局。

（一）抓政策促落实，千方百计扩大利用外资

抓好《关于进一步做好利用外资工作的实施意见》各项政策措施落实，充分发挥好《鼓励外商投资产业目录（2020 年版）》积极作用，更大力度、更高标准承接东部地区和境外产业转移，支持更多先进制造业、现代服务业和战略性新兴产业外资参与成渝地区双城经济圈建设，不断扩大外资规模。密切关注国际形势变化和全球产业链布局调整方向，聚焦中高端制造、高新技术和现代服务业领域，推动一批重大外资项目加快落地。积极稳妥用好间接外资，支持有条件的企业赴境外发债。

（二）搭平台优结构，推动形成外贸发展新优势

把握区域全面经济伙伴关系协定（RCEP）签署和中欧投资协定谈判完成带来的新机遇，加强国际市场规则体系对接，深化多双边经贸合作。积极培育省级外贸基地、创建国家级外贸基地和进口贸易促进创新示范区，鼓励新设综合保税区、保税物流中心（B型）挖潜拓能，支持电子信息、机械制造等外向型产业集聚发展。加快发展跨境电商、市场采购贸易、外贸综合服务等新业态，大力培育外贸增长新动能。进一步扩展国际航空货运航线和国际班列站点，完善物流资源布局，支持在境外设立分销服务网络、物流配送中心、海外仓等，加快畅通国际物流供应链。

（三）强统筹重引导，不断提升“走出去”质量效益

支持省内有实力的企业通过高质量“走出去”更好参与全球产业链重塑，按照商业原则开展国际产能合作和第三方市场合作，推动相关产业外溢和延伸。支持四川省企业境外并购重大项目回归省内落户投资，获取更多全球创新资源和营销网络，进一步拓展四川省经济发展空间，为加快形成国内国际双循环相互促进的新发展格局提供更多助力。优化“走出去”管理和服务，引导企业加强境外项目可行性研究和经营合规管理，强化风险防范意识和预警处置能力，有序推进境外项目疫情防控和生产建设工作。

2020年四川省投资形势分析及2021年预测

四川省发展和改革委员会固定资产投资处

2020年，四川省上下深入贯彻落实习近平新时代中国特色社会主义思想和习近平总书记对四川工作系列重要指示精神，按照党中央、国务院决策部署，统筹新冠肺炎疫情防控和经济社会发展，扎实做好“六稳”工作、全面落实“六保”任务。聚焦“投资唱主角”，召开抓项目促投资现场会，全力冲刺全年投资目标任务，投资运行持续呈现“快速恢复、持续回升”的良好态势，3月，省重点项目全面复工，全省投资增速由负转正。9月全省21个市（州）投资实现正增长，1—11月全省全社会固定资产投资增长9.1%，比全年预期目标增速高1.1个百分点，好于预期、优于全国，预计能够超额完成年度目标任务。

一、2020年全省投资运行情况

（一）重点项目建设支撑有力

全力推动773个省重点项目特别是119个省级重点推进项目加快建设，1—11月完成投资7230.5亿元，年度投资完成率115.6%，高于2019年同期6个百分点，总体提前超额完成年度预计投资。天府国际机场年底基本建成，绵阳京东方第6代生产线等项目建成投产，民航科技创新示范区、四川时代动力电池等248个省重点项目、26个川渝共同实施重大项目开工建设，川藏铁路雅林段开工建设，成达万高铁即将开工，成渝中线高铁可行性研究编制完成。

（二）重点领域投资平稳提升

“两新一重”投资加速推进，1—11月基础设施投资增长11.5%，其中，铁路、航空、管道运输业投资分别增长47.2%、54.9%、322.8%。产业投资持续回升，增长11.1%，先进材料、食品饮料、能源化工等支柱产业投资分别增长28%、12.9%、9.7%，高技术制造业中的计算机及办公设备制造、医药制造投资分别增长137%、20.4%。房地产开发投资增长10.8%，占全部投资比重 21.5%。

（三）五大经济区投资企稳回升

投资呈现竞相增长态势，1—11 月，成都平原经济区发展 9.1%、川南经济区 10.5%、川东北经济区 8.7%、攀西经济区 11.2%、川西北生态示范区 5.5%。部分市（州）投资增势强劲，内江、南充、泸州、宜宾、阿坝、凉山等 12 个市（州）投资增幅超过 10%。1—11 月全省 21 个市（州）投资全部保持正增长。

（四）项目要素保障及时有效

全年争取到中央预算内投资和中央专项建设资金 489.7 亿元，抗疫特别国债 351 亿元，地方政府专项债券 1840 亿元。加大重点项目金融支持力度，全省重点项目授信金额 1.5 万亿元，累计发放贷款 5829.5 亿元。

二、2021 年投资形势展望

2016—2019 年，全省全社会固定资产投资分别增长 12.1%、10.2%、10.2%、10.2%。为有效应对外部经济环境变化，确保经济平稳运行，稳投资仍将是 2021 年经济工作的重要抓手。从项目准备看，截至 2020 年 11 月底，结转项目 2021 年预计完成投资超万亿元，收集各市（州）上报的拟新开工项目预计完成投资近万亿元，随着各市（州）进一步充实项目储备和新招引项目落地，入库项目将进一步增加。加上部分未进入项目储备库的房地产等竞争性行业项目和农户投资，预计 2021 年全社会固定资产投资有望继续保持平稳较快增长。

三、2021 年投资工作考虑

下一步，四川将深入贯彻党的十九届五中全会精神，紧抓成渝地区双城经济圈建设与共建“一带一路”、长江经济带发展、新时代西部大开发、黄河流域生态保护和高质量发展等国家重大部署规划交汇叠加的重大机遇，立足新发展阶段，贯彻新发展理念，融入新发展格局，高质量做好 2021 年投资和项目工作，确保“十四五”开好局、起好步。

（一）补齐短板，优化结构拓展投资新空间

推动基础设施高质量发展，持续深化基础设施等重点领域补短板三年行动。突出“两新一重”，大力推进 5G 网络、大数据中心、人工智能、工业互联网建设，统筹抓好铁路、高速公路、机场、农田水利等传统基础设施建设，加快推进基于信息化、数字化、智能化的新型城市基础设施建设，加强公共卫生设施、应急物资储备体系、民生保障等薄弱环节建设。精准对接国家投向和发展重点，做实做深做细项目前期工作，加强重大项目储备。

（二）突出重点，着力发挥重大项目支撑作用

坚持省领导牵头省级重点推进项目工作机制，实行“一项目一方案一专班”，落实重点项目“红黑榜”通报机制。抓好2021年省重点项目建设，高标准建成投运天府国际机场，加快推动川南城际铁路内自泸线建成通车；加快川藏铁路雅林段、成达万高铁、渝昆高铁、马尔康至久治高速公路以及四川时代动力电池项目、四川省公共卫生综合临床中心项目等建设；推动西昌至香格里拉、资中至铜梁高速公路、国家西南区域应急救援中心等项目尽快开工。

（三）优化环境，深化“放管服”促进投资便利化

持续深入实施“营商环境评价指标提升”专项行动，深化“放管服”改革，最大范围实现投资审批“一网通办”。深化企业投资项目承诺制改革，认真落实促进民间投资增长各项措施，切实激发民间投资活力。进一步规范政府投资管理，健全概算审批和调整等管理制度，充分发挥政府投资效益。

（四）对标要求，加快发行地方政府专项债券

坚持“资金跟着项目走”，严格把握国家专项债券投向要求，精准聚焦领域范围，加强专项债券项目储备申报。加快项目审批、选址、用地、环评等前期工作，加快债券发行等准备工作进度，积极支持有一定收益的基础设施和公共服务项目建设，确保形成有效投资。

（五）强化服务，有效提高投资管理效能和水平

注重投资运行监测和分析研判，及时研究提出对策建议。加强项目投资运行调度，持续用好“红黑榜”通报机制。坚持要素跟着项目走，加强土地、水、油、气、运等要素精准服务保障。进一步发挥财政资金的撬动作用，提高金融支持的针对性，积极推动基础设施领域REITs试点工作。

2020 年四川省深化经济体制改革重点任务推进情况

四川省发展和改革委员会经济体制综合改革处

2020 年，四川省贯彻落实党中央、国务院关于全面深化改革的重大决策部署，紧扣高质量发展要求，坚持以供给侧结构性改革为主线，以推进要素市场化配置为重点，充分发挥经济体制改革牵引作用，持续深化重点领域和关键环节改革，有力推动经济社会持续健康发展。

一、基本情况

（一）大力推进成渝地区双城经济圈建设重点改革

启动探索经济区和行政区适度分离改革，联合制定川渝毗邻地区合作共建区域发展功能平台推进方案，推动万达开川渝统筹发展示范区、遂潼川渝毗邻地区一体化发展先行区等平台建设。完善川渝财税协作推进机制，制定川渝跨区域合作项目财税利益分享框架协议，明确总部经济、园区共建、飞地经济等跨区域财税利益分配方式。签署“放管服”改革合作协议、公共资源交易平台一体化合作协议，印发第一批川渝跨省通办事项清单，推进电子社保卡签发、养老保险转移续接等高频政务服务实现跨省通办。签署《共建西部金融中心助力成渝地区双城经济圈建设合作备忘录》，探索建立联合授信机制，推动金融机构跨区域协作、区域金融市场互联互通。

（二）扎实推进供给侧结构性改革

围绕“巩固、增强、提升、畅通”八字方针，制定和落实年度工作推进方案，着力降本增效优结构。持续淘汰落后产能，分类处置产能 30 万吨/年以下煤矿，共关闭煤矿 74 处、化解过剩产能 915 万吨/年。加大僵尸企业处置和“散乱污”企业整治力度，僵尸企业处置率达 92.1%，“散乱污”企业整治完成率达 99.7%。加快降低省属监管企业杠杆率。截至 10 月底，省属监管企业平均资产负债率为 65.3%，较全国平均水平低 7.3 个百分点。持续降低实体经济成本，1 至 11 月新增减税 203 亿元，减少社保等人工成本 627 亿元、减免涉企行政事业性收费 19 亿元，1 至 10 月降低水电气成本 53.5 亿元。

（三）积极推进“放管服”改革

修订《四川省权责清单动态调整管理办法》，完善权责清单动态管理机制。推动工程建设项目审批事项由 82 项压减至 66 项，实现“一网通办、一网通管、一网通看”。进一步压缩企业开办时间，建立企业开办“一窗通”平台和“营商通”掌上服务平台，由 3 日办照缩短为 1 日办结。深化企业投资项目承诺制改革，加强企业投资项目事中事后监管。全面推行“双随机、一公开”跨部门联合监管，列入企业信用信息公示系统严重违法失信企业累计 1.28 万户。推行政务服务“网上办”“自助办”“掌上办”“邮寄办”，开展容缺受理和不见面审批服务，全省申请政务服务事项网上可办率达 98%。加快公用服务便民化改革，水电气报装、新增、扩容时限进一步压减，其中用电报装时间压减 1/3 以上。建立政务服务“好差评”体系，评价满意率达 99.9%。开展营商环境优化专项行动，提升营商环境评价指标，成都获评营商环境示范引领标杆城市。

（四）稳步推进电力、页岩气等部门体制改革

制定《四川省 2020 年深化电力体制改革推进方案》，统筹推进电力市场规范建设、输配电价改革等重点任务。印发实施《四川电力交易中心独立规范运行方案》，完成交易中心股份制改造，引入 17 家股东，国网四川电力持股比例降至 70%，下一步将降至 40%。加快推进水电消纳产业示范区建设，落实精准电价政策支持特色产业发展。积极推进四川电网 2020—2022 年第二监管周期输配电价改革，配合核定输配电价 0.1759 元/千瓦时，降低幅度约 3.1 分/千瓦时，年均释放改革红利 79.27 亿元。出台临时电费补贴政策，给予 30% 的电费补贴，惠及中小企业 4767 户，已补贴资金 3.47 亿元，预计全年将超过 5.6 亿元。深化页岩气开发利益共享机制，2020 年荣县全面落实降低 0.1 元/立方米居民优惠气价政策，实现 7.5%留存气量就地转化使用。创新页岩气开发体制机制，推进油气开发混合所有制改革，促进企地合资合作。复制推广利益共享机制到更大范围，相关内容写入《建设中国“气大庆”行动方案》。

（五）加快推进要素市场化配置改革

制定《关于构建更加完善的要素市场化配置体制机制的实施意见》，指导成都市申报国家要素市场化配置改革综合试点。深化财税体制改革，落实“零基预算”要求，建立能增能减、有保有压的预算安排机制。推动资源税地方性立法，确定全省 86 个资源税税目的具体适用税率，6 个税目的计征方式、免征或者减征资源税具体办法。推动政府和社会资本合作（PPP）模式改革，制定省级 PPP 综补资金绩效评价办法、PPP 基金绩效评价办法。深化金融体制

改革，大力推进四川银行开业运营，完成 70 家农村信用社向商业银行改制。发挥金融助企纾困作用，发放“战疫贷”“稳保贷”等贴息贷款近 470 亿元，64 万户企业获得续贷、展期、降息等融资支持。截至 10 月末，全省金融机构本外币各项存款余额达 9.1 万亿元、贷款余额突破 7 万亿元。

（六）大力支持民营经济健康发展

健全政企常态化互动机制，制定《关于建立健全企业家参与涉企政策制定机制的实施机制》，畅通企业家参与政策制定渠道。修订企业和企业经营者权益保护条例等地方配套法规，完善民营企业合法权益受损救助补偿机制，建设企业维权服务电话热线、民营企业维权服务 APP 等平台，确保民营企业“投诉有门、维权有路”。“绵阳市‘五专’企业服务机制”入选《中国营商环境报告 2020》典型案例。拓宽民营资本投资领域，分级分类建立吸引民间投资项目库，向社会资本精准推介成熟项目，2020 年共向民间资本推介项目 254 个，投资额达 1298 亿元。在补短板领域出台民间投资专项管理实施细则，21 个民间资本主导项目争取中央预算内资金 5.39 亿元，撬动民间资本出资 104 亿元。2020 年前三季度，全省民营企业增加值近 1.9 万亿元，全省实有民营经济市场主体 652.9 万户，同比增长 11.8%。

二、下一步工作打算

（一）突出抓好成渝地区双城经济圈建设改革

抓紧研究制定四川省推动成渝地区建设改革开放新高地意见和四川省体制机制改革行动方案。以平台建设为重要载体，按照“一平台一方案一专班”方式，指导有关市（区、县）联合编制平台建设总体方案，结合各自实际积极探索符合川渝两地实际、遵循市场经济规律的经济区和行政区适度分离模式。加快川渝自贸试验区协同开放示范区建设，积极开展差别化政策先行先试，促进改革成果共享应用。深入推进成渝地区政务服务协同发展。

（二）持续深化供给侧结构性改革

加快建设统一开放、竞争有序的高标准市场体系，畅通经济循环，加快融入新发展格局。推动落后无效产能加快出清，推进产能置换。不折不扣落实减税降费政策，综合施策降低实体经济企业成本负担。培育壮大工业“5+1”、农业“10+3”、服务业“4+6”现代产业体系，推进传统产业调整改造，加大关键核心技术攻关，强力推进稳链、强链、补链、延链，努力提升产业链供应链的稳定性和竞争力。建立供给侧结构性改革苗头性、倾向性、潜在性问题专项分析研究机制。

（三）纵深推进“放管服”改革

推行“证照分离”全覆盖试点改革，推进投资和工程建设项目审批制度改革，放宽服务业市场准入，深化减证便民行动。动态调整权责清单，突出审管衔接，增强涉及公共安全和人民群众生命健康等特殊重点领域监管执法力度，健全守信联合激励失信联合惩戒机制。推广“互联网+监管”平台应用，推动建立智慧监管体系。持续优化一体化政务服务平台，推进“一事一次办”“一网通办”“跨省通办”，推行审批服务“告知承诺制”。

（四）加快推进电力、页岩气部门体制改革

进一步放开经营性电力用户发用电计划，降低电力用户准入门槛。加强中长期交易与电力现货交易衔接，持续抓好电力现货市场建设。深化水电消纳产业示范区试点建设，着力扩大弃水电量成交规模。执行好精准扶持电价政策，继续支持重点产业集聚发展。稳步推进四川省燃煤发电上网电价形成机制改革。创新天然气开发模式，推动在新开发的天然气区块进行合资合作，复制推广从页岩气开发利益共享机制建设到常规气勘探开发。

（五）更大力度推进要素市场化配置改革

深化财税体制改革，加快推进科技、交通运输、生态环境、自然资源、公共文化、应急救援等领域省以下财政事权和支出责任划分改革，探索财政产业类支持资金分配划拨与项目产出收益挂钩机制，推进地方税体系建设。深化地方金融体制改革，持续实施“五千五百”计划和债券优先发展战略，推进“险资入川”，深入开展“金融顾问”服务，强化重点领域、薄弱环节融资保障。

（六）不断优化民营经济发展环境

持续拓宽民间资本投资领域，鼓励和引导社会资本参与重点项目建设。健全执法、司法对民营企业的平等保护机制，完善知识产权侵权惩罚性赔偿制度，切实保护民营企业合法财产和创新权益。健全银行业、金融机构服务民营企业体系，拓展“园保贷”服务范围，精准滴灌民营和中小微企业。积极创建国家民营经济示范城市，开展县域民营经济发展示范试点。谋划实施四川民营企业雁阵培育五年行动计划，开展新时代民营企业家五年培训计划，推动民营企业建立完善现代企业制度。

2020 年四川省就业形势分析及 2021 年展望

四川省发展和改革委员会就业收入分配与消费处

2020 年，面对突如其来的新冠肺炎疫情冲击，四川省委、省政府坚持就业优先战略，大力推进企业复工复产，全面落实援企稳岗政策，积极促进创业带动就业，全省就业形势呈现开局低迷、快速回稳、逐步向好态势。2021 年，随着经济持续回升，预计全省就业形势将继续保持稳中向好态势。

一、2020 年就业形势好于预期

（一）就业主要目标任务超额完成

2020 年，全省城镇新增就业 96.22 万人，完成全年目标任务的 113.2％；失业人员再就业 30.89 万人，完成目标任务的 171.59％；就业困难人员就业 8.88 万人，完成目标任务的 177.63％。全省城镇登记失业率为 3.63％，控制在 4.5％的预期目标之内。

（二）人力资源市场活跃度持续回升

2020 年，全省人力资源市场提供岗位 206.15 万个，进场求职者人数 137.05 万人，求人倍率 1.5，同比增加 0.18。其中，4 月当月求人倍率恢复至 2019 年同期水平（1.37），6 月、9 月、12 月分别达到 1.44、1.54、1.6。

（三）农民工转移就业实现逆势增长

2020 年一季度农民工外出返岗复工晚于往年一个月，二季度呈逐步恢复态势，三季度农民工转移就业规模已超过 2019 年同期水平。全年，全省农村劳动力转移就业规模达 2573.4 万人，同比增加 3.7％，增幅高于全国 5.5 个百分点。其中，省内转移就业 1458.8 万人，同比增加 6.6％，省外转移就业 1114.6 万人，同比增加 0.05％。

（四）调查失业率持续回落

分季度看，一至四季度，全省城镇调查失业率分别为 6.1％、6％、5.7％、5.5％。分月度看，1—12 月，城镇调查失业率（样本数据）分别为 5.2％、7.1％、6.5％、6.3％、6.1％、5.8％、5.7％、5.5％、5.2％、

5.3%、5.2%、5.1%，在2月达到历史高位后呈持续向下趋势，7月与全国持平，下半年总体好于全国水平。

（五）重点监测企业就业岗位保持稳定

12月末，全省监测企业3349户，监测岗位118.29万个，与年初建档数相比，净增加1390个，增长率0.12%。

二、2021年全省就业工作面临的形势

2021年就业形势总体向好，但劳动力供给仍处高位，结构性矛盾依然突出，仍然存在诸多不确定性。

（一）有利因素

1. 经济持续回升，市场主体活力不断增强

2020年，全省地区生产总值同比增长3.8%，增速高于全国1.5个百分点，规模以上工业增加值同比增长4.5%，增速高于全国1.7个百分点，发展动能不断积聚，将拉动就业持续回暖。2020年，全省新登记市场主体数量124.51万户，同比增长23.58%，增速位于全国第5位。截至2021年1月8日，四川省实有市场主体规模迈上了700万新台阶，就业基础进一步夯实。

2. 第三产业加快发展，就业吸纳能力不断增强

2020年，四川省第三产业增加值占GDP的比重提高到52.4%，第三产业从业人员占比上升到39%，成为吸纳就业的主力。同时，四川省第三产业增加值占比和从业人员占比都低于全国，还有较大发展空间，吸纳就业仍有潜力。

3. 新业态不断涌现，带来更多就业机会

互联网经济和零接触型消费模式的快速发展，带动软件开发、网络维护、线上客服等岗位用人需求迅速增长。同时由共享经济、平台经济催生的外卖、新零售、生活性服务业、网约车等新业态正在创造更多经济增长点和就业岗位。2020年，以“滴滴出行”为代表的13家共享平台企业在成都提供就业机会近70万个，已占成都市第三产业从业人口总数的13%。

4. 就业优先政策不断完善，政策红利持续释放

促进返乡下乡创业二十二条、农民工服务保障十六条、高校毕业生就业十条、缓解中小企业生产经营困难就业十条等就业创业扶持政策相继出台，政策体系更加完善，政策效应持续显现，为稳就业工作提供扎实保障。

（二）不利因素

1. 就业结构性矛盾仍然突出

从全省2020年人力资源市场供求情况来看，高端人才仍然紧缺，低技能

人员相对过剩，有职称或技能等级的求人倍率均高于 1.56，其中高级专业技术职务（职称）求人倍率高达 5.95，低技能岗位求人倍率仅 0.7。同时区域性矛盾突出，年轻人、高素质、高技能人才多流向成都等经济较发达的地区，三四线城市普遍招人困难。

2. 智能化对部分传统就业岗位造成冲击

有关调研数据表明，智能化改造使企业对一线生产工人的就业岗位需求减少了 19.6%。2020 年，内江巨腾公司实施自动化改造，用工人数同比减少 23.3%。遂宁市反映，随着城市占道停车收费 APP 的推广使用，全市 2000 余名停车收费员面临转岗转业。

3. 疫情防控形势存在不确定性

当前，境外新冠肺炎疫情持续蔓延，对我国经济发展的冲击和影响还在持续。此外，我国局部地区聚集性疫情和零星散发病例出现，可能会一定程度上影响居民消费信心和服务业的恢复，对就业带来不确定影响。

综合分析，四川省经济社会发展仍处在重大战略机遇期，经济稳中向好的发展趋势没有改变，为稳定和扩大就业提供了坚实基础。预计 2021 年四川省就业工作主要目标能够顺利完成，城镇新增就业 85 万人以上，调查失业率稳定在 5.5%以内。

三、2021 年稳就业重点工作建议

2021 年，要继续实施就业优先政策，进一步健全就业促进机制，完善公共就业服务体系，加强就业领域苗头性、倾向性、潜在性问题研究，着力防范化解规模性失业风险，确保就业工作有力有效。

一是大规模开展职业技能培训。持续深入实施职业技能提升三年行动方案，支持企业以工代训、以训稳岗，组织开展“互联网＋职业技能培训”、农民工职业技能培训、青年技能培训、创业培训、康养培训等专项培训行动，开展各类技能培训 70 万人次以上。广泛深入开展各级各类职业技能竞赛活动，推进以赛促训、以赛促学，推动技能竞赛和技能培训、技能评价相衔接。

二是统筹推进重点群体就业。扎实做好农民工服务保障工作，持续开展根治欠薪专项行动，有序开展节后春风行动，引导返乡过年农民工安全有序返岗复工。深入实施高校毕业生就业创业促进计划和基层成长计划，落实高校毕业生多渠道、多元化就业促进政策措施，健全基层服务保障机制，拓展扎根基层高校毕业生职业发展通道。

三是积极培育就业新增长点。大力发展吸纳就业能力强的产业，注重引进

知识、技术、劳动密集型产业，积极引领新经济、新业态的发展，开发适应新生态劳动力就业取向的高质量就业岗位。支持多渠道灵活就业和新就业形态，研究完善灵活就业、新就业形态人员劳动用工、就业服务、权益保障办法。

四是加强就业形势监测分析。加强外部环境和就业形势研判，完善政策储备，增强政策措施的稳定性、延续性。加强重点群体、重点行业、重点领域就业动态监测，提早发现、提早介入，及时采取措施，确保不发生系统性、规模性失业。

2020 年四川省物价运行情况及 2021 年价格走势分析

四川省发展和改革委员会价格调控与收费管理处

2020 年，受新冠肺炎疫情和食品价格高位震荡的影响，全省居民消费指数（CPI）累计上涨 3.2%，涨幅与 2019 年同期持平；工业生产者出厂价格指数（PPI）止跌回稳，总体仍在低位运行，累计下降 1.2%，指数较 2019 年同期低 1.6 个百分点。

一、2020 年物价运行情况

（一）指数运行情况

1. CPI 前高后低

1—12 月，全省 CPI 单月同比涨幅分别为 6.1%、6.9%、5.7%、4.4%、3.6%、4.1%、4.1%、3.4%、1.9%、0.2%、−0.8%、−0.2%，单月环比涨幅分别为 1.1%、1.3%、−1.8%、−1.1%、−0.7%、0.1%、0.6%、0.9%、0.1%、−0.5%、−0.8%、0.6%。其中，受新冠肺炎疫情影响及食品价格上涨推动，2 月同比上涨 6.9%，创 2008 年 6 月以来新高。随着翘尾影响的减弱，CPI 涨幅逐季回落，全年累计涨幅较一季度、上半年和前三季度分别收窄 3、1.9 和 1.3 个百分点。其中，11 月同比下降 0.8%，创 2002 年以来的最大跌幅。

2. PPI 止跌回升

1—12 月，全省 PPI 单月同比指数分别为−0.3%、−0.4%、−0.8%、−1.9%、−2.5%、−2.1%、−1.9%、−1.2%、−1.3%、−1.5%、−1%、0，单月环比指数分别为−0.1%、−0.1%、−0.3%、−0.8%、−0.6%、−0.2%、−0.1%、0.2%、0.2%、0、0.7%、1.2%，显示 PPI 降幅收窄、低位回稳。从工业生产者购进价格指数（IPI）看，1—12 月累计下降 1.9%，总体走势与 PPI 类似。

（二）价格运行的主要特点

1. CPI 方面

一是波动幅度较大。受疫情防控和猪肉供给改善影响，2020 年全省 CPI 同比、环比指数波动幅度较大。月度同比指数年内高低差值 7.7 个百分点，月度环比指数年内高低差值达到 3.1 个百分点，波动幅度远超历史均值。二是结构性上涨明显。1—12 月，全省食品价格累计上涨 14.2%，对 CPI 上涨的贡献率达 95%。其中，猪肉价格上涨 47.7%，对 CPI 上涨的贡献率达到 65%，并带动与其相关食品不同程度上涨。非食品价格中，服务项目价格全年累计无涨跌，工业消费品价格全年累计下跌 1%，两者对 CPI 的拉动力进一步减弱。三是核心 CPI 低位运行。2020 年，全省核心 CPI（扣除能源和食品价格影响）同比上涨 0.6%，比 2019 年同期涨幅低 0.5 个百分点，其中 11—12 月连续保持在 0.1%，涨幅创 2009 年 12 月以来新低。

2. PPI 方面

一是主要工业品价格受疫情影响较大。水泥价格因受疫情管控、雨水天气和外省水泥涌入等因素影响，全年平均同比明显下降；钢材价格随着铁矿石、煤价等持续上涨，出现反弹回升走势；煤炭价格受供求关系等变化，同比降幅逐渐缩小。截至 2020 年 12 月底，全省 425#水泥、洗精煤、钢材均价分别为 483.86 元/吨、1124 元/吨、6150 元/吨，同比分别下降 7.62%、6.67%和上涨 7.63%。二是影响因素较为集中。从行业大类来看，16 类上涨，22 类下降，行业下降面为 56.4%，比 2019 年同期高 12.8 个百分点。其中影响较大的 4 个大类分别是：农副食品加工业、黑色金属矿采选业、酒饮料及精制茶制造业、医药制造业，合计拉动 PPI 累计上涨约 0.67 个百分点；非金属矿物制品业、黑色金属冶炼和压延加工业、煤炭开采和洗选业等 7 个大类合计拉低 PPI 约 1.56 个百分点。三是与 CPI 的剪刀差收窄。12 月，全省 CPI 与 PPI 同比涨幅分别为−0.2%和 0，二者之间的剪刀差亦由 2020 年 2 月的 7.3%回落至−0.2%的水平，反映消费需求总体仍较为低迷。

二、需要关注的几个问题

（一）宏观经济环境的变化

近年来，我国经济发展面临的内外部环境日益复杂严峻。随着美国大选落幕，中美关系迎来新一轮博弈期。其矛盾已从贸易端逐渐扩展至经济金融等其他领域，未来博弈涉及范围更为广泛、影响也为更深远。同时，由于疫情变化和外部环境存在诸多不确定性，各种风险挑战叠加，一定程度上放大了价格运行的不确定性。

（二）国外输入型通胀压力的增大

在新冠肺炎疫情影响下，主要经济体陆续实施极度宽松的货币政策，国际货币快速溢出，拉动国际大宗商品价格上涨，或将带来输入型通胀压力。

（三）货币政策的影响

疫情期间，央行采用“有节制”的危机模式，降利率、放松信贷、提升赤字率、增加财政预算等。随着疫情逐渐可控，货币政策也将向常态化收敛，中央经济工作会议上强调“稳健的货币政策要灵活精准、合理适度，重点是政策操作上要更加精准有效，不急转弯，把握好政策时度效”，其对价格的影响亦需进一步观察。

（四）以生猪为主的民生商品供给情况

2020 年，全省 CPI 变动的主要原因是猪肉价格的影响。截至四季度末，全省生猪出栏 5614.4 万头，存栏 3875.4 万头，同比分别增长 15.7％和 35％；能繁母猪存栏 372.1 万头，同比增长 35.8％。但由于生猪产能仍未恢复至常年正常水平，加之仔猪及饲料等养殖成本不断攀升，后期价格能否稳定或回落，仍取决于生猪供给的保障情况。

三、2021 年价格走势分析

对于 2021 年价格走势，一方面，随着经济运行逐步恢复常态，当前市场上粮油供需保持平衡，生猪产能逐步恢复，为居民消费价格稳定运行提供了有力支撑，加之负翘尾及核心 CPI 低位运行的影响，预计 2021 年全省 CPI 将保持温和上涨态势。另一方面，伴随着宏观经济环境的变化，输入型通胀压力的增加，以及国内财政、货币等政策影响，价格波动的不确定性进一步增大。

CPI：食品价格方面，受年底需求增加等季节性因素影响，近期猪肉价格有所回升，但在高基数效应下，预计后期猪肉价格同比仍趋回落，对 CPI 的拉动作用或将进一步减弱；非食品价格方面，随着居民消费需求尤其是服务需求的恢复，预计未来服务项目价格和工业消费品价格对 CPI 的拉动作用将有所加大。

PPI：随着国内疫情防控和经济形势向好发展，全省工业生产稳步恢复，后期基建需求回升，加之原油、铁矿石和有色金属等国际大宗商品价格上涨，预计全省 2021 年工业品价格将呈现先升后稳趋势。

2020 年四川省开放发展成效及 2021 年展望

唐毅 傅煜

当今世界正经历百年未有之大变局，和平与发展仍然是时代主题，改革发展稳定任务艰巨繁重。面对疫情影响，四川省委、省政府牢牢把握全球开放大势和四川发展大局，深入贯彻落实中央有关决策部署和习近平总书记重要指示精神，坚定实施全面开放合作战略，积极抢抓重大战略机遇，“四向拓展、全域开放”立体全面开放加快成势。2021 年，挑战与机遇并存，应善于在危机中育先机、于变局中开新局，坚持以开放的确定性应对世界经济形势的不确定性，坚定不移推进更深层次改革、更高水平开放，为全面建设社会主义现代化四川注入强大活力。

一、开放型经济稳中有进、提质升位，正站在新的起点

（一）货物贸易“弯道超车”

全年进出口 8081.86 亿元（折合 1168 亿美元）、增长 19%，规模超过天津、辽宁居全国第 8 位，增速居全国第 2 位。外贸依存度从 2016 年的不足 10%提升至 16.6%，对经济发展的促进作用逐渐凸显。加工贸易增长 24.8%，占比 63.5%。外商投资企业进出口增长 25.3%、占比 70.8%，对进出口贡献明显。高新技术产品占比 79.1%、较 2019 年同期提高 6.5 个百分点，贸易强省建设步伐不断加快。

（二）服务贸易提升优化

1—11 月服务进出口实现 667.5 亿元、增长 4.8%，其中出口 350.4 亿元、增长 30.3%，服务业国际化程度进一步提升。疫情下数字贸易成为带动服务出口的中坚力量、持续领涨势头强劲，知识密集型服务出口占服务出口比重超过一半，金融、保险、计算机信息、文化娱乐进出口均实现正增长，服务贸易结构持续优化。

（三）到位外资缓中有进

外商直接投资 25.5 亿美元、增长 2.9%，保持全国第 9 位、中西部第 1

位。在川落户世界 500 强企业新增 12 户、达 364 户。新设外资企业 842 家，居中西部第 1 位。近年来，一半以上外资来自香港。占全省企业总数 1%的外商投资企业贡献了约 10%的企业营业收入、超过 70%的进出口，为全省产业转型升级和补链延链提供了有力支撑。

（四）对外投资合作稳步推进

对外承包工程新签合同额 62.4 亿美元，完成营业额 51.8 亿美元。境外直接投资 12.1 亿美元、增长 85.2%，新备案境外投资企业 64 家。东方电气、七化建等对外工程承包总额超过 100 亿美元，带动四川制造、装备、标准“走出去”效应明显。

二、开放载体能级提升，支撑作用更加明显

（一）自贸试验区跨越发展

自 2017 年四川自贸试验区挂牌以来，实现从奠基性高位开局到引领性强势布局再到集成性攻坚格局的“三年三步走”跨越。累计新设市场主体 14 万家、注册资本超过 1.5 万亿元，新增外资企业近 1322 家，主要经济指标居第三批自贸试验区前列。在近两年国务院向全国复制推广的 3 批 86 个制度创新成果中，四川推出 11 个。大力开展自贸试验区协同改革先行区差异化探索，宜宾、德阳等 8 个协同改革先行区建设取得重要阶段性成果。

（二）重点平台扩围提速

全省拥有综合保税区 6 个、国家级经开区 8 个、国际（地区）合作园区 16 个、跨境电商综试区 4 个、国家级外贸转型升级示范基地 16 个、国家级服务进出口基地 3 个。天府新区成功创建国家级进口贸易促进创新示范区。成都、宜宾、广安等国家级经开区在全国排位稳步提升。国际（地区）合作园区差异化发展成效显现，多数园区的高技术制造业产值、实际利用外资和进出口占据所在市的“半壁江山”。

（三）新兴载体活力迸发

全省跨境电商和市场采购贸易实现交易额 505.8 亿元、增长 133.5%，占全省进出口总额的 6.3%，占一般贸易方式进出口总额的 30.1%，为外贸调结构、增动能提供了积极支撑。跨境电商备案企业超过 2000 家，其中 2020 年新增超过 1000 家。天府软件园获批国家数字服务出口基地。成都创建为新一轮全面深化服务贸易创新发展试点。

三、国际合作持续深化，开放发展空间不断拓展

（一）“一带一路”建设纵深推进

对“一带一路”沿线国家和地区进出口占比扩大至三成以上。全省80%新签对外工程承包合同额、85%的完成营业额、近1/3新增境外投资企业来自“一带一路”沿线国家。以新希望为代表的四川企业在“一带一路”国际合作高峰论坛签约，国际铁路联运“一单制”规则试点纳入论坛重要成果。

（二）对外交往更加广泛

与220多个国家和地区建立了经贸关系。获批在川设立领事机构达20个，仅次于北京、上海，居内地第3位。“一带一路”沿线国家馆群、中国—东盟自由贸易合作中心、国际留学生基地等加快建设，国际交流合作不断扩大深化。川菜、川酒、川茶享誉海内外，彩灯“百城百展”等引领川蜀文化加快“走出去”。

（三）营商环境改善优化

出台《中国（四川）自贸试验区对标国际先进指南》，加快提升营商环境国际化水平。“小时清单制”将企业开办时间从15.6个工作日压缩至3个工作日、最快1小时。空铁联运“一单制”货运模式打破铁路、航空联运壁垒，节约时间10%—40%。成都连续两年入围全国营商环境综合评价前十强，获评2020国际化营商环境建设标杆城市。出台《四川省开放发展工作激励办法（试行）》，进一步激发干部担当作为和市场主体开放发展。

四、当前面临的挑战与机遇

国际环境日趋复杂，国际力量对比深刻调整，保护主义、单边主义上升，不稳定性不确定性明显增加，经济全球化遭遇逆流。贸易摩擦已逐渐由边境前壁垒设置向边境后制度博弈转变，发起国家正逐步从发达国家向发展中国家蔓延。我国连续多年成为全球遭遇反倾销调查最多的国家，2020年涉及四川的国际贸易摩擦案件大幅增多。从四川看，主要存在四个不足。

（一）动能支撑不足

外贸依存度低于全国15个百分点，规模仅占全国的2.5%，仅为广东的11%、江苏的18%、上海的23%。进出口主要集中在鸿富锦、戴尔等少数外商投资企业，对外贸易存在结构性风险。新引进外资制造业项目较少、资金到位率较低，实际使用外资不足全国的2%。川酒、川茶等特色产品出口占比较小，优势产业向外延伸不够。

（二）辐射带动不足

重大开放平台能级有限。自贸“红利”有待进一步拓展释放，8 个协同改革先行区差异化探索还需加大。国家级经开区、高新区、国际（地区）产业合作园区等同质化发展现象严重，部分园区连续几年无外资项目入驻或外资到位下滑。加之近年来新创建的一批开放口岸和平台载体仍在建设验收阶段，形成强大的产业集聚和示范引领效应尚需时日。

（三）内联外通不足

现代流通体系建设有待完善，对外开放通道不够畅通，临空、临港、临水“三临”叠加优势发挥不够，南向、东向铁路货运通道“老、旧、绕”问题仍然存在，对外经济走廊建设还需持续发力。随着中欧班列补贴退坡机制的实施，开行班列数量将可能出现波动。航空货运优势有所削弱，启运港制度政策协同性有待加强。

（四）竞争优势不足

近年来，外商投资企业在川劳动力、土地、能源和原材料等户均营业成本较高，与东部沿海省市工资基数差异逐渐缩小，全省外资总体呈现净流出态势。吸引外资规模较小，引进外资额在引资总额的占比不足 10%。省内区域分化极化现象严重，成都进出口占比不断扩大，其余 20 个市州进出口仅占全省 11.5%。

四川开放发展仍处于重要战略机遇期。虽然当前形势复杂严峻，但随着近年来世界各国分工日益细化、合作日益密切，全球经济已成为无法分割的综合体，全球化仍是世界发展大势所趋，对外开放是应对百年未有之大变局的必然选择。2020 年以来，我国取得抗击新冠肺炎疫情斗争重大战略成果，生产生活秩序逐渐恢复，强大的经济韧性和优越的政治制度优势更加凸显。四川省拥有较为完备的制造业体系、巨大的消费市场容量、庞大的人力人才资源，随着共建“一带一路”、长江经济带发展、新时代西部大开发、成渝地区双城经济圈等重大部署深入推进，四川开放型经济发展具有坚实的基础条件和良好的政策环境。

五、2021 年四川对外开放展望

党的十九届五中全会提出“坚持实施更大范围、更宽领域、更深层次对外开放”。四川应牢牢把握国家重大发展战略机遇，统筹推进商品、要素流动型开放和规则等制度型开放，纵深推动“四向拓展、全域开放”，促进内陆与沿海、沿边、沿江协同开放，努力建设内陆开放战略高地。

（一）坚持以共建“一带一路”为统领，拓展优化开放空间布局

深度融入“一带一路”建设，推进“一带一路”国际多式联运综合试验区、科技合作区和国际技术转移中心等项目，争取更多项目纳入国家合作框架和项目储备库。加快拓展南向市场，深度对接粤港澳大湾区、北部湾经济区，深化与南亚、东南亚等合作。积极参与长江经济带发展，扩大与西向的对欧高端合作、深化北向中俄蒙经济走廊建设。全面推进成渝地区双城经济圈协同开放，加快川渝自贸试验区协同开放示范区、“一带一路”进出口商品集散中心、国际消费中心城市等关键性、支撑性、引领性平台建设。

（二）坚持以创新发展为重点，推动贸易创新发展

聚焦重点进出口商品核心零部件和上游研发设计环节，鼓励本地企业更多融入并参与国际供应链竞争。支持出口产品转内销，加快转内销市场准入。优化“万企出国门”活动，多元化拓展国际市场。推动外贸促稳提质，推进国家外贸转型升级基地建设，积极承接国际国内加工贸易产业转移。大力发展跨境电商、市场采购贸易、外贸综合服务等贸易新业态新模式。用好进口博览会平台，扩大高品质商品和服务进口。持续优化服务贸易结构，加快推进新一轮全面深化服务贸易创新发展试点，打造西部服务外包高地。

（三）坚持以“引进来”“走出去”为抓手，高水平聚集和配置全球高端要素资源

促进外资稳定增长，探索制订“产业投资导向图”，推动更多优质项目与产业链资源精准匹配。创新招商引资方式，加大世界500强和行业龙头企业、隐形冠军企业总部投资促进力度。推动对外投资合作健康发展，支持企业通过绿地投资、跨国收购、对外承包工程等方式“走出去”。创新发展对外承包工程，推进投建营一体化，加强交通、水电、建筑、制造等领域国际产能合作。扩大服务业“4+6”重点产业开放，积极争取国家赋能放权支持服务业扩大开放综合试点，加快推进中日（成都）城市建设和现代服务业开放合作示范项目建设。

（四）坚持以高能级合作平台为载体，强化示范引领和辐射带动

高质量建设四川自贸试验区，主动对标国际高水平经贸规则，开展系统性、集成性改革创新，启动新一批协同改革先行区建设，持续举办中国自由贸易试验区协同开放发展论坛。创新提升发展国家级经开区，积极争创成都国际铁路港国家级经开区。大力提升中德、中法、中韩、中意、新川等国际（地区）产业合作园区发展水平。加快推动成都国际铁路港、泸州、宜宾、绵阳综合保税区和南充保税物流中心（B型）建设。优化口岸基础资源配置，提升口

岸通关和服务智能化规范化水平。

（五）坚持以现代流通体系建设为支撑，打造内陆开发开放枢纽

大力发展现代商贸物流，加快构建多式联运物流体系，推进多式联运示范工程项目。培育一批具有竞争优势的现代流通企业，形成一批千亿级、百亿级的商品交易市场。加快建设国际航空枢纽，推动双流机场容量提升和流程优化，推进“两场一体”运营。积极争取更多航权资源，加快扩展洲际10小时航程圈和亚洲5小时航程圈。优化中欧班列运输组织和运营模式，推广多式联运“一单制”、集拼集运和运贸产一体化。优化“蓉欧+”东盟国际铁海（铁）联运班列，支持拓展南向国际铁海联运线网。

（六）坚持以制度型开放为方向，打造国际一流营商环境

出台《四川省优化营商环境条例（草案）》，认真施行四川自贸试验区条例，大力推动投资贸易自由化便利化。开辟重点地区经贸人员往来“快速通道”，全面落实外国人才签证制度，提高外籍商务人员来川便利度。全面贯彻落实《中华人民共和国外商投资法》及其实施条例，用好2020版全国和自由贸易试验区2个外商投资准入负面清单，持续开展开放环境综合评定。兼顾开放与安全，持续开展开放环境压力测试，重点确保金融安全、网络信息安全，提升开放发展治理体系和治理能力现代化水平。创建对外开放法治示范区试点，推进天府中央法务区建设。

（七）坚持以统筹协调考核激励为保障，凝聚更大开放合力

健全对外开放工作领导机制，发挥省推进“一带一路”建设工作领导小组、中国（四川）自由贸易试验区推进工作领导小组、稳外贸稳外资工作联席会议等机制作用，统筹做好开放发展工作。实施《四川省开放发展工作激励办法》《四川省开发区创新发展综合考核评价暂行办法》，激励全省干部担当作为和市场主体开放发展。扩大人才对外开放合作，建立更具吸引力、竞争力的人才引进培养使用机制，强化专业人才队伍支撑。

作者单位：四川省商务厅综合处

2020年四川省绿色发展情况及2021年展望

四川省发展和改革委员会资源节约和环境保护处

2020年，四川省认真贯彻落实党中央、国务院决策部署和习近平总书记对四川工作系列重要指示精神，自觉肩负新时代治蜀兴川的生态重任，将建设长江黄河上游生态屏障、维护国家生态安全放在生态文明建设的首要位置，扎实推进生态建设、污染防治、节能减排、资源节约和综合利用，加快推动绿色发展，建设美丽四川取得积极成效。

一、2020年全省绿色发展基本情况

（一）政策制度体系加快完善

建立由省委书记、省长任组长的四川省生态环境保护委员会，并下设绿色发展、生态保护与修复、污染防治、农业农村污染防治4个专项工作委员会。印发《加快构建现代环境治理体系、进一步加强塑料污染治理》等实施意见，绿色发展政策支撑体系加快建立。市场机制作用逐步发挥，碳排放权交易、用能权交易市场加快建设，建立具有四川特色的环境污染责任保险制度，参保企业超过2000家。积极推行环境污染第三方治理，建立排污者付费、第三方治理的治污新机制。建立赤水河、岷江、嘉陵江流域横向生态保护补偿机制，全省藏族聚居区5个县纳入国家生态综合补偿试点范围。

（二）生态安全屏障有序构建

实施大规模绿化全川行动，2020年末全省森林覆盖率将超过40%，较“十二五”末提高4个百分点。坚持生态优先、应保尽保，将全省90%以上的保护地布局在若尔盖、川滇、秦巴、大小凉山、川西北等重点生态功能区，进一步优化全省自然保护格局，严守生态安全。以川滇、秦巴、大小凉山等重点生态功能区为主战场，加快实施乌蒙山连片区域土地整治重大扶贫工程、广安华蓥山区山水林田湖草生态保护修复、长江干支流10公里及黄河流域废弃露天矿山生态修复、攀枝花凉山山水林田湖草试点等一批重点生态工程。

（三）环境污染治理初见成效

综合施策开展大气污染防治，将成都平原和川南地区大气环境质量改善作为全省生态环境保护重中之重，划定涉及 15 个市 77 个县（市、区）的大气污染防治重点区域，统一实施大气污染物特别排放限值。1—11 月，全省未达标城市细颗粒物（PM2.5）平均浓度为 32.7 微克每立方米，同比下降 9.4%；全省优良天数率 91.7%，同比上升 1.1 个百分点。多措并举强化水污染防治，深入推进河（湖）长制，启动岷江黄龙溪断面整治攻坚，加强城市黑臭水体治理，全省 105 条城市黑臭水体已完成治理 104 条。1—11 月，全省 87 个国考断面地表水水质优良断面达到 86 个，占比 98.9%。统筹推进土壤和固废污染防治，完成全省农用地土壤污染详查，推动废铅酸电池集中收集试点，对 260 座尾矿库环境污染治理建立“一库一档”，强力推进 783 个隐患问题整改。扎实推进中央生态环境保护督察和长江经济带问题整改，中央生态环境保护督察反馈意见中的 89 项整改任务已整改完成 61 项，移交信访涉及的 9070 个环境问题已整改完成 98.7%，“回头看”期间督察组交办的 3665 个环境问题已整改完成 96%，其余均按计划推进整改。

（四）绿色发展内生动力不断激发

严把产业项目准入关，严格淘汰落后产能、化解过剩产能，为先进产能腾出发展空间和环境容量。从源头控制高耗能项目，全年省级共完成 70 个固定资产投资项目节能审查。将节能环保产业作为“5+1”现代工业体系 16 个重点领域之一，加快建设成都、自贡等节能环保装备产业基地，加快培育一批重点骨干企业。扎实推进重点领域节能，开展重点用能单位“百千万”行动，全年全省单位 GDP 能耗下降 2%以上，超额完成年度目标任务；预计“十三五”期间将累计下降 18%左右，超额完成国家下达的 16%的目标任务。推进绿色产业示范基地建设，累计推动 36 个园区实施循环化改造，建设了 4 个国家级和 5 个省级资源循环利用基地，31 个省级秸秆全域综合利用试点县，全省秸秆综合利用率达到 91%。以绿色工厂、绿色园区、绿色供应链和绿色设计产品为重点，加快创建一批绿色制造示范单位，着力构建绿色制造体系。全省已累计创建国家级和省级绿色工厂 296 家、绿色园区 35 家、绿色供应链 6 家、绿色设计产品 62 种。

二、2021 年工作展望

十九届四中全会明确提出，要完善绿色生产和消费的法律制度和政策导向，健全资源节约、集约循环利用政策体系，更加自觉地推动绿色循环低碳发展。省委十一届七次全会对推进成渝地区生态共建和环境共保作出了周密部署，四川将坚持站高谋远、系统思维，找准工作重点和着力点，树立新的工作目标，努力做到“五个提升”。一是统筹协调全省绿色发展，提升经济绿色化水平，从源头解决生态环境突出问题。二是抓好能耗“双控”工作，提升能源利用效率，为高质量发展争取能耗空间。三是全面推动资源综合循环利用，提升资源节约集约利用水平，加快建设节约型社会。四是抓好节能环保产业发展，提升绿色竞争力，培育发展新动能。五是推进环境基础设施建设，提升生态环境质量，补齐小康社会短板。

围绕“五个提升”，2021 年将重点抓好以下工作：

推动绿色低碳产业发展。积极支持各类投资主体通过环境污染第三方治理等多种模式参与绿色发展，培育壮大环境治理和生态保护市场主体。加快传统产业优化升级，淘汰落后产能，深入推动绿色工厂、绿色园区、绿色产品、绿色供应链等绿色制造示范单位创建。壮大节能环保、清洁能源等绿色产业，提高技术装备水平，培育发展一批骨干龙头企业。开展绿色产业示范基地建设，推进存量产业绿色化改造和绿色产业增量培育。

坚决打赢污染防治攻坚战。打好蓝天保卫战、碧水保卫战等八大标志性战役，强化科学治污、精准治污、依法治污，深入推进生态环境保护督察“回头看”发现问题整改。编制《四川省巩固污染防治攻坚战成果　提升生态环境治理体系和治理能力现代化水平三年行动计划（2021—2023）》，谋划实施一批污染防治和能力建设重点项目，补齐生态环境保护短板。

持续强化生态保护修复。深入开展国土绿化，加强山水林田湖草系统治理，继续实施天然林保护、退耕还林还草、退牧还草，统筹实施青藏高原生态屏障区生态保护和修复、长江重点生态区（含川滇生态屏障）生态保护和修复等国家重大生态工程，有效保护修复自然生态系统。全面建设大熊猫国家公园，加强自然保护区保护与建设管理。

推动资源节约高效利用。完善能耗总量和强度“双控”制度，开展重点用能单位“百千万”行动，实施节能减排重点工程，推行能效、水效领跑者制度。实施循环发展引领行动，持续推进工业园区循环化改造，建设资源循环利用基地，推动工业固废、农作物秸秆综合利用。加强生产和生活系统循环链接，实施生活垃圾强制分类。开展节约型机关、绿色家庭、绿色学校、绿色社区、绿色出行、绿色商场、绿色建筑等绿色生活示范创建行动。

2021 年中国宏观经济形势预判观点综述

程娟　黄馨　王楚戎

当今世界正经历百年未有之大变局，新冠肺炎疫情影响广泛深远，国际环境日趋复杂，不稳定性、不确定性明显增加。中国经济已转向高质量发展阶段，经济长期向好，市场空间广阔，发展韧性强劲，以国内大循环为主体、国内国际双循环相互促进的新发展格局加快形成，将成为应对不稳定性、不确定性因素的最强稳压器。2021 年，是全面建设社会主义现代化国家新征程的开启之年，是"十四五"规划的开局之年。在此背景下，中国经济运行态势依旧是国内外关注的焦点，现将众多机构和专家对 2021 年中国宏观经济形势的预判综述如下。

一、总体经济加快复苏

2020 年以来，面对突如其来的新冠肺炎疫情和复杂多变的国内外环境，中国统筹推进疫情防控和经济社会发展工作，扎实做好"六稳""六保"工作，有力有效推动生产生活秩序恢复，彰显了强大的韧性和潜力，全面建成小康社会取得伟大历史性成就。在国家宏观政策的有力推动下，预测 2021 年中国经济将加快复苏。

国际货币基金组织（IMF）：中国的经济活动在 2021 年继续回归常态，预测 2021 年增长 8.1％，复苏将变得更加均衡。

世界银行：中国是 2020 年全球主要经济体中唯一实现经济正增长的国家，预测 2021 年中国经济将增长 7.9％，并带动新兴市场和发展中经济体整体经济增长 5％。

亚洲开发银行（ADB）：在全球疫情持续蔓延的大背景下，中国统筹疫情防控和经济发展成效有目共睹，经济复苏速度快于预期，预测 2021 年增长 7.7％。

经济合作与发展组织（OECD）：2020 年中国成为二十国集团（G20）中唯一实现经济正增长的国家。2021 年在疫苗接种等利好因素作用下，预测中国经济增速将达 8%。

联合国：预测 2021 年中国经济增长 7.2%。

德意志银行：预测 2021 年中国 GDP 增速为 9.5%，将完全恢复到疫情之前水平。

摩根士丹利：预测 2021 年中国 GDP 增速为 9%。

渣打银行：预测 2021 年中国 GDP 增速将加快至 8.0%。

瑞信：将 2021 年中国 GDP 增长率从 5.6%上调至 7.1%，2021 年一季度中国经济仍将保持强劲势头，消费有望成为未来数年中国经济增长的主要驱动力。

惠誉评级：预测 2021 年中国经济增长将达到 8%。从中长期来说，中国的经济增长将保持在 5.5%左右。

穆迪公司：预测 2021 年中国经济将增长 7%左右。

野村证券（Nomura）：预测 2021 年中国的经济增长率为 9%。

高盛：在内需消费大幅回升的带动下，预测 2021 年中国实际 GDP 将增长 8%，将成为自 2014 年起近 7 年来的最大增速。

中国社科院：受 2020 年经济增长基数较低影响，考虑到宏观调控的跨周期设计与调节，预测 2021 年中国经济增长为 7.8%左右。

上海财经大学高等研究院：预测 2021 年中国实际 GDP 增速约为 8.4%。

中金公司：预测 2021 年中国经济将增长 9%左右。

东北证券：2021 年 GDP 增速整体呈现“前高后低”走势，预计全年不变价增速在 10%左右。

招商宏观：预测 2021 年增长 9%；平滑掉疫情冲击之后，2020 年和 2021 年年均增长 5.5%，与“十四五”时期潜在 GDP 估计值 5.5%基本相当。

刘世锦（全国政协经济委员会副主任、国务院发展研究中心原副主任）：预测 2021 年中国 GDP 有望增长 8.7%，一季度 GDP 增速有可能超过 15%，以后逐季降低。

宗良（中国银行首席研究员）：2021 年是“十四五”开局之年，也是新发展格局建设很重要的一年，外部环境可能有所向好，但不确定性也很大。预计 2021 年中国经济有可能达到 8%左右。

管清友（如是金融研究院）：2021 年中国经济将延续复苏态势，预计全年经济增速在 7%以上。经济增长节奏是前高后低。上半年经济增速处于相对高位，下半年有所回落且降幅较为明显。

康勇（毕马威中国首席经济学家）：预计 2021 年中国经济将持续复苏，全年 GDP 实际增速将达到 8.8%。

李稻葵（中国与世界经济研究中心主任）：中国经济仍面临众多不确定性，需要继续做好精准疫情防控，进一步提升居民收入，释放内需，并聚焦做好能源、芯片等关键产业和部门工作，如果国际形势不发生重大冲击和变化，2021 年中国经济增长速度能达到 7%以上。

汪涛（瑞银首席中国经济学家）：预计 2021 年中国实际 GDP 增速有望反弹至 7.5%，主要动力来自出口和国内消费。

廖群（中信银行首席经济师）：在有效疫苗推出和中美关系不产生灾难性后果的条件下，预计 2021 年中国经济增长 8.7%。

魏杰（清华大学经济管理学院教授）：沿着修复经济、刺激经济和深化改革的路径，2021 年中国经济增速恢复到 5%以上。

二、投资增速稳中有降

随着国内疫情防控取得重大成果以及稳投资各项政策显效发力，新基建投资逐步落地，在“投资唱主角”的态势下中国有望继续保持投资稳定增长。但在“房住不炒”政策作用下，房地产融资收紧，房地产投资下行压力仍然较大。预计 2021 年整体投资增速稳中有降。

上海财经大学高等研究院：预测 2021 年投资增长 5.7%。

瑞信：预计 2021 年基建投资将持续改善，而受政策收紧影响房地产投资或将承压。

中国科学院预测科学研究中心：随着一系列强基础、增功能和利长远重大项目建设的推进，新型基础设施投资力度的加大，基建投资仍将保持较快增长。制造业投资增速将进一步加快。房地产开发投资将保持大体平稳的态势。民间投资增速将持续回暖，民间投资主体对市场的信心持续恢复。预测 2021 年全年固定资产投资增速为 7%左右，全年将呈现前高后低态势。

东北证券：在 2020 年低基数支撑下，2021 年制造业投资有望达到 15%，上半年以前土地购置费增速大概率保持相对高位。同时，预计 2021 年上半年地产投资韧性仍存，下半年回落速度加快，对地产投资拖累显现，全年地产投资增速在 9%—10%。随着逆周期政策退出，基建投资难有起色，2021 年基建增速约在 5%左右。

中金公司：预计 2021 年基建投资增速在 3.5%—4%之间。随着经济复苏，企业经营状况逐步改善，工业企业利润回暖，PPI 环比增速转正，都将对未来制造业投资增长起到促进作用。2021 年制造业投资增速有望达到 10%左右。

三、物价水平整体温和

考虑货币环境稳健偏松、疫情导致供应链与产业链受阻、劳动力成本刚性上扬等因素导致物价上涨，同时叠加宏观需求总体偏弱、粮食和猪肉等主要农产品供给稳定、供给侧结构性改革政策降低企业运营成本等因素抑制价格上涨，预测 2021 年中国物价水平将维持整体温和态势。

国际货币基金组织（IMF）：核心通胀预计将保持低迷，将使 2021 年 CPI 通胀低于危机前约 3％的目标。

亚洲开发银行（ADB）：猪肉价格回归正常水平将使 2021 年的通货膨胀率降至 1.8％。

渣打银行：预测 CPI 平均通胀为 0.9％。

上海财经大学高等研究院：预测 CPI 增长 0.2％，PPI 增长 0.6％。

东北证券：预计 2021 年 CPI 中枢或将走低至 1％，PPI 中枢在 2％左右。通胀形势整体温和，对货币政策不构成约束。

中金公司：核心通胀上行，但猪价拉低整体 CPI，预计 2021 年 PPI、CPI 指数涨幅分别为 0.9％、1.1％。

任泽平（恒大经济研究院首席经济学家）：当前是猪周期下行叠加经济周期上行，猪周期下行抑制 CPI 上涨，经济周期上行推动 PPI 环比正增长。预计 2021 年伴随经济恢复，物价温和上涨，经济基本面和货币环境不足以支撑通胀大幅上涨。

汪涛（瑞银首席中国经济学家）：综合考虑 2020 年基数较低、2021 年内需反弹，预计 2021 年非食品价格同比增速将从目前的 0 回升至 2％—3％，整体 CPI 平均增长 1.8％，2022 年小幅升至 2％。同时，2021 年 PPI 增速平均增长 1.5％—2％。

四、外贸出口逆势增长

2021 年世界经济衰退风险继续上升，产业链与供应链循环受阻，外贸发展面临环境的不确定性将继续增多。但随着中国完善稳外贸政策措施，培育外贸新业态新模式，积极主动扩大进口，扎实推进贸易高质量发展，预计 2021 年中国外贸出口将继续稳步增长。

东北证券：预计 2021 年上半年以前，防疫物资和产能替代的路线或将延续，出口大概率仍将保持韧性。而国内需求逐步回归正常轨道，海外供给的修复有望带动进口爬坡。整体而言，2021 年中国出口同比有望达 15％、进口同比有望达 16%。

上海财经大学高等研究院：预测 2021 年出口增长 4.4%，进口增长 8.3%。

任泽平（恒大经济研究院首席经济学家）：2021 年随着疫苗大面积使用、欧美疫情逐步缓解，“疫情受益型”出口将放缓，但欧美需求端修复预计将加快，海外供需缺口难以快速收窄，出口面临下行压力，但仍有韧性。

作者单位：四川省县域经济研究中心

2021年中国经济展望和宏观调控政策建议

国家信息中心

一、2020年我国成为全球唯一实现正增长的主要经济体

2020年以来，新冠肺炎疫情冲击、世界经济衰退给我国经济带来前所未有的影响，一季度经济出现负增长。我国统筹疫情防控和经济社会发展，有效控制疫情，推动复工复产，及时出台助企纾困和激发市场活力的宏观调控政策，二季度经济增长实现由负转正，三季度、四季度经济加快回暖，充分展现出我国经济的强大韧性和巨大回旋余地。在大流行、大动荡、大衰退、大博弈的国际政经环境中，我国成绩取得来之不易。

（一）生产端恢复性增长特征明显，第二产业引领作用增强

2020年，我国GDP同比增长2.3%。其中，一季度下降6.8%，二季度增长3.2%、三季度增长4.9%，四季度增长6.5%。我国是世界范围内第一个经济恢复正增长的主要经济体。从结构看，第二产业恢复相对较快，对经济增长的贡献超过第三产业。

农业发展稳定向好。2020年，农业生产同比增长3%。粮食生产再获丰收。在加强田间管理、保障农资调运、调增秋粮面积等因素的带动下，全年粮食产量66949万吨，比2019年增加565万吨，增产0.9%。生猪生产恢复好于预期，年末生猪存栏40650万头，比2019年末增长31%。农副产品生产结构进一步优化，粮食储备库存充足，农业农村投资快速回升，基础设施补短板加快推进。

工业生产逐步恢复常态。2020年，第二产业生产同比增长2.6%。国家全力推进制造业产业链协同复工复产，打通产业链“堵点”“断点”，推动固链强链补链，工业运行状况逐月改善。规模以上工业增加值逐季分别增长-8.4%、4.4%、5.8%和7.1%，三季度工业增势已经恢复到上年平均水平。在应对疫情中传统产业数字化、智能化转型明显加快，人工智能、物联网、车联网等技术创新和产业应用步伐进一步提速。

服务业复苏势头良好。2020 年，服务业生产同比增长 2.1%。生产性服务业复苏相对较快，信息传输、软件和信息技术服务业增长 16.9%，金融业增长 7%，房地产业增长 2.9%，合计拉动服务业增长 2.7 个百分点。但是，封闭性、聚集性、接触性提供服务内容的生活性服务业受疫情的冲击较大，复苏相对缓慢。批发零售业下降 1.3%，住宿餐饮业下降 13.1%，租赁和商务服务业下降 5.3%。随着国内疫情得到有力有效控制，住宿、餐饮、文化体育娱乐等行业有序恢复经营，市场活跃度有所提高。12 月，服务业生产指数同比增长 7.7%，比 2019 年同期加快 0.9 个百分点。

（二）需求端积极因素增多，投资支撑力度加大

2020 年，稳投资政策落地显效，支出法国民经济核算下，投资拉动经济增长 2.2 个百分点，成为需求侧的主要动力。

投资关键性作用凸显。2020 年，固定资产投资同比增长 2.7%。1—2 月投资大幅下降 24.5%，而后降幅逐月收窄，上半年下降 3.1%，至前三季度增速实现由负转正。在资金利率较低和流动性充裕的背景下，房地产投资和销售明显改善。特别国债发行、专项债增发等改善了基建融资状况，“两新一重”建设加快，基建投资稳步增长。2020 年，全国发行地方政府新增债券 4.55 万亿元，较 2019 年同期增加 0.19 万亿元，同比增长 4.4%。受市场需求低迷、工业品价格下降、企业利润下滑等因素影响，制造业投资尤其是消费品制造业投资大幅下降。

消费需求缓慢回暖。2020 年，社会消费品零售总额同比下降 3.9%。受聚集性、接触性消费活动受限影响，线下消费、住宿和餐饮市场仍有待恢复。但同时，疫情催生新型消费逆势增长，远程办公、在线教育、互联网诊疗、直播带货等新业态新模式加快发展，全国快递业务量日均 2 亿多件已成常态。在限购城市增加指标号牌、汽车下乡等政策带动下，汽车销量自 5 月起连续 5 个月保持两位数增长。农村消费潜力加快释放，智能电视、冰箱、洗衣机等升级类电器在农村销售火热。消费边际改善趋势不断巩固，三季度社会消费品零售总额同比增速年内首次转正，四季度进一步上升至 4.6%。

外贸出口好于预期。2020 年，外贸出口额同比增长 4%。防疫物资供应、外贸供应链快速恢复、中美达成第一阶段经贸协议等因素支撑出口增长。口罩、防护服、医疗器械等防疫物资出口强劲，2020 年 3 月至 12 月底，全国海关共验放出口主要疫情防控物资价值 4385 亿元。截至 11 月初，中欧班列 2020 年开行量已经突破 1 万列，超过 2019 年全年水平。我国与东盟经贸合作逆势增长，进出口贸易总值达到 4818.1 亿美元，同比增长 5%，东盟历史性

地成为我国第一大贸易伙伴。我国对“一带一路”沿线国家进出口总额93696亿元，比2019年增长1%。

（三）“六稳”“六保”落地见效，发展韧性持续增强

1. 经济基本盘总体稳定

就业形势企稳。2020年，全国城镇新增就业1186万人，提前两个月完成900万人的预期目标任务。12月，城镇调查失业率为5.2%，低于6%左右的预期调控目标。农民工和大学生等重点群体就业形势趋于稳定。年末，外出务工农民工达到1.7亿人，已经恢复到2019年同期的97.3%。基本民生得到有效保障。2020年，全国居民人均转移净收入同比增长8.7%。其中，人均养老金和离退休金增长7.8%，人均社会救济和补助增长18.7%，人均政策性生活补贴增长12.7%。市场主体减负落到实处。2020年，全国新增减税降费累计超过2.6万亿元。全年金融部门以降低利率、延期还本付息、银行减免服务收费等方式预计让利1.5万亿元。能源供应安全稳定。前三季度，原油、天然气、钢材、十种有色金属、电力产量同比分别增长1.6%、9.8%、7.7%、5.5%、2.7%。产业链供应链稳定性和竞争力稳步提高。着力补短板、锻长板，提升重要原材料、关键零部件、核心元器件和关键软件的稳定供应水平。

2. 三大攻坚战取得显著成效

防范化解重大风险稳步推进。我国积极应对地方财政收支矛盾，建立资金直达基层、直达民生的转移支付机制，着力防范化解地方政府债务风险。稳妥实施房地产长效机制，创新性提出“三条红线”，对房地产企业实施差异化债务规模管理。脱贫攻坚将顺利收官。挂牌督战地区（52个贫困县、1113个贫困村）“两不愁三保障”和饮水安全已经基本解决，防止返贫监测机制基本建立。污染防治持续加强。2020年，全国337个地级及以上城市平均优良天数比例为87%，同比上升5个百分点。

3. 经济新动能加快培育

产业高端化、数字化、智能化趋势更加明显。2020年，高技术制造业增加值同比增长7.1%，快于规模以上工业4.3个百分点。其中工业机器人产量同比增长26.3%，较上年同期加快17.5个百分点。高技术服务业投资快速增长，同比增长9.1%。消费数字化转型全面提速。以网络购物、移动支付、线上线下融合等新业态新模式为特征的新型消费快速发展，推动消费数字化转型从吃、穿、用等实物消费领域加快向医疗、教育、文娱等更多服务领域扩张渗透。生鲜电商、门店到家、无接触配送等新业态迅猛发展，“云逛街”“云购物”“云展览”“云旅游”等新模式不断涌现。

（四）物价水平温和上涨，CPI—PPI 剪刀差逐步收窄

2020 年，受市场供求关系总体稳定、CPI 翘尾因素持续减弱等影响，CPI 月度同比涨幅逐月回落；受经济持续恢复、工业增速稳定回升等影响，PPI 月度同比降势有所趋缓，CPI—PPI 剪刀差由 4 月的年内高点 6.4 个百分点收窄至 12 月的 0.6 个百分点。

1. 居民消费价格逐月回落

2020 年，CPI 同比上涨 2.5%，较 2019 年回落 0.4 个百分点。从单月看，12 月同比上涨 0.2%，呈现出前高后低的回落态势。非洲猪瘟等供给冲击的翘尾影响在 2020 年集中释放，猪肉价格是推高 CPI 的最重要因素。居民消费需求复苏相对较慢，非食品价格同比持平。扣除食品和能源价格的核心 CPI 同比上涨 0.4%，回落 0.1 个百分点。从环比看，受国际原油价格变动影响，汽油、柴油和液化石油气价格分别上涨 5.2%、5.8%和 3%，合计影响 CPI 上涨约 0.1 个百分点。

2. 工业生产价格降幅扩大

2020 年，PPI 同比下降 1.8%，2019 年同期为下降 0.3%，降幅较 2019 年扩大 1.5 个百分点。从两大部类看，生产资料、生活资料价格“一降一升”，同比增速分别为−2.7%和 0.5%。能源特别是石油价格下降是导致 PPI 回落的重要因素。2020 年，WTI 和 Brent 原油期货均价为 39.5 美元/桶和 43.2 美元/桶，同比分别大幅下跌 32.7%和 30.8%。

（五）顺利实现了全年经济社会发展目标任务

总之，随着“六稳”“六保”任务落实成效日益显现，市场主体的预期与信心稳步改善，新产业新业态蓬勃发展，生产回升、消费回暖对经济持续复苏形成有力支撑。但是，海外疫情反弹、世界经济衰退等外部环境不确定性仍在增加，国内经济稳定复苏基础尚不牢固，内需不足、工业品价格低迷、小微企业生产经营困难、产业链供应链安全风险等制约经济稳定恢复。2020 年，我国全年 GDP 增长 2.3%，国内生产总值突破 100 万亿元；居民消费价格全年上涨 2.5%；城镇新增就业超额完成调控目标；进出口增速好于预期，国际收支基本平衡。

二、2021 年国内外环境面临深刻复杂变化

展望 2021 年，我国经济发展环境面临深刻复杂变化，新冠疫情前景未卜，世界经贸环境不稳定不确定性增大，国内经济循环面临多重堵点，重大风险隐患不容忽视。但我国发展仍处于重要战略机遇期，我国有显著的中国特色社会

主义制度优势，有完整的产业体系和雄厚的物质技术基础，有超大规模的市场优势和内需潜力，有庞大的人力资本和人才资源，有持续释放的改革开放红利，有丰富的宏观调控经验和工具，经济稳中向好、长期向好的发展趋势没有也不会改变。

（一）国际环境错综复杂

新冠肺炎疫情出现第二波反弹。新冠肺炎疫情仍在全球扩散蔓延，结束时间无法准确预测。秋季来临后，欧美地区新冠疫情反弹加剧，多国确诊病例连创新高。为防控疫情蔓延，各国不得不再次收紧防控措施。10 月底法国、意大利、英国等宣布开始实施第二次全面“封锁”，给经济复苏带来不利影响。此外，疫苗研发并投入应用前景仍不明朗，即便疫苗有效，完成大规模接种工作也需要 6 个月甚至更长时间。

世界经济复苏前景不确定。经过一年的防疫实践探索，各国在统筹经济增长和疫情防控方面积累了一定经验，有效阻止了经济从衰退滑向萧条。总的来看，2021 年世界经济有望开启复苏进程，但复苏十分脆弱，世界经济最终表现将取决于疫情持续时间以及宏观对冲政策的有效性。经济合作与发展组织（OECD）9 月报告预测，考虑疫情尚未得到有效控制以及经济复苏步伐出现放缓，2021 年全球经济将增长 5%，低于 6 月预测的 5.2%。国际货币基金组织（IMF）10 月报告预测，2021 年全球经济将增长 5.2%，略低于 6 月预测的 5.4%，并强调全球经济活动恢复到疫情前水平存在难度，而且很有可能出现倒退。

中美多领域博弈加剧。美国经济社会发展面临疫情失控、大选洗牌、贸易摩擦等因素影响，中美两国在众多领域博弈进一步加剧。一是美国大选的最终结果不影响当前美国政治以及其他领域对中美关系的总体判断，中美博弈呈现长期化的趋势。二是在经历多领域角力、中美两国贸易谈判达成第一阶段协议后，后续谈判是否进行、如何进行等问题的不确定性较大。三是美国对中国的制裁手段向多领域延伸，除“实体清单”外，美国商务部宣布正式对中国、俄罗斯、委内瑞拉三国实施新的出口限制政策，并推动实施资产管制和投融资禁令。四是美国增加对“一带一路”倡议实施的干扰，持续以技术封锁、金融制裁为由，阻挠一些中小国家与中国合作，并利用一些国家政权交替之际否定其与中国“一带一路”相关的各项合作协议。

国际金融市场波动性增大。疫情引发的经济衰退将导致市场避险情绪升温，暴露并加剧金融脆弱性，加大金融市场波动风险。一是股票市场波动增大。当前十年期美国债收益率已降至历史低位，美国股市整体估值持续跃升，而企业盈利预计深度下滑，股市表现和企业基本面已大幅背离，市场脆弱性明显加大。一旦美股大幅调整波动，可能拖累全球股市出现较大震荡。二是全球高债务风险日益凸显。当前G20的债务总额已经达到146万亿美元，是2008年水平的1.8倍。一旦利率市场出现大幅调整或者出现大规模企业倒闭，企业债务违约将可能成为引发金融风险的导火索。世界主权债务风险也在持续累积，叠加财政状况恶化，部分发展中国家或将出现实质性债务违约。

（二）国内风险挑战交织叠加

内需不足导致供需两端温差。当前，我国消费需求恢复缓慢、投资需求内生动力不足，需求势能减弱可能进一步向生产端传导，制约经济反弹高度，成为经济领域面临的重要挑战。2020年末，规模以上工业企业产成品存货同比增长7.5%，较2019年同期提高5.5个百分点，一定程度上反映出终端需求不振、产品销售不旺的问题。供需不匹配背景下的供给恢复难以长期持续，企业前期订单耗尽后停产减产的可能性较大，需谨防供给需求“双萎缩”风险。

基层财政收支平衡难度加大。受疫情冲击、经济减速、企业效益不佳以及大规模减税降费等因素影响，地方财政收入增长明显放缓。但疫情防控、民生保障等刚性支出仍在增长，部分基层市县“保基本民生、保工资、保运转”已经出现压力。此外，为应对疫情冲击，2020年地方政府新增债务4.68万亿元，较2019年增长51.9%。地方政府债务规模快速攀升，化债支出和利息支出压力加大，地方财政收支平衡难度进一步增加。

潜在金融风险不容忽视。2020年，广义货币增速高出GDP名义增速7.8个百分点，总体杠杆率和分部门杠杆率出现反弹，金融机构坏账风险需高度重视。中小银行风险加速积聚，城商行、农商行的信贷资产质量承压更大，信用风险和流动性风险较大型商业银行更集中。疫情之下企业主营业务下滑、收入回款变差，财务费用上升，导致现金净流入缩减，偿债资金来源减少，企业债违约风险将有所上升。

就业稳中提质难度增强。一是疫情冲击下，中小微企业岗位特别是服务业岗位需求降幅大，呈现出“规模越小降幅越大”的特征，吸纳就业能力下降。二是线上消费加快取代实体消费，新的消费结构流通链条短，就业带动能力差，带来新的消极影响。三是灵活就业对缓解就业压力贡献巨大，但这些领域社保覆盖、劳动合同以及法律保障等就业正规化程度仍不清晰，就业质量不高。四是2021年普通高等院校大学毕业生将达到909万人，高校毕业生就业难度将进一步增大。

（三）经济发展长期向好基础扎实巩固

超大规模市场加速释放新优势。随着相对有利的外部发展环境正在发生深刻改变，我国超大规模市场新优势正在对全球市场产生重大影响，逐步形成对国内大循环与国内国际双循环的有力支撑。我国的超大规模市场新优势不仅包含劳动力、消费、产业、创新、金融、物流、房地产等各领域，而且包括商品市场、服务市场以及要素市场等各方面。新一代青壮年人口数量优势、强大消费市场优势、科技创新与技术产业化应用规模优势等将加速我国经济复苏进程，为疫情后高质量发展打下坚实基础。

全面深化改革扩大对外开放激发新活力。随着全面深化改革、持续推进扩大开放，我国加快打造市场化法治化国际化营商环境，更大力度为各类市场主体投资兴业破堵点、解难题。"放管服"改革深入开展，政府服务效能明显提高，创新创业蓬勃发展。我国营商环境国际排名显著提升，连续多年成为世界最具投资价值国家之一。全面深化改革将在更广范围、更大深度、更宽领域解放和发展生产力、激发市场活力、增强经济发展动力。与此同时，尽管经济全球化遭遇逆风和回头浪，我国仍坚定不移扩大对外开放，推动由商品和要素流动型开放向规则等制度型开放转变。全面实施准入前国民待遇加负面清单管理制度，大幅缩短外资准入负面清单，扩大服务业、制造业等领域开放，积极搭建自贸试验区、自由贸易港、跨境电商综合试验区、进博会等更高水平的对外开放平台。改革开放红利充分释放将创造经济发展强劲动能。

宏观调控有力有效仍存新空间。自疫情发生以来，我国宏观调控从财政政策、货币政策、就业政策、产业政策等多角度为防控疫情、恢复经济做出科学判断、精准调度，统筹好"立足当前"与"跨周期调节"的关系，为后续经济复苏发挥重要作用。不同于其他主要发达经济体实施超规模量化宽松政策，我国央行资产负债表扩张相对温和，仍有进一步降准、减息政策空间，赤字率等财政主要指标明显低于同期世界主要经济体，国债余额占 GDP 比重处于合理区间。未来，积极的财政政策和稳健的货币政策在总量与结构上对稳定经济基本盘仍然具有较大调控操作余地。我国宏观经济政策的综合协调性将进一步加强，在抵抗疫情冲击、稳定经济发展、促进结构转型、增强发展动力的过程中，实现宏观调控多重目标、多种政策、多项改革平衡协调联动。

三、2021 年经济增长前景展望

（一）GDP 增长预测

2021 年我国经济恢复性回升特征明显。新冠肺炎疫情对经济的负面冲击主要集中在 2020 年上半年，随着国内疫情防控取得重大战略成果，疫情对经济社会活动影响趋弱，社会生产经营活动加快恢复。从 GDP 核算角度，受上年同期基数较低的影响，2021 年上半年我国经济将实现高速增长，对全年经济增速影响较大。

预测情景一：假定 2020—2021 年经济仅恢复到正常水平的 70%左右。国外疫情出现多次反复、世界经济复苏不及预期，国内疫情点状爆发时有发生、聚集性接触式消费仍被抑制、供需温差持续制约工业生产。预计 2021 年经济增速将达到 6.3%，基数效应为 2.1%，贡献率 32.6%。

预测情景二：假定 2020—2021 年经济总体恢复到正常水平的 80%左右。国外疫情基本控制、世界经济稳步复苏，国内疫情有效控制、消费加快复苏、需求回暖带动生产加快。预计 2021 年经济增速将达到 7.6%，基数效应为 2.7%，贡献率 35.5%。

预测情景三：假定 2020—2021 年经济基本恢复到正常水平的 90%左右。国内外疫情均得到有效控制，疫情影响快速消退，世界经济、我国经济均恢复常态。海外需求明显改善，国内消费强劲复苏带动内需扩张，企业利润明显改善，市场主体信心进一步增强。预计 2021 年经济增速将达到 8.8%，基数效应为 3.3%，贡献率 37.5%。

国内外机构近期预测显示 2021 年我国经济增速将超过 7%。社科院工经所（10 月）预计 2021 年我国 GDP 增长 8%左右，招商证券（9 月）预计增长 9%左右。同时，根据以往经验判断，国际机构对我国 GDP 增速的预测通常会高出世界经济增速 2—3 个百分点。OECD（9 月）预计 2021 年我国 GDP 增速为 8%、世界经济增速为 5%，IMF（10 月）预计我国 GDP 增速为 8.2%、世界经济增速为 5.2%。

综上考虑，预计 2021 年我国 GDP 将增长 7%左右。

（二）其他主要指标预测

固定资产投资增长 7%左右。市场流动性保持合理充裕，企业融资环境有所改善。我国持续深化“放管服”改革，加快优化营商环境，提升企业投资便利性。随着企业效益持续回暖、投资信心稳步恢复，制造业投资有望加快。在政府投资保持力度、信贷资金大力支持以及新型基建需求加快释放等因素的带动下，基础设施投资增速有望加快。房地产市场将面临周期性下行和融资政策效果逐渐显现的双重压力，房地产投资增速将有所承压。

社会消费品零售总额增长 8%左右。扩内需是构建新发展格局的战略基点，促消费将成为扩内需战略的主要发力点。各级政府出台的一揽子促消费政策措施将为居民营造良好的消费环境，有利于提振消费者信心，释放居民消费潜力；稳就业政策持续实施落地，有利于稳定就业基本盘，为消费增长提供收入源泉；国家引导汽车消费从购买管理向使用管理转变，有利于促进汽车消费加快增长。

进出口增速双转正，出口增长5%，进口增长5.5%。全球经济复苏、外部需求改善、稳外贸政策力度加强等因素有利于出口延续增长势头。我国持续扩大对外开放，国内需求改善将助力进口回升。此外，贸易数字化转型快速推进，跨境电商等新业态、新模式层出不穷，将拓宽传统外贸企业的发展空间，为我国外贸增长增添新活力。但也应注意到，我国外贸面临的不确定、不稳定因素依然较多，人民币较快升值不利于外贸出口保持价格竞争力，国外生产能力恢复也将导致我国出口“替代效应”逐渐消退，中美经贸摩擦风险、地缘政治风险等仍不容忽视。

CPI上涨1.5%左右。CPI翘尾因素将大幅减弱，从2020年的平均2.2个百分点降低至2021年的平均0.1个百分点左右。一是食品价格对CPI上涨的拉动作用明显减弱。我国高度重视粮食供应安全，主要粮食生产国逐步放松出口管制也将对粮价产生平抑作用，粮食价格将保持温和增长态势。猪肉产能加快恢复，供需矛盾缓解，猪肉价格将逐步下行。二是非食品价格对CPI上涨的推动作用将有所增强。随着住宿、餐饮、旅游、教育等消费活动逐渐恢复正常，非食品类的商品和服务价格将企稳回升，对CPI上涨的支撑作用明显加强。

PPI上涨0.5%左右。一是随着世界经济逐步复苏，全球对国际大宗商品的需求将不断回升，从而推动国际大宗商品价格上涨，我国面临的输入型价格上涨动因有所增强。二是我国实施扩内需战略，带动消费反弹、投资加快，对工业品的需求将有所增加，支撑工业品价格上涨。

表1　2020年、2021年中国主要宏观经济指标及预测

单位＼时间	2020年实际		2021年预测	
	指标值	增速（%）	指标值	增速（%）
GDP（亿元）	1015986	2.3	1111712	7.0
第一产业（亿元）	77754	3.0	85164	3.5
第二产业（亿元）	384255	2.6	417803	6.5
第三产业（亿元）	553977	2.1	608745	7.8

续表

时间 单位	2020 年实际		2021 年预测	
	指标值	增速（%）	指标值	增速（%）
规模以上工业增加值（亿元）	—	2.8	—	6.6
固定资产投资（不含农户）（亿元）	527270	2.7	571873	7.0
房地产开发投资（亿元）	141443	7.0	149433	6.5
社会消费品零售总额（亿元）	391981	−3.9	426319	8.0
出口（亿美元）	25906	3.6	26637	5.0
进口（亿美元）	20556	−1.1	21535	5.5
居民消费者价格指数	102.5	2.5	101.5	1.5
工业生产者出厂价格指数	98.2	−1.8	100.5	0.5

四、政策建议

实施更加精准有效的宏观调控，与时俱进全面深化改革，着力挖掘国内市场潜力，全面提升对外开放合作水平，全力做好就业民生保障，加快推动构建以国内大循环为主体、国内国际双循环相互促进的新发展格局，确保“十四五”顺利开局。

（一）实施更加精准有效的宏观调控

一是积极的财政政策要提质增效。财政政策要积极发挥好促进经济行稳致远作用，特别是要以“六稳”“六保”为重点，注重实效，充分释放出政策红利。围绕保住亿万市场主体这一目标，继续不折不扣落实好各项减税降费政策措施，重点支持中小微企业和受疫情冲击较大的产业纾困和发展。根据国家发展战略重点和市场导向，积极开发新的合规项目，做好项目储备管理，为地方债发行提供充足项目资源。二是稳健的货币政策要灵活精准。货币政策既要大力支持实体经济发展，又要防止资金空转或流入违规领域，避免发生系统性金融风险，把握好稳增长和防风险的平衡。货币政策要与高质量发展相适应，更加注重金融服务实体经济的质量和效益，为涉农企业、小微企业、民营企业等提供持续支持，对制造业、中小微企业等实体经济恢复发展中的薄弱环节进行精准扶持。

（二）以改革创新持续激发市场活力

一是深入推进“放管服”改革。进一步取消重复审批、不必要审批，深化

“证照分离”改革，在生产许可、项目投资、证明事项等领域推行承诺制。推动从“严进宽管”向“宽进严管”转变。完善“双随机、一公开”监管、“互联网+监管”等。创新包容审慎监管，促进新兴产业更大发展。全面推行“不见面”办事，推动更多事项跨省通办。二是深化国有企业改革攻坚。引导国有资本向关键领域、重要行业、基础产业和前瞻性战略性产业集中，支持传统国有企业实施智能化、绿色化和技术改造，加快培育国际、国内一流企业。坚持政企分开、政资分开和公平竞争的原则，健全完善国资监管机制和制度体系、治理体系。把深化混合所有制改革作为国企改革的重要突破口，统筹不同类别、不同层级企业改革的力度和节奏。三是稳步推进要素市场化配置改革。加快修改完善土地管理法实施条例，制定出台农村集体经营性建设用地入市指导意见，建立城镇教育、就业、创业、医疗卫生等基本公共服务与常住人口挂钩机制，构建多层次、广覆盖、有差异、大中小合理分工的银行机构体系，加快培育技术和数据要素市场。四是持续提升科技创新能力。深入实施创新驱动发展战略，强化顶层设计，明确企业、高校、科研院所创新主体在创新链不同环节的功能定位，围绕创新主体、创新基础、创新资源、创新环境等方面的改革持续用力，最大限度用好全球创新资源。

（三）坚定不移扩大国内市场需求

一方面，促进居民消费加快回补。顺应居民消费升级趋势，打通消费领域的“堵点”“难点”，促进消费提质扩容。大力支持国内企业加大技术研发投入，突破核心技术，带动产品创新，提升中高端产品供给质量。积极推动国内产品品牌建设，培育一批能够展示中国优质形象的品牌和企业。大力培育绿色消费、信息消费、数字消费、智能消费、康养消费等新兴消费增长点，推动线上消费乘势成长，促进线下消费加快回补。营造安全有序的消费环境，让消费者放心消费，让诚信经营的商家得到保护。另一方面，持续扩大有效投资。围绕创新发展，立足改善民生，积极谋划一批关键性和带动性强的大项目、好项目，加快推进一批新兴产业、基础设施和公共服务项目建设。强化项目要素保障统筹，强化跟踪服务，加大推进力度，促进项目早落地、早开工，早投产、早见效。加快完善 PPP 项目建设机制，激发民间资本活力，为项目建设注入“源头活水”。大力开展营商环境升级行动，为重大项目建设提供有力保障。

（四）全面提升对外开放合作水平

一是多措并举稳定外贸外资基本盘。进一步提升出口退税、出口信贷等政策覆盖面，加强海关、税务、外汇管理、银行和保险等部门的协调，提高贸易便利化程度，加快建设自贸试验区、自由贸易港等高水平对外开放平台，搭建更多优质的线上外贸平台，积极开拓新兴市场，进一步推动贸易新业态新模式发展。继续完善外商投资法治环境，增强外商长期投资经营的信心；坚定不移扩大开放，增强外商长期投资经营的决心；鼓励消费新模式和新业态，增强外商长期投资经营的定力。二是高质量稳步推进共建“一带一路”等国际合作。坚持共商共建共享，同相关国家一道推进重大项目建设，搭建更多贸易促进平台，深化生态、科技、文化、民生等各领域交流合作，为全球提供开放合作的国际平台。加快推进签署区域全面经济伙伴关系协定（RECP）、中日韩自贸协定、中欧投资协定等。三是积极参与全球经济治理。支持联合国及世卫组织发挥重要作用，进一步加强公共卫生合作，推进互联互通，开展创新合作，坚决反对单边主义、保护主义，推动经济全球化朝着更加开放、包容、普惠、平衡、共赢的方向发展。积极参与世界贸易组织等机构改革进程，充分利用上海国际合作组织、金砖国家等平台发声，参与国际事务改革。

（五）全力做好稳就业保民生工作

一是坚持实施就业优先战略。深化落实援企稳岗相关政策，继续执行阶段性减免、缓缴、减征社会保险、住房公积金和医疗保险政策，中小微企业贷款延期还本付息政策、减税降费等政策，执行期限相应延长。提高创业扶持政策精准性，对高校毕业生、农民工、低收入者等重点群体做好就业创业帮扶。积极引导和支持企业充分利用好失业保险结余统筹基金，开展职工技能提升和转岗培训。探索适合灵活就业劳动者的社会保险制度安排。二是巩固深化脱贫攻坚成果。做好产业培育与产业升级的衔接，坚持扶贫与扶志、扶智相结合，不断完善社会救助、社会福利、慈善事业、优抚安置等制度，构建起多重防范体系，避免因灾因病返贫。

2020年世界经济形势分析与2021年展望

程伟力

一、2020年世界经济形势分析

从图1可以看出，2010年之后，全球经济增速除了2017年出现明显反弹之外总体上处于下滑状态，2019年全球经济增长2.9%，是2010年来的最低水平。《2019年世界经济形势分析与2020年展望》中我们预测2020年全球经济将继续延续下滑趋势，新型冠状病毒疫情这只“黑天鹅”则将全球经济拖入二战以来最为严重的衰退。

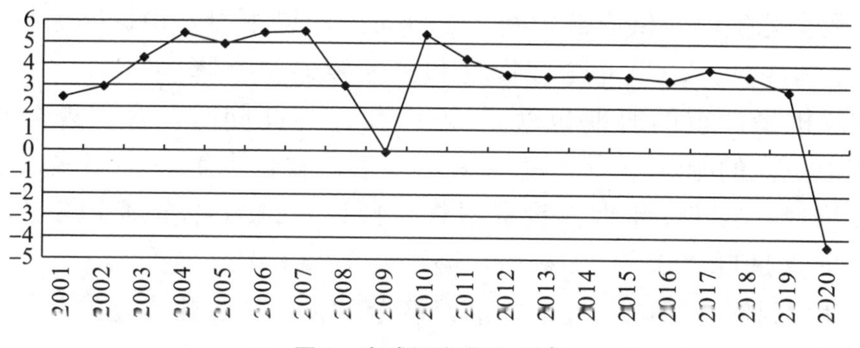

图1　全球经济增速（%）

数据来源：国际货币基金组织（IMF）

（一）上半年全球衰退超过次贷危机，下半年逐步复苏

2020年上半年，受新冠肺炎疫情影响，全球生产链出现中断，供给和需求均遭到重大冲击，全球经济衰退幅度超过2008年次贷危机。

从发达国家情况来看，全部陷入严重衰退。2020年上半年，美国一季度GDP同比小幅增长0.3%，但二季度GDP同比下降9.5%，二季度GDP环比折年率更是大幅下降32.9%，创下二战后最大降幅。欧元区经济同样遭遇重创，2020年前两个季度欧元区GDP同比分别下降3.1%和15%，这是近7年来的首次负增长，也是1996年以来的最大降幅。2020年前两季度，日本GDP环比折年率分别下滑3.4%和27.8%，连续三个季度环比负增长，同样创二战后最差纪录。

从新兴经济体的情况来看，则出现明显分化现象。2020年上半年，越南经济在全球一枝独秀，前两个季度GDP分别同比增长3.8%和1.8%，增速虽有所放缓，但仍保持小幅增长。2020年一季度，印度经济仍保持了3.1%的较高增长，GDP约为7362亿美元，超过英法，在全球排第5名，备受世界瞩目，但是二季度同比下降24%。俄罗斯情况与印度类似，一季度同比增长1.6%，似乎未受疫情影响，但二季度同比下降8.5%。巴西前两季度GDP环比分别下降1.5%和9.7%。

由于大多数国家在5、6月放松了封锁措施，三季度开始经济出现逐步复苏现象。作为疫情最严重的国家，美国三、四季度GDP环比折年率分别增长33.4%、4.1%；三季度欧元区GDP同比下降4.4%，降幅显著收窄；日本三、四季度GDP环比折年率增长回升到22.7%和12.7%。

（二）全球贸易和投资大幅衰退，经济区域化趋势更加明显

贸易摩擦已经导致2018年和2019年全球贸易和投资增速持续下滑，疫情的暴发导致全球生产和供应链中断，全球贸易急剧下滑，根据国家货币基金组织（IMF）的测算，2020年全球货物和服务贸易将下降10.4%，下降幅度略高于次贷危机最严重的时期也就是2009年。与此同时，全球外国直接投资（FDI）则以更大的幅度下滑。疫情暴发以来，联合国贸发会议多次大幅下调全球FDI增速，《2020年世界投资报告》预计，2020年全球FDI流量将急剧下降40%，这是自2005年以来FDI流量首次低于1万亿美元。

受全球贸易摩擦影响，疫情之前经济全球化向地区化变化的趋势已显现出来。以美国为例，2017年美国与中国、加拿大、墨西哥的商品贸易额分别为6360亿、5824亿、5570亿美元，中国是美国的第一大贸易伙伴；2019年分别为5589亿、6121亿、6145亿美元，墨西哥和加拿大超越中国成为美国第一和第二大贸易伙伴。2020年前8个月继续保持这一趋势，美国与中国、加拿大、墨西哥的贸易额分别为3322亿、3353亿、3375亿美元，中国仍然是美国第三大贸易伙伴。受疫情影响，9月开始从中国的进口快速增加，2020年美国与中国、加拿大、墨西哥的贸易额分别为5601、5258、5381亿美元，但疫情后仍可能反复。由此可见，世界经济发展模式由全球化向区域化转变的苗头比较明显。

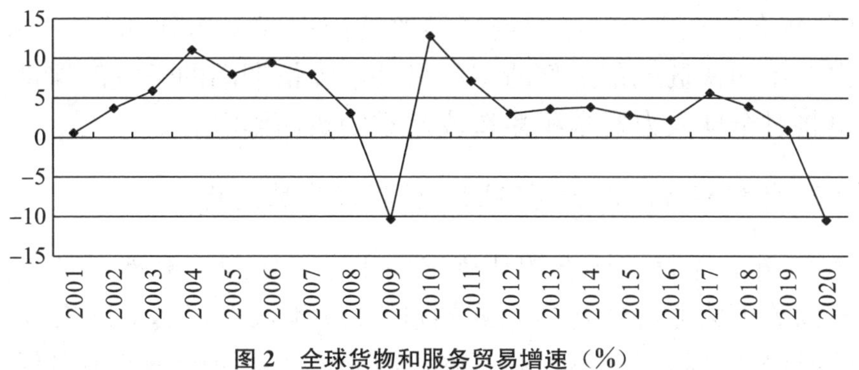

图 2 全球货物和服务贸易增速（%）

（三）超常规经济刺激政策并未加大全球通货膨胀压力，国际金融市场稳定促进了经济复苏

为对冲疫情的影响，各国都推出了超常规的财政货币刺激政策，理论上全球将面临巨大通货膨胀压力，但从实际情况来看并非如此。根据 IMF 的测算，2020 年发达经济体 CPI 上涨 0.8%，比 2019 年下降 0.6 个百分点；新兴和发展中经济体 CPI 上涨 5%，比 2019 年回落 0.1 个百分点。出现这一现象的主要原因如下：一是防控疫情导致的活动受限压制了消费需求，尤其是餐饮、旅游、文化娱乐等服务消费；二是突发的疫情改变了消费和储蓄行为，疫情期间乃至疫情之后，人们的储蓄倾向将会提高，提前和透支消费行为将会弱化；三是疫情导致的收入下降制约了消费能力。

与次贷危机时期不同，2020 年全球经济虽然出现严重衰退，但金融市场尤其是发达国家的金融市场保持了稳定。由于金融市场是信息化程度较高的行业，金融业并未出现大规模的停工停产，在宽松的货币政策支持下，金融服务实体经济的功能进一步增强，对全球经济的复苏做出了重要贡献。

（四）疫情导致全球失业人口剧增，减贫进程严重受阻

疫情导致全球失业率急剧攀升，作为发达国家的代表，2020 年 4 月美国失业率升至 14.7%，创 20 世纪 30 年代经济大萧条以来新高；作为新兴市场国家代表，印度同期失业率飙升至 27.1%，超过 1 亿人在 4 月失去工作。复工复产后失业率有所下降，但仍位居较高水平，12 月美国失业仍然高达 6.7%。失业率的上升也抑制了工资水平的上升，从而导致中国之外所有国家提高平均生活水平的进程出现倒退，全球减贫成果受到严重冲击。

对于非正式就业且不在社保范围之内的劳动者而言，各国限制人员流动措施将使其失去收入来源，跨国移民工人难以从传统的援助网络中获益。根据 IMF 的测算，2020 年近 9000 万人的收入可能降至每天 1.9 美元的极度贫困水平以下。世界银行《贫困与共享繁荣》报告指出，假如疫情没有发生，预计贫

困率在 2020 年会降至 7.9%，但疫情导致贫困率或将达到 9.1%—9.4%，这意味着过去 3 年的扶贫成果全部清零。另外，疫情期间的学校停课带来新的严峻挑战，也将对全球人力资本积累造成严重的负面影响。

二、2021 年世界经济增长影响因素分析及趋势判断

展望 2021 年，全球经济有望从衰退中走出，实现恢复性增长，但只有中国和东盟五国等少数经济体将达到或超过 2019 年水平，其他国家都需要更长的时间，同时仍然面临诸多不利和不确定因素，潜在风险仍然不可低估。

（一）有利因素

同 2020 年相比，2021 年全球经济发展将受到一系列有利因素的支撑。一是疫情对全球经济影响的减弱。如果疫情得到有效控制，全球经济有望出现快速反弹；即使出现新一轮疫情，对各国经济冲击的边际效应也会相对减弱。二是全球贸易将会反弹。根据世界贸易组织发布的《贸易统计与展望》报告，2021 年全球商品贸易量将增长 7.2%，尽管这一增长无法使全球贸易恢复到疫情前水平，但仍是拉动全球经济增长的重要力量。三是政治经济周期将促进 2021 年经济增长。研究表明全球存在政治经济周期，受此影响，美国、日本等有关国家经济增速有望提高。四是疫情将加速全球数字经济、医疗卫生、机器人等相关产业的发展，从而为全球经济增长提供新动力。五是通货膨胀仍将保持较低水平，在此背景下宽松的货币政策暂时不会退出，全球金融市场有望保持稳中有进的态势。

（二）不利因素

毋庸置疑，2021 年世界经济发展还将面临诸多不利以及不确定因素。一是各国经济刺激政策的力度和边际效应将大大减弱。当前发达国家的利率已经无下调空间，财政赤字率已经很高，财政金融政策支持经济增长的空间和手段已经非常有限，即使进一步出台刺激政策，其边际效应也远远低于 2020 年。二是全球 FDI 继续下降。根据联合国贸发会议发布的《2020 年世界投资报告》，预计 2021 年 FDI 还将减少 5%—10%，FDI 是推动全球经济增长的重要引擎之一，受此影响，全球经济增长将延续 2020 年的负增长态势。三是全球贸易政策存在较大不确定性。如果贸易摩擦缓和，全球贸易复苏将好于预期；如果没有明显改善甚至进一步加剧的话，将会拖累全球经济复苏。但是，无论出现哪一种情形，都难以恢复到之前的状态。四是导致全球经济增速下滑的中长期因素继续存在。这些因素包括贫富差距扩大、技术进步对经济增长的边际贡献降低、缺乏支撑全球经济持续快速增长的主导产业、全球价值链增长停

滞、逆全球化等。五是中东与东亚的地缘政治冲突等“黑天鹅”事件将会给经济发展带来负面冲击。另外，虽然全球爆发金融危机的概率很小，但国际金融资本市场存在大幅动荡的可能。

（三）2021年世界经济增长趋势判断

根据IMF的预测，2020年全球经济将出现4.4%的衰退，2021年全球经济将增长5.2%，在2020年衰退和2021年复苏之后，2021年全球GDP水平比2019年略高出0.6%，这意味着发达和新兴市场经济体2020年和2021年将出现巨大的负产出缺口和高失业率，但在不同经济体之间存在较大差异。

从发达经济体的情况来看，2020年GDP将下降5.8%，预计2021年增长3.9%，GDP比2019年还低约2个百分点，不能恢复到疫情前水平。预计2020年美国、欧元区、日本三大经济体GDP分别收缩4.3%、8.3%和5.3%，2021年分别增长3.9%、3.1%和2.3%。由于欧元区和日本2020年经济衰退程度过深，复苏道路将更为艰难，存在加强国际经济合作的意愿和动力。

新兴和发展中经济体仍然是全球经济稳定和增长的重要动力，预计2020年经济衰退3.3%，比发达经济体低1个百分点；2021年增长6%，GDP比2019年高约2.7个百分点，和发达经济体形成鲜明对比。不过，主要贡献来自中国和东盟五国。预计2020年中国和东盟五国经济分别增长1.9%和−3.4%，2021年分别增长8.2%和6.2%，其他新兴和发展中经济体虽出现不同程度的增长，但都无法恢复到2019年的水平。

三、政策建议

（一）警惕经济全球化向地区化转变趋势，积极做好应对工作

上文指出，疫情之前，受全球贸易摩擦影响，经济全球化向地区化转变已成趋势；疫情之后，欧美国家舆论呼吁医疗用品产业回流国内的声音很高，经济社会发展不能只考虑降低成本增加利润，在此背景下，地区经济一体化发展趋势进一步增强。针对这一现象，我们需要高度重视。一是继续加强“一带一路”沿线国家的合作，“缩短”地理距离，推动经济全球化发展。二是广泛采取数字技术，“拉近”空间距离。三是顺应潮流，进一步加强亚洲国家之间的经济合作。从上文分析也可以看出，当前和未来亚洲经济增长态势都好于其他地区，也是世界经济增长和稳定的重要动力。

（二）积极参与全球治理，倡导国际合作新模式

当前世界经济发展正处于变局之中，政治经济周期决定了2021年是变局

中的节点，全球经济合作模式将在博弈中重新选择方向，在这一关键时期我国应积极参与全球治理，倡导国际合作新模式。根据当前形势，我国应维护国际组织的权威，充分发挥国际组织调解国际争端的功能。同时，加强国际的沟通和磋商，积极推动国际组织的改革，完善全球治理。2021 年，我国应在国际抗疫合作、通过多边合作化解贸易和科技领域的争端、全球产业链合作、发展中国家减贫、应对气候变化、防范国际金融风险等方面提出新的倡议和合作模式。

（三）加快国内产业转移，充分发挥中西部地区在构建“双循环”格局中的重要作用

疫情之前，东部发达地区外部面临贸易摩擦、内部面临生活成本上升等诸多问题，产业向海外转移的迹象明显，一旦这一趋势形成将难以逆转，并最终会导致国内产业空心化。因此，我国应加快国内产业向中西部地区转移，以“十四五”规划为契机，优化产业布局，健全国内产业链，促进区域经济协调发展，提高中西部地区融入“双循环”的能力。重大疫情往往会诱发经济社会某些领域发生重大变革，从当前形势来看，以信息技术为支撑的数字经济、机器人技术、生物保健、传统中医中药等产业将会有新的发展机遇，这些也是中西部地区可以发挥后发优势、实现跨越式发展的产业，需要引导外资和东部地区中资企业投资中西部地区，加快相关产业发展。

作者单位：国家信息中心

区域经济

2020 年四川区域经济形式分析及 2021 年展望

曾洪萍 吴敏 程娟 黄馨 曹洋

2020 年，面对严峻复杂的国内外形势和新冠肺炎疫情的冲击，全省上下坚决贯彻落实党中央、国务院重大决策部署，统筹推进疫情防控和经济社会发展，扎实做好“六稳”工作、全面落实“六保”任务，强力推动成渝地区双城经济圈建设，深入实施“一干多支”发展战略，各地区经济运行逐季回升、稳定向好，成都极核地位更加凸显，五大片区建设加速推进，七个区域中心城市能级提升，主干引领带动、多支竞相发展、干支协同联动的局面初步形成。

一、全省区域经济发展特征

（一）区域经济运行“V 形”反转稳步复苏

2020 年，从经济规模看，全省形成 2 个 3000 亿元以上、6 个 2000 亿—3000 亿元以上共计 16 个超千亿的市（州），其中新增 3000 亿、2000 亿、

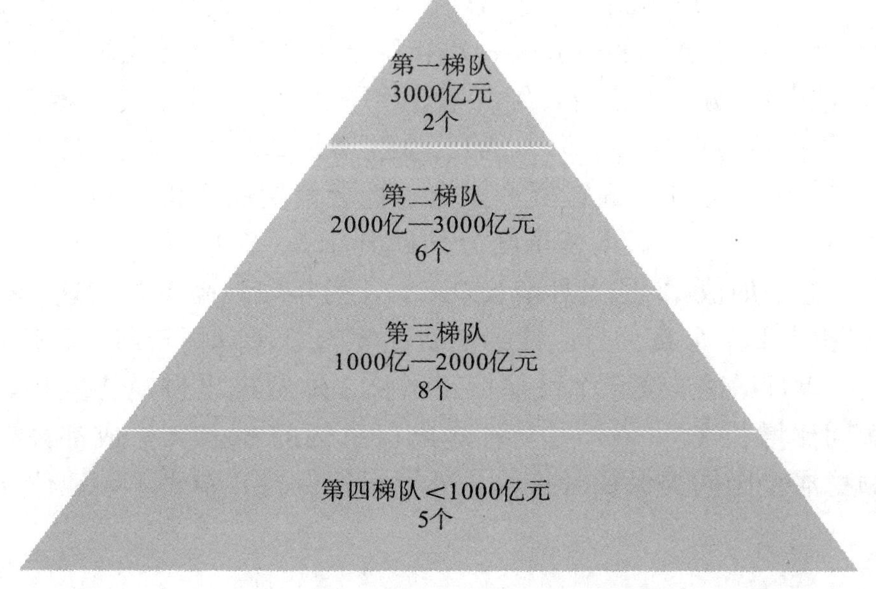

图 1 2020 年四川省区域经济格局

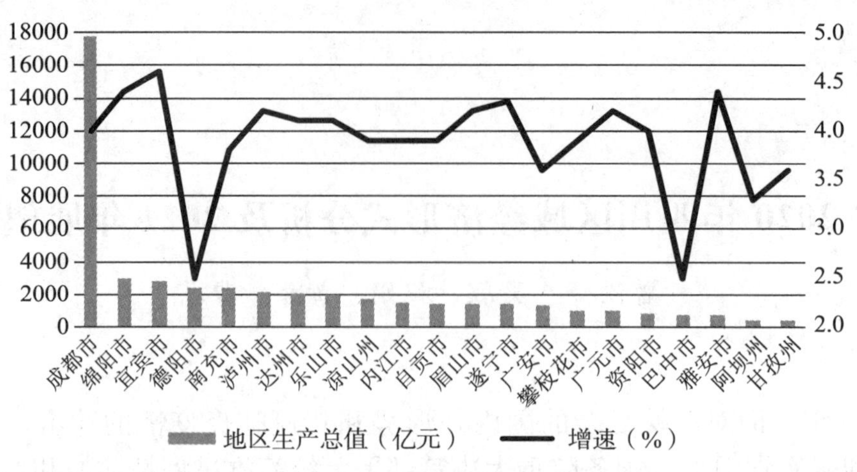

图 2　2020 年各市州经济总量及增速对比

1000 亿元市（州）各 1 个，依次为绵阳市、乐山市和广元市。从经济增速看，各地区经济运行总体呈现前低后高、稳步复苏态势，其中一季度受疫情冲击最大、三季度 21 个市（州）全部实现正增长、四季度进入常规增长。全年有 16 个市（州）经济增速高于全省平均水平，其中成都平原经济区占 7 席、川南经济区占 4 席、川东北经济区占 3 席、攀西经济区占 2 席。从区域差距看，五大片区分季度经济增速极差分别为 5.1、1.5、1.2、0.8 个百分点，区域间发展差距不断缩小。

（二）主干加速回升引领带动作用突出

2020 年，成都市实现地区生产总值 17617 亿元，同比增长 4%，高于全国 1.7 个百分点，高于全省平均水平 0.2 个百分点，在全国省会城市中排第 2 位（不包括直辖市）。分季度来看，经济增速逐季加快，一季度经济增速同比下降 3%，上半年由负转正增长 0.6%，前三季度增长 2.6%，全年增长 4%。规模以上工业增加值、全社会固定资产投资、社会消费品零售总额同比分别增长 5%、9.9%、−2.3%，较前三季度分别回升 1.5、2.1、2.4 个百分点，其中规模以上工业增加值 12 月当月增长 9.4%，为年内最高单月增速，行业增长面较 11 月扩大 2.7 个百分点。社会消费品零售总额降幅较前三季度收窄 2.4 个百分点，单月增速连续 5 个月保持正增长。外贸进出口逆势上扬，实现进出口总额同比增长 22.4%，占全省进出口总额的 88.5%，成都高新综保区贸易总额稳居全国同类保税区首位，外贸运行保持“领头羊”地位。

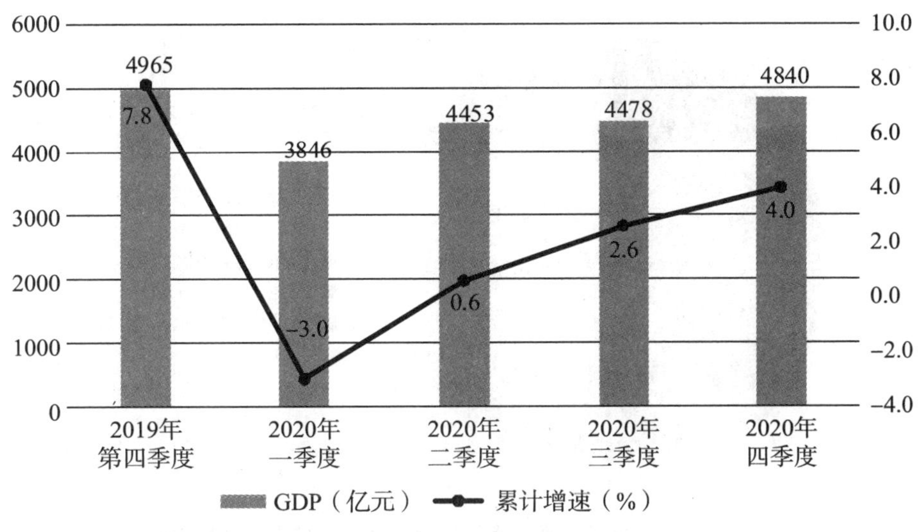

图3 成都市分季度地区生产总值对比

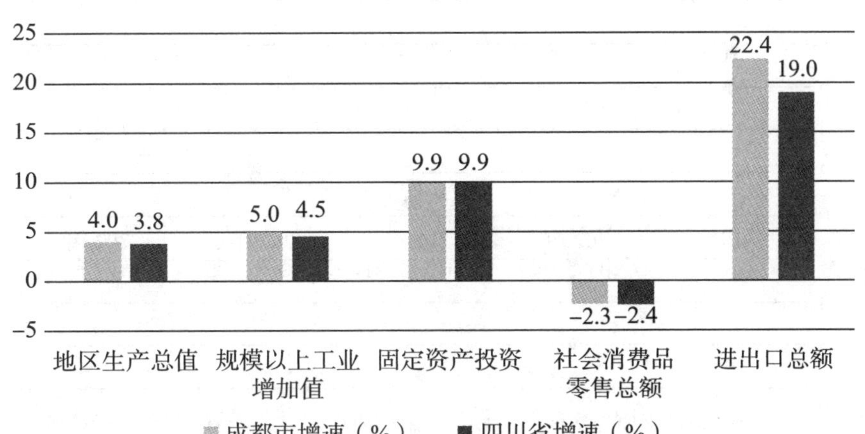

图4 2020年成都市与全省主要经济指标增速对比

（三）多支竞相发展态势更加明显

2020年，成都平原经济区、川南经济区、川东北经济区、攀西经济区、川西北生态示范区经济稳定恢复、逐季回升，竞相发展态势更加明显，五大经济区地区生产总值增速较前三季度分别回升1.5、1.4、1.9、1.7、1.8个百分点。成都平原经济区实现地区生产总值29523.3亿元，同比增长4%，比全省高0.2个百分点；其中环成都经济圈实现地区生产总值11806.7亿元，同比增长3.9%。川南经济区、川东北经济区、攀西经济区分别实现地区生产总值7883.7、7595.5、2774亿元，同比增长4.2%、3.8%、3.9%，增速高出全省平均水平或与之持平。川西北生态示范区实现地区生产总值822.4亿元，同比增长3.4%。

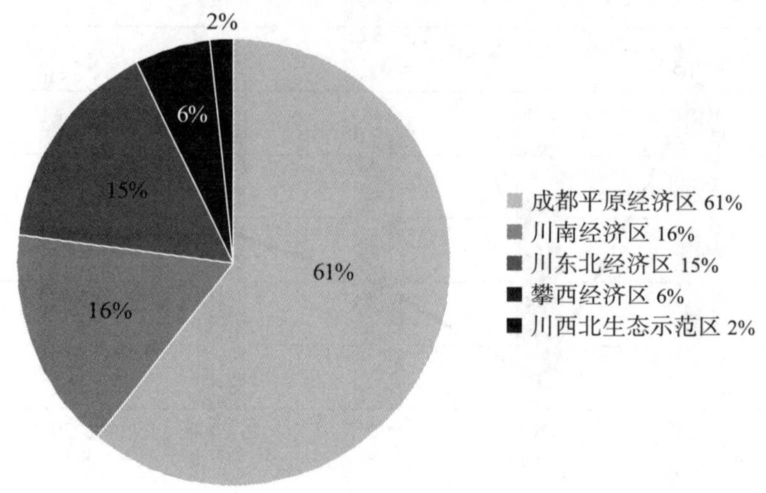

图 5　2020 年四川省五大片区地区生产总值占全省比重

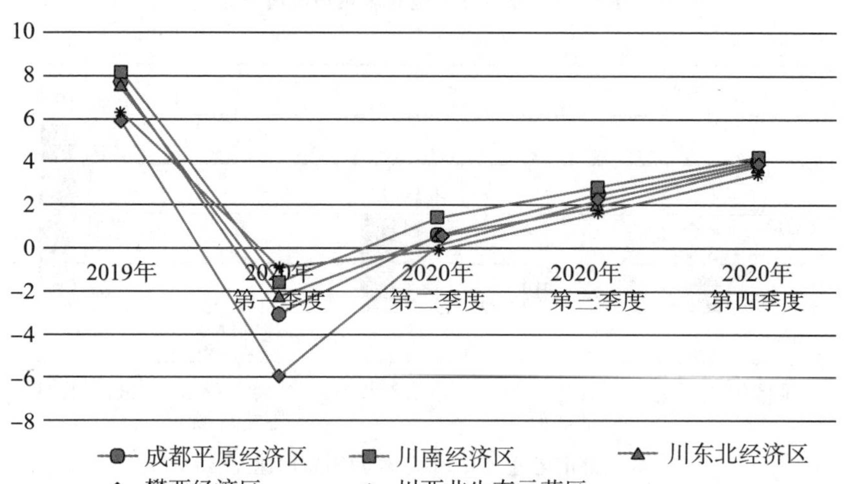

图 6　四川省五大片区分季度地区生产总值增速对比

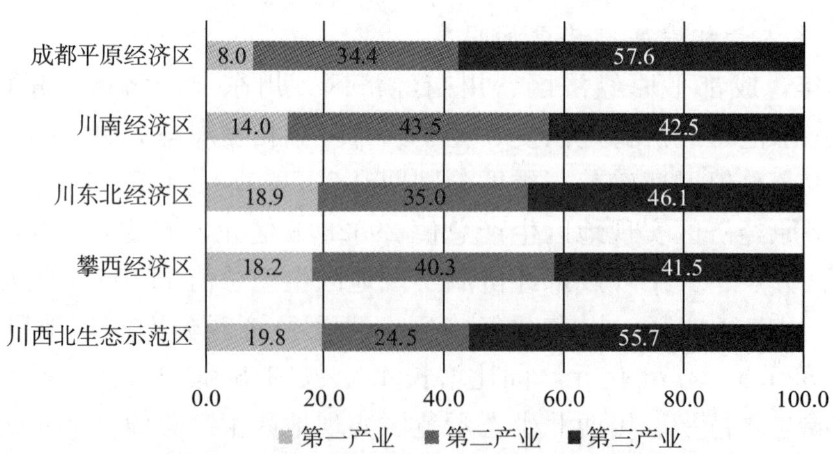

图 7　2020 年四川省五大片区三次产业结构

（四）多点支撑有力亮点频现

2020 年，绵阳市、德阳市、乐山市、宜宾市、泸州市、南充市、达州市七个区域中心城市经济总量达到 16895 亿元，占全省经济比重为 34.8%，较 2019 年提高 0.3 个百分点，较前三季度提高 0.7 个百分点，平均增速达到 4%，高于全省 0.2 个百分点。其中绵阳市经济总量突破 3000 亿元大关，成为四川第二个站上这一台阶市（州）。宜宾市超过 2800 亿元，以 4.6%的增速领跑全川，高于全省 0.8 个百分点。德阳市、南充市、泸州市、达州市经济总量均超过 2000 亿元，竞相发展、赶超态势明显。乐山市全社会固定资产投资增速靠前，经济总量首次迈入 2000 亿元门槛。

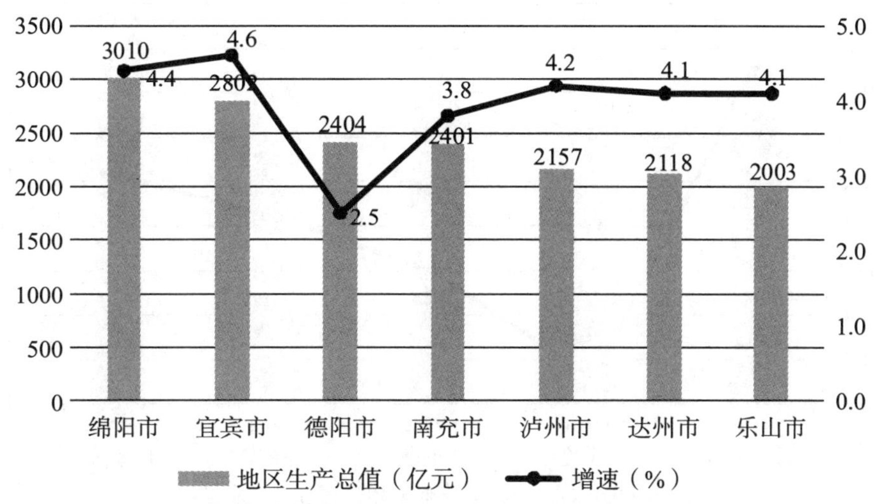

图 8 2020 年区域中心城市地区生产总值对比

（五）干支协同联动区域优势持续强化

成都充分发挥国家重大战略叠加、国家级发展平台集聚等显著优势，持续做强极核功能、履行主干担当，大力推动成都平原经济区内圈同城化、外圈一体化发展，全面推进与各经济区、各市（州）深化协作，探索“总部研发在成都、生产配套在市（州）”新型合作关系，加速构建相互依存、互惠互利、水涨船高的区域协同发展利益共同体。各片区、各市（州）抢抓成渝地区双城经济圈建设战略机遇，围绕基础设施、产业发展、公共服务、生态环保、商贸物流等领域开展务实合作，有序推进宜宾三江新区、成都东部新区、南充临江新区、绵阳科技城新区建设，川渝毗邻地区合作共建区域发展功能平台加快推进，分工协作进一步深化，干支协同合作新模式初步形成。

二、五大片区发展主要特点

（一）成都平原经济区压舱石作用突出

2020 年，成都平原经济区地区生产总值达 29523 亿元，占全省经济的比重为 60.7%，对全省经济增长贡献率达 61.9%，增速同比增长 4%，高于全省 0.2 个百分点。工业增加值、社会消费品零售总额等均占全省总量一半以上，规模以上工业增加值、全社会固定资产投资、社会消费品零售总额增速较前三季度分别提高 1.4、2.3、2.3 个百分点。进出口总额同比增长 20.3%，增速高于全省 1.3 个百分点。

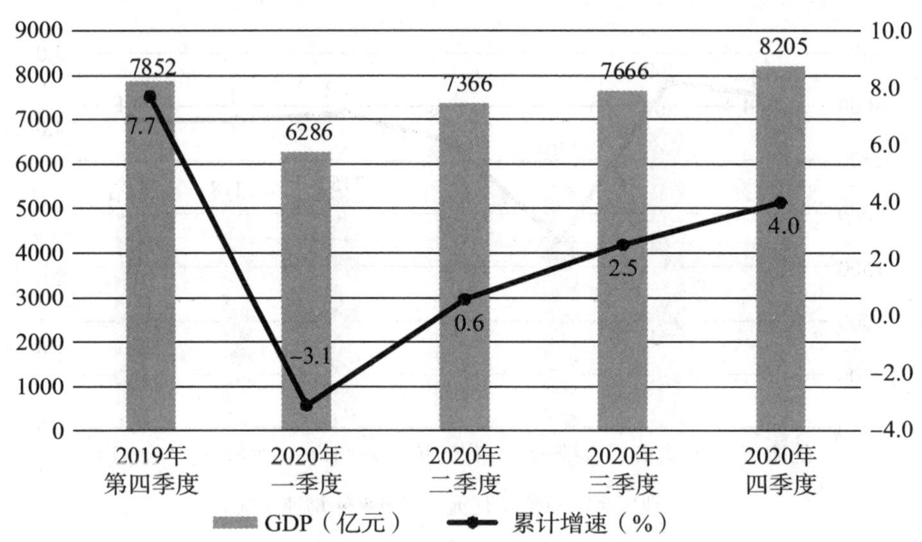

图 9　成都平原经济区分季度地区生产总值对比

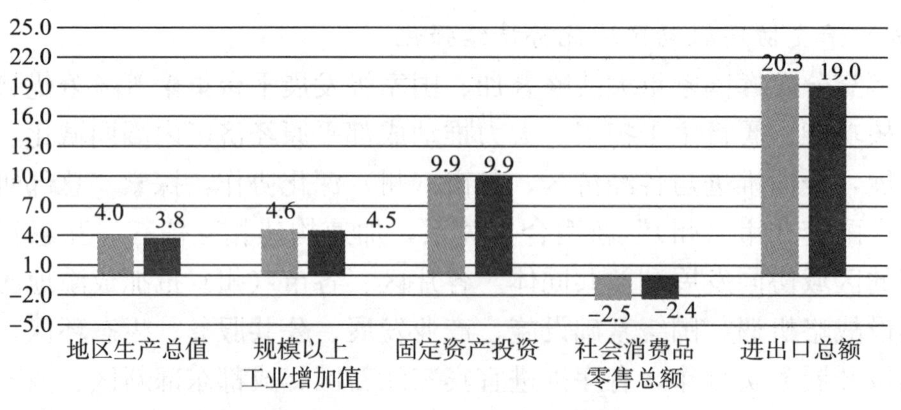

图 10　2020 年成都平原经济区与全省主要经济指标增速对比

（二）川南经济区经济增速持续领跑五大片区

2020年，川南经济区地区生产总值达7883亿元，占全省经济的比重为16.2%，增速同比增长4.2%，居五大片区首位，高于全省0.4个百分点，其中川南四市增速均高于全省平均水平，宜宾市、泸州市经济增速均超过4%。规模以上工业增加值、全社会固定资产投资、社会消费品零售总额同比分别增长5.3%、10.9%、−2.2%，较前三季度回升1.2、1.2、2.1个百分点。进出口总额同比增长20%，增速高于全省1个百分点。

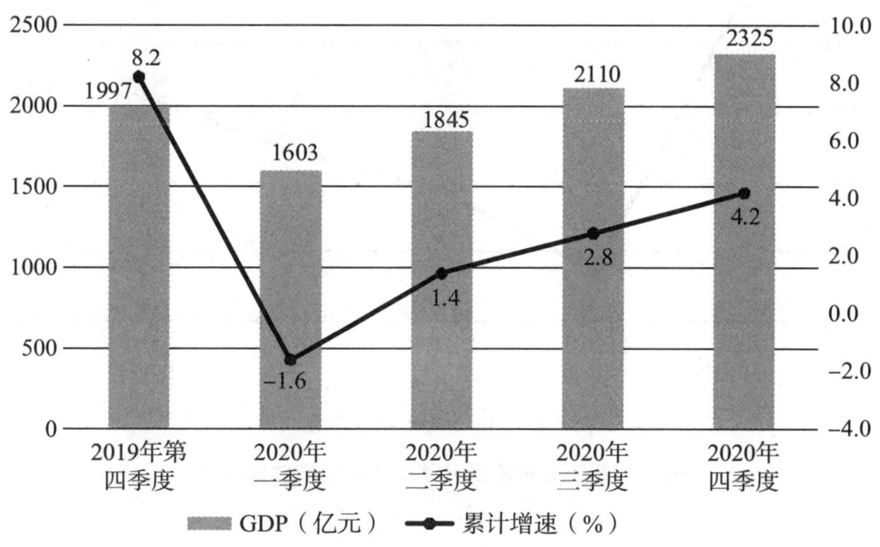

图11 川南经济区分季度地区生产总值对比

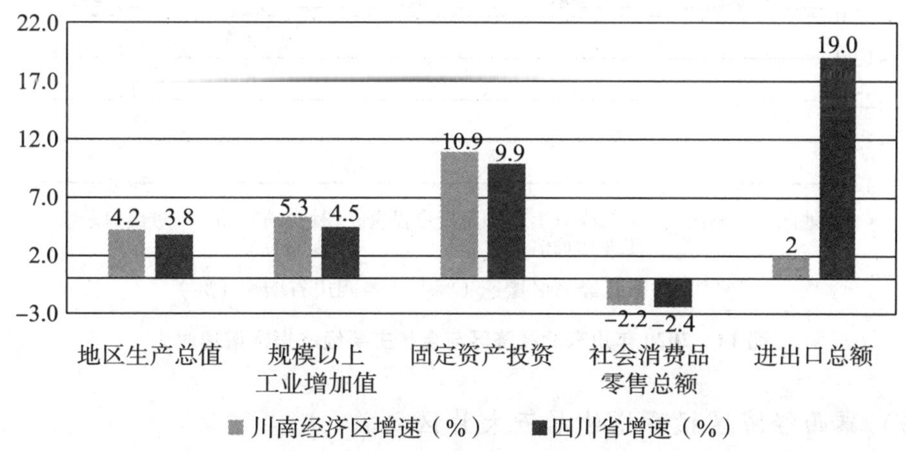

图12 2020年川南经济区与全省主要经济指标增速对比

（三）川东北经济区消费市场回升步伐加快

2020 年，川东北经济区地区生产总值达 7596 亿元，占全省经济的比重约为 15.6%，增速同比增长 3.8%，与全省持平。规模以上工业增加值、全社会固定资产投资同比分别增长 3.6%、9.4%，较前三季度回升 1、2.5 个百分点。社会消费品零售总额同比增长－2.2%，降幅较前三季度收窄 2.8 个百分点，其中达州市同比增长－1.3%，增速位居全省第 1 位。进出口总额降幅较大，同比下降 38%，较前三季度回落 52.2 个百分点。

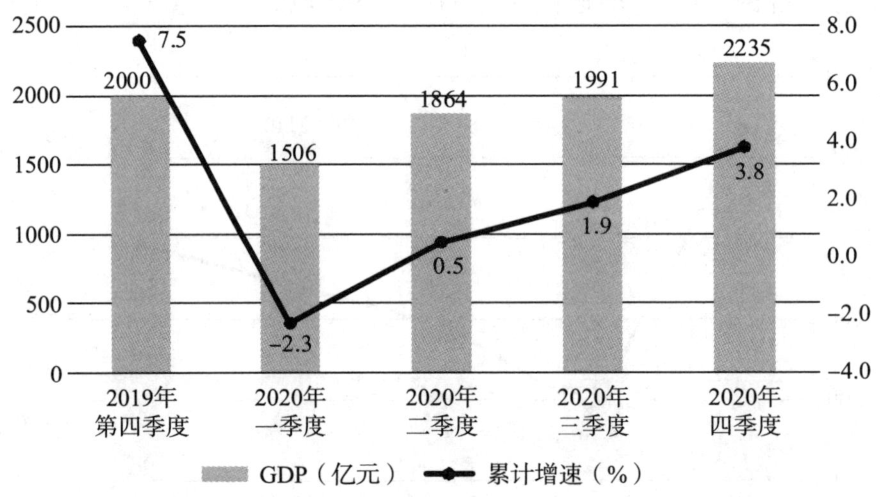

图 13 川东北经济区分季度地区生产总值对比

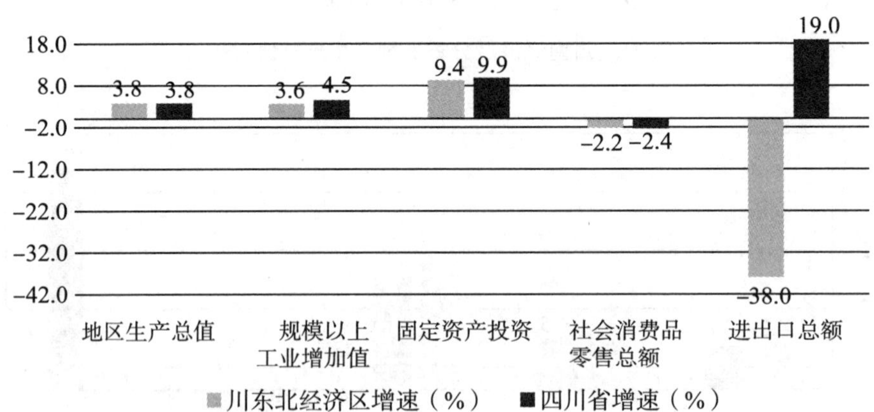

图 14 2020 年川东北经济区与全省主要经济指标增速对比

（四）攀西经济区投资增速居五大片区之首

2020 年，攀西经济区地区生产总值达 2774 亿元，占全省经济的比重为 6%，增速同比增长 3.9%，高于全省 0.1 个百分点。规模以上工业增加值、社会消费品零售总额同比分别增长 4.8%、－3.4%，较前三季度回升 1.1、

2.1个百分点。投资增速领跑全省，全社会固定资产投资、工业投资、民间投资同比分别增长11.4%、27.7%、13.9%，高于全省1.5、17、9.2个百分点。

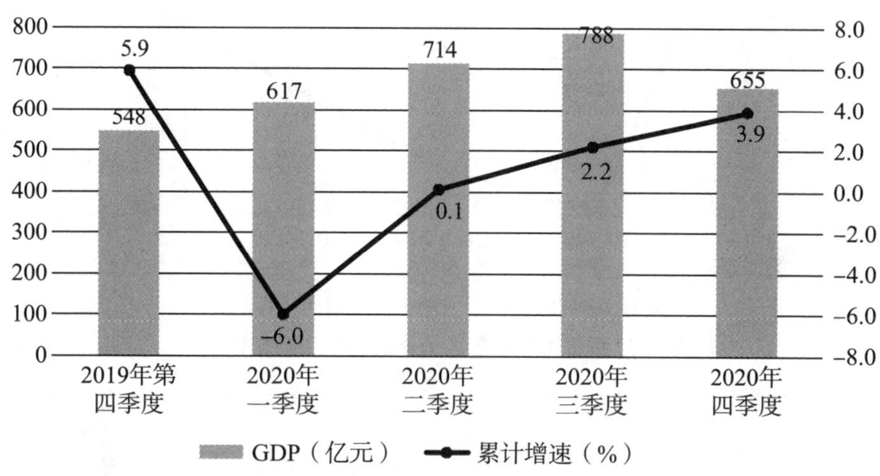

图15　攀西经济区分季度地区生产总值对比

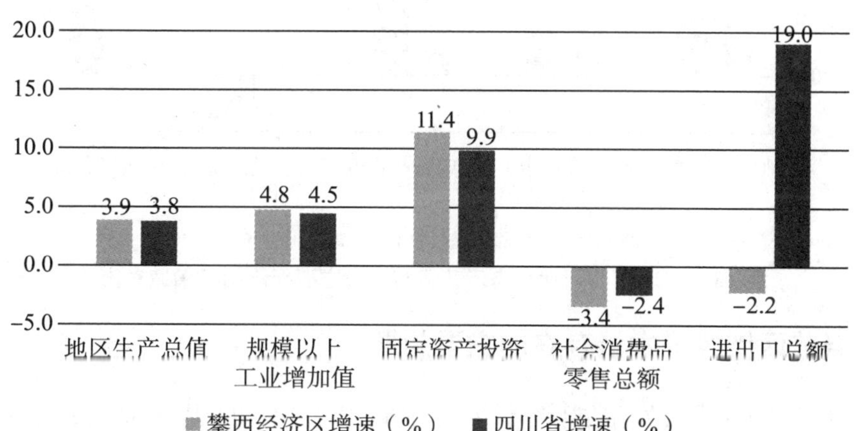

图16　2020年攀西经济区与全省主要经济指标增速对比

（五）川西北生态示范区绿色发展特色鲜明

2020年，川西北生态示范区地区生产总值达822亿元，占全省经济的比重为1.7%，增速同比增长3.4%。文化旅游、特色农牧业等生态经济逐步发展壮大，飞地园区建设成效明显，规模以上工业增加值增长6.3%，高于全省1.8个百分点，增速位居五大片区前列。全社会固定资产投资、社会消费品零售总额同比分别增长5.6%、−4.2%，较前三季度回升0.9、2.4个百分点。

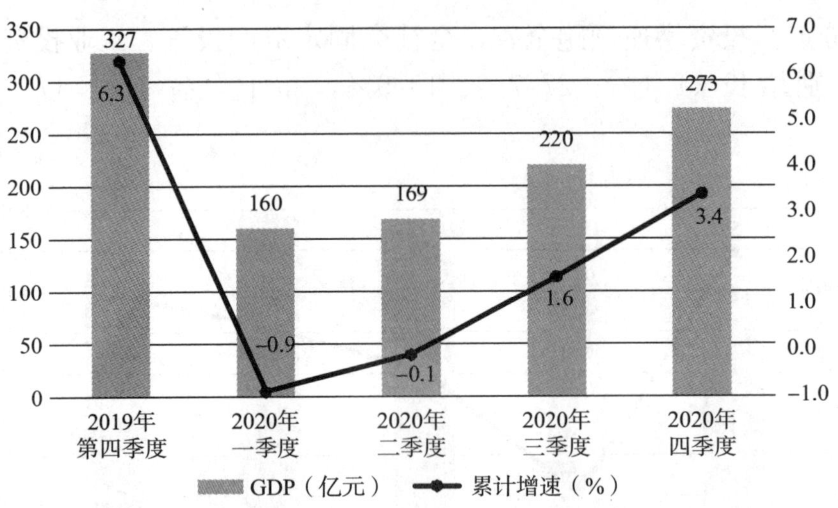

图 17 川西北生态示范区分季度地区生产总值对比

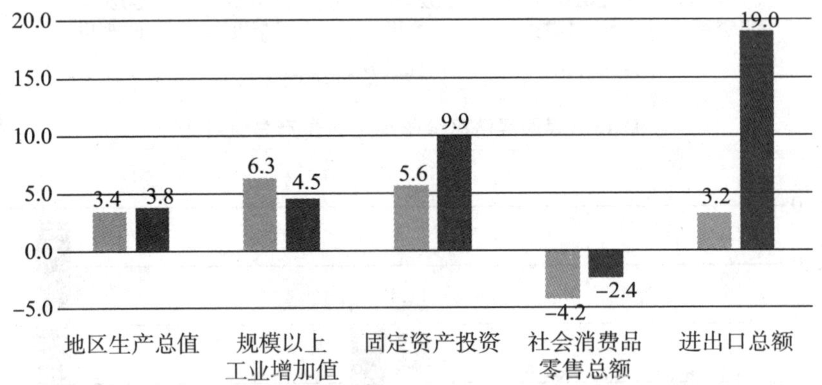

图 18 2020 年川西北生态示范区与全省主要经济指标增速对比

三、当前区域经济发展存在的主要问题

一是区域中心城市发展能级不足。尽管 2020 年四川省大力培育的区域中心城市经济总量均突破 2000 亿元，但七个区域中心城市经济总量之和占全省比重仍比成都极核低 1.7 个百分点。与四川省经济体量相当的河南省、湖北省、湖南省和福建省，经济总量超过 2000 亿元的市分别有 13 个、7 个、9 个、9 个，其省域副中心经济总量均超过 4000 亿元，占比都在 9%以上。而四川省区域中心城市排名第 1 的绵阳市刚突破 3000 亿元大关，占比仅为全省的 6.2%，就城市能级而言，与经济副中心功能定位仍有一定差距，城市经济功能、科技创新功能、信息枢纽功能、开放功能和公共服务功能优势尚未充分显现，需进一步提升综合承载能力、创新发展能力和区域带动能力。

二是县域经济区域分化明显。四川省县域经济总体规模偏小，发展质量和效益仍然不高，大多县（市、区）处在城镇化工业化双加速发展阶段，农业占比较高，工业发展水平整体较低。183个县（市、区）经济总量超过千亿的只有9个，有三分之一的县（市、区）经济总量不到100亿元，经济发展水平与全国百强县还有较大差距。33个主城区集聚全省28.7%的人口和4%的土地，但对全省贡献率仅为44.7%，成都市所辖主城区经济总量占全省主城区57.5%，其他市（州）主城区经济总量之和仅为成都市所辖主城区的73.8%，还有21个主城区经济总量尚未超过平均值。

三是区域协同动力还未充分激发。区域间产业配套成链能力有待提升，由于产业集群成链不够完备，产业互补性、关联性和一体化程度相对不足，围绕优势特色产业跨行政区建链、延链、补链、强链亟待加强。基础设施建设较为薄弱，高速网络互联互通性有待进一步优化，片区间铁路尚未形成环线，与国家干线铁路未能有机连接。区域协同体制机制还不够健全，市场准入标准不一致，公共服务优质资源流通不畅，产业园区合作共建、利益共享、生态产品市场交易等机制尚未有效破题，关键共性技术跨区域联合攻关未能形成合力，具有代表性、引领性的重大合作项目还不够多。

四、趋势研判及对策建议

展望2021年，国际环境仍然复杂多变，新冠肺炎疫情影响广泛深远，我国已转向高质量发展阶段，仍处于重要战略机遇期，将着重构建以国内大循环为主体、国内国际双循环相互促进的新发展格局。从全省看，国家战略交汇叠加深刻改变四川省区域能级和发展格局，成渝地区双城经济圈建设初见成效，区域协同发展纵深推进，初步判断在各类刺激政策和低基数等因素共同作用下，各地区经济可能呈现前高后低、稳中提质的发展态势，预计全省地区生产总值增长7%以上，区域集聚将成为经济持续增长的有力支撑。下一步，建议坚持“稳农业、强工业、促消费、扩内需、抓项目、重创新、畅循环、提质量”工作思路，积极参与国家重大战略，以成渝地区双城经济圈建设为战略牵引，深化拓展“一干多支”发展战略，构建更加有效的区域协调发展新机制，激发区域经济发展新活力，为深度融入新发展格局奠定坚实基础。

一是强化极核引领和主干功能。提升成都国家中心城市能级，加快建设践行新发展理念的公园城市示范区，做强天府新区总部集群、科技创新、商务会展、现代金融、文化创意等核心功能，支持成都东部新区发展航空经济、智能制造、现代物流、国际消费等主导产业，加快建设龙泉山城市森林公园。提升成都都市圈的综合实力，以打造轨道上的都市圈为重点推进基础设施同城通网，推进轨道交通资阳线、天府大道北延线、成都平原经济圈环线高速等建设，抓好成德临港经济、成眉高新技术、成资临空经济产业协作带和成德眉资都市现代高效特色农业示范区建设，创建成德眉资同城化综合试验区，以“三区三带”为依托共建跨区域产业生态圈，增强经济和人口承载能力，推动成都都市圈内圈同城化、外圈一体化发展，进一步做强发展主干、增强极核功能。

二是推动干支联动五区协同发展。深入推进五大经济区基础设施互联互通、产业分工协作，促进各经济板块之间开展多层次多形式合作。强化七个区域中心城市带动作用，充分发挥产业、通道、资源等优势，优先承接功能疏解和产业外溢，深化与成渝双核的协作配套，形成较高能级的次级城市群，进一步优化全省空间布局和经济地理。高标准高质量建设省级新区，加快编制发展规划和国土空间规划，积极与省内外其他地区建立战略联盟，把新区建设成为承担区域发展战略任务、培育带动全省高质量发展的新增长极和动力源。

三是推动县域经济高质量发展。坚持扩容提质和凸显特色并重，实施县域经济强县强区强镇培育方案，实行“一县（区、市）一策”“一镇一策”，在重大项目安排、重大改革试点、重大平台建设等方面，赋予更多资源整合使用自主权。加大对特色优势产业和龙头企业发展支持力度，推进县域产业园区特色化、专业化发展。开展“小县优城”创建试点行动和“做大做强中心镇”行动，打造一批省级百强中心镇和小城镇。制定县城新型城镇化补短板强弱项落实方案，促进公共服务设施提标扩面、环境卫生设施提级扩能、市政公用设施提挡升级、产业培育设施提质增效，提高对产业和人口集聚的支撑能力。做好乡镇行政区划调整改革“后半篇”文章，稳步推进村级建制调整改革，深入推进现代乡村治理制度改革。

四是深化川渝协同联动实现重点突破。聚焦双城引领、双圈互动、两翼协同，突出抓好成渝主轴发展，推动川渝重点领域重大项目出进度、见成效。围绕“新基建”合理扩大投资，共同布局实施一批 5G 网络、大数据中心、城市轨道交通、人工智能、特高压等项目。加快推动成渝中线高铁、成南达万高铁等一批带动性强的跨区域合作重大项目，打造成渝 1 小时通勤圈。推进毗邻地区合作平台和产业合作示范园区建设，创新“一区多园”“飞地经济”等合作模式和实施路径，理顺利益分配关系，探索以委托管理、成立管理公司等方式组建经济区管理运营主体。健全公共资源配置机制，搭建公共资源共管平台，推进经济区公共服务政策体系对接、标准统一，促进异地同标。

作者单位：四川省县域经济研究中心

2020年成都平原经济区一体化发展情况及2021年工作建议

四川省发展和改革委员会城镇化发展处

2020年，成都平原经济区认真贯彻落实省委决策部署，充分发挥中央重大战略叠加、国家级发展平台集聚等显著优势，持续做强成都极核，积极推进内圈同城化、外圈一体化发展，在支撑成渝地区双城经济圈战略、引领全省经济转型升级、探索城市集群发展新路等方面取得新进展。尽管受到疫情冲击和外部复杂环境影响，成都平原经济区经济增长仍表现出较强韧劲，八市实现地区生产总值29523.3亿元，占全省的60.7%，增速4%，高于全省0.2个百分点，其中，成都市实现地区生产总值17716.7亿元，占全省的36.5%。

一、工作进展成效

（一）联席会议统筹协调作用不断强化

2020年7月，省政府组织召开成都平原经济区联席会议，充分肯定成都平原经济区一体化发展取得的积极进展，安排部署下一步重点工作。审议并原则同意《成都平原经济区“十四五”发展规划编制工作方案（送审稿）》《成都平原经济区联席会议工作规则（修订稿）》。成都平原经济区联席会议办公室印发了年度重点任务清单，提出夯实政策支撑体系、交通基础设施互联互通、生态环境联防联控联治等8个方面55项重点工作任务。

（二）成德眉资同城化取得重要突破

研究制定推动成德眉资同城化发展的指导意见，已经省委办公厅、省政府办公厅联合印发。正式挂牌成立成都东部新区，起草编制《成都东部新区“十四五”规划》等相关规划。成立省推进成德眉资同城化发展领导小组，召开领导小组第一次、第二次会议，正式揭牌省同城化办公室，制定“三区三带”空间规划、三年行动计划等，起草编制成都都市圈发展规划，印发《成德眉资同城化暨成都都市圈交通基础设施互联互通三年实施方案（2020—2022年）》等6个实施方案，集中签署成德、成眉、成资深化合作协议等8个协议。

（三）基础设施互联互通水平持续提升

交通运输体系不断完善，现代化多层次轨道交通网络初步建成。成都、重庆间 1 小时可达，川藏铁路成雅段、成贵高铁建成通车，城际铁路日开行动车超 260 对，动车公交化运营改造有序推进。天府国际机场航站楼全面封顶封围，成都双流国际机场开通 128 条国家（地区）航线。绵阳至苍溪、乐西高速乐马段进展顺利，绵西高速建成通车。岷江犍为、龙溪口等航电枢纽建设提速。八市城区实现 5G 网络全覆盖。

（四）产业协作共兴成效明显

优势产业区域内分工更加合理、协作效率大幅提升，初步形成相对完整的区域产业链、供应链体系。蓉欧（德阳）国际木材保税产业园、爱齐口腔、万华化学、信利高端显示等项目落地建设，成德临港经济产业带、成眉高新技术产业带、成资临空经济产业带建设迈入实操阶段。京东方绵阳 6 代线等产业项目建成投产。成都参与“乐山多晶硅光电信息产业基金”投资，助力乐山光伏项目落地。积极整合区域旅游资源，联合策划世界旅游名城之旅等多条精品旅游线路，成都融创文旅城、绵阳方特东方神画等主题乐园正式开园营业。成都交子金融平台服务实现片区全覆盖。

（五）改革创新平台进一步拓展

重点领域改革取得重大进展，制度性交易成本明显降低，区域协同创新体系基本形成。成都国家自主创新示范区加快建设，绵阳科技城示范带动效益持续增强，科技创新能力稳步提升，新的增长动力孕育壮大。成功创建成都国家城乡融合发展试验区，金堂、乐至、大英、绵竹获批国家县城新型城镇化建设示范县，德阳、眉山、资阳纳入四川自贸试验区协同改革先行区。国家技术转移西南中心资阳分中心获批，成德绵国家科技成果转移转化示范区、成都超算中心等创新平台建设提速。

（六）协同开放水平显著提高

中国（四川）自由贸易试验区建设高质量推进，中德、中法、新川等国际合作园区加快建设，内陆开放高地基本建成。成都自贸试验区地方事权改革全面完成，推动一系列“证照分离改革”方案出台，成功推动第三批 14 项省级管理权限下放自贸试验区及协同改革先行区。乐山市夹江县—眉山市青神县第一批 82 项政务服务事项“跨市通办”互认。成都航空口岸过境 144 小时免签停留范围扩展至片区 6 个市。中欧班列（成都）全年开行 2440 列，累计开行突破 7000 列，数量居全国前列。

（七）生态环境联防联治取得新成效

生态安全格局基本形成，突出环境问题得到有效治理，生态环境协同监管和区域生态补偿机制更加完善。召开成都平原经济区空气质量联合会商会议，签订《沱江流域横向生态保护补偿协议》《岷江流域横向生态保护补偿协议》。张家岩水库直接引水至老鹰水库管道出水口及相关附属工程基本完工，李家岩水库大坝填筑工程、毗河供水一期工程加快建设，毗河供水二期工程长征渠引水工程等前期工作有序推进，明确龙泉山灌区管理体制的初步方案初步形成。经济区优良天数率 87.5%，同比提升 1 个百分点，PM2.5 平均浓度同比下降 10.8%。

（八）公共服务共享互惠持续推进

公共服务便利共享水平明显提高，精细化治理能力显著增强，户籍登记标准化管理和迁移实现一站式办理，职工基本养老、医疗保险实现无障碍转接。签订《深入推进成都平原经济区八市医疗保障事业协同发展战略协议》，明确将开展基金监管协查工作纳入成都平原经济区重点合作事项，共同加强医保基金监管。成德眉资签订《养老服务工作同城化发展协议》，成乐雅绵遂拟订《养老服务协同发展实施方案》，加快建立养老服务协作机制。

二、面临的困难和问题

一是利益共享机制还不够健全。产业园区合作共建、利益共享等机制有待完善，飞地合作园区落地项目还不多，关键共性技术跨区域联合攻关尚未形成合力，岷江、沱江等流域跨市生态产品市场交易机制有待完善。教育、卫生等公共服务合作机制还需创新，引领性、代表性合作项目还不多。

二是产业配套成链能力还不够强。产业集群成链不够完备，支撑性、引领性重大项目较少，八市“双招双引”合作力度有待增强。各市同质化发展特征明显，相互间配套协作不足，围绕优势特色产业跨行政区域建链、延链、补链、强链的工作亟待加强。一些地方还在用老眼光看新问题、用旧办法推新工作，没有结合新形势创造性地开展工作。

三是投资力度还需进一步加强。目前区域协调发展主要由政府主导，撬动社会资本参与的多元投资体制机制仍不健全，投融资市场化程度还不高。同时，目前投资主要集中在内圈同城化上，全域一体化的支撑性、引领性重大项目较少，招商引资、项目落地推进有待加快。

三、2021 年工作建议

成都平原经济区发展已步入新阶段，是四川融入国内国际双循环的主力军，推动成渝地区双城经济圈建设的主战场，引领全省经济高质量发展的强引擎。下一步，建议坚决贯彻落实省委十一届七次全会安排部署，抓紧谋划、分类推进，加快把国家战略势能转化为发展实效。

进一步完善政策规划支撑体系。《成渝地区双城经济圈建设规划纲要》已经中共中央政治局审议通过，纲要中明确了在经济区落地的系列重大项目、重大政策、重大平台、重大改革举措。建议纲要印发后，细化分解任务，明确时限要求，切实推动国家规划在经济区落地落实。国家和省上都在编制“十四五”规划。要抓紧开展成都平原经济区“十四五”一体化发展规划编制，与上位规划紧密衔接；认真理清规划编制思路，率先推动重点区域和关键领域实现突破；上下联动配合，完善形成省市联动的工作机制。

加快推进成都都市圈建设。要着力做强成都极核和主干功能，抓好建设践行新发展理念的公园城市示范区，高质量发展天府新区，高水平建设成都东部新区，高标准规划中国西部（成都）科学城。成德眉资同城化是推动成渝地区双城经济圈建设的支撑工程，要抓紧开展成都都市圈发展规划报审，加快实现成德眉资同城化发展率先突破，推动全省“主干”由成都拓展为“成德眉资”，以打造轨道上的都市圈为重点推进基础设施同城同网，以“三区三带”为依托共建高能级产业空间载体，着力构建同城化成本分担和利益共享机制，协同打造高品质宜居都市圈，整体提升成都都市圈发展能级。

大力推动经济区一体化发展。聚焦解决跨市域、需协同的重大事项，加快促进基础设施同网、资源要素互通、产业体系共建，特别是要围绕优势特色产业跨区域建链、延链、补链、强链，更大范围更大力度更高水平整合资源和要素，推动经济区重点产业成链配套发展，带动成渝地区中部崛起。推动成都平原经济区与重庆联动发展，抓好成渝中线、成南达万、绵遂内等铁路，成都经济区环线、成资渝等高速公路建设，加快共建西部金融中心、国家数字经济创新发展试验区等，推动遂宁—潼南、资阳—大足联动发展。抓好四川自贸试验区及协同改革先行区建设，推动天府新区与两江新区在航空枢纽、中欧班列等方面合作，推行社保服务一体化、公共出行一卡通、住房公积金异地贷款、户籍迁移便捷办理和居住证互通互认。

进一步加大投资力度。聚焦基础设施、产业发展、公共服务、生态环保领域，加大招商引资、财税、金融支持力度，加快实施一批标志性、引领性、支撑性的重大项目，提高工程施工效率和质量。积极引导社会资本参与经济区建设，着重精简手续、引导方向、守信履约，多措并举促进民营企业加大投资。把成都平原经济区一体化发展项目纳入全省定期举行的重大项目集中开工活动，形成强劲推进态势。加强项目储备，形成“开工建设一批、投产达标一批、储备报批一批”的循环机制。

切实推动工作机制改革创新。创新重大项目协调推进、招商引资协同开展等工作机制，在产业协作、创新协同、公共服务等方面进一步凝聚共识、深化合作，吸引更多产业、人才、资本和各类要素在经济区集聚。完善联席会议有关机制，加强对一体化发展中各类实际问题的研究和协调。完善联络员制度，加强信息沟通、工作衔接和宣传推介。

2020 年川南经济区一体化发展情况及 2021 年工作建议

四川省发展和改革委员会地区经济处

2020 年，川南四市认真落实省委省政府各项决策部署，坚持统筹疫情防控和经济社会发展，扎实做好“六稳”工作，全面落实“六保”任务，川南经济区整体实力和一体化水平进一步提升，有力支撑了成渝地区双城经济圈建设扎实起步、良好开局。2020 年川南经济区实现地区生产总值 7883.7 亿元，同比增长 4.2%、高于全省 0.4 个百分点，增速连续 22 个季度位居五大片区首位；规模以上工业增加值、全社会固定资产投资、社会消费品零售总额分别增长 5.3%、10.9%、−2.2%。其中，宜宾市地区生产总值增长 4.6%，增速居全省市州第 1 位。

一、2020 年川南经济区一体化发展情况

一是经济区一体化发展扎实推进。基础设施互联互通取得突破，成宜高速竣工通车，川南城际铁路、内自快速通道、向家坝灌区北总干渠一期工程等 17 个重大基础设施项目加快建设。产业融合发展不断深化，川南节能环保、新材料、现代医药、清洁能源、电子信息、装备制造、现代物流等七大产业联盟组建成立，宁德时代动力电池、恒力（泸州）智能化新材料产业园等重大产业项目加快建设，长宁—威远、滇黔北—昭通区块（四川境内）页岩气勘探开发有序推进。空间格局持续优化，川南经济区、四市以及内自同城化国土空间规划形成阶段性成果，宜宾、泸州区域中心城市加快建设，宜宾三江新区建设加快推进。市场体系进一步完善，国家技术转移西南中心川南分中心核心聚集区建成投入使用，川南经济区社会信用体系合作与发展规划纲要印发实施，信用联盟组建成立，融资担保公司挂牌运营。公共服务共建共享水平不断提升，内江、自贡两市医保、社保、住房公积金等公共服务同城化成果全域推广，劳动保障监察执法联动机制稳定运行。生态环境共建共治扎实推进，沱江流域（内江段）水环境综合治理与可持续发展国家级试点工作全面完成，釜溪河、

隆昌河流域环境治理加快推进，长江出川断面水质保持Ⅱ类标准，2020年空气优良天数比例同比提高3.8个百分点。

二是南向开放门户建设成效明显。积极融入西部陆海新通道建设，成自宜高铁、渝昆高铁等南向通道项目加快建设，隆黄铁路叙永至毕节段、隆昌至叙永段扩能改造加快推进，泸州云龙机场、宜宾五粮液机场分别开通航线45条、30条，川南四市正式加入泛珠三角区域高铁经济带合作。着力提升开放合作平台能级，中国（四川）自由贸易试验区川南临港片区累计形成制度创新成果322项，自贡、内江、宜宾启动自贸试验区协同改革先行区建设，泸州、宜宾综合保税区通过国家验收，泸州港、宜宾港国家开放口岸延期申请获批，中国国际名酒文化节、中国国际酒业博览会、川南电商博览会成功举办。持续深化与北部湾等区域合作，西南（自贡）国际陆港、“蓉欧+”东盟国际班列内江基地建设有序推进，开行自贡—北部湾、内江—北部湾、宜宾—钦州铁海联运班列139列。

三是川南渝西融合发展稳步推进。推动川南四市与永川、荣昌、江津等渝西地区共建融合发展试验区，内江与荣昌共建现代农业高新技术产业示范区，泸州与永川、江津共建融合发展示范区，平台规划建设已全面启动。完善川南渝西交通路网，泸州至永川、内江至大足等高速公路项目开工建设，宜宾港、泸州港与重庆果园港“三港联动”持续深化。推动川南渝西产业融合发展，共建荣昌·隆昌、江津·合江成渝地区双城经济圈产业合作示范园区。推动川南渝西公共服务共建共享，在自贡、内江、荣昌、大足开展成渝发展主轴教育一体化试点，在泸州、宜宾、永川、江津开展川南渝西教育融合发展试点，宜宾建设西南大学研究生分院、重庆医科大学附属医院，实现川南四市与渝西地区住房公积金互认互贷。

二、川南经济区2021年工作初步打算

2021年是建党100周年，是实施“十四五”规划开局之年，也是全面建设社会主义现代化国家新征程开启之年。川南经济区将坚持以习近平新时代中国特色社会主义思想为指导，认真贯彻落实省委省政府决策部署，坚持以成渝地区双城经济圈建设引领川南经济区一体化发展，联动渝西地区融合发展，加快打造全省第二经济增长极和南向开放新高地，支撑成渝地区双城经济圈南翼跨越。

一是加快推进基础设施一体化。提升“内联”水平，全力推进川南城际铁路建设，加密区域高速公路网，打造区域半小时通勤圈。打通“外畅”通道，

加快成自宜高铁、渝昆高铁四川段、隆黄铁路隆叙段扩能改造建设，积极推进雅眉乐自等铁路前期工作，争取泸遵、宜西攀高铁等项目纳入国家规划。实施长江黄金水道改造升级，推进岷江龙溪口—宜宾段航道整治一期工程、羊石盘—上白沙水道航道整治工程、沱江自贡段航道等级提升工程建设。推进龙洞岩隧洞全线贯通，加快向家坝灌区北总干渠一期二步前期工作。

二是加快推进产业发展一体化。充分发挥七大产业联盟作用，做大做强优势特色产业集群，打造世界级白酒产业集群，加快建设“气大庆”。积极探索跨区域产业协作新模式，建设承接东部地区产业转移创新发展示范区（内自合作园区）。创新开发区（产业园区）共建共享政策机制，推动川南四市开发区（产业园区）合作发展。组织开展联合招商，加快宜宾酒都粮食物流中心、新华集团内江产业项目等一批重大产业化项目建设。

三是加快推进城乡发展一体化。坚持规划引领，编制完成川南经济区以及四市国土空间规划。支持宜宾、泸州争创成渝地区经济副中心，加强两市与重庆沿江协同发展，高标准规划建设宜宾三江新区，推动泸县、江安县撤县设区和合江县、长宁县、高县撤县设市，加快提升区域中心城市发展能级。支持内江、自贡建设成渝地区重要节点城市，加快推进内自同城化发展，深入推进产业发展、公共服务、社会治理、生态环保等各领域同城化合作。

四是加快推进市场体系一体化。深化要素市场化配置改革，加快建立区域统一市场规则，积极打造市场化法治化国际化营商环境。深化自贸试验区改革创新，积极推进协同改革先行区建设，全面复制推广自贸试验区改革经验。加快开放口岸建设，加强泸州港、宜宾港与重庆港口联动，推动自贡、内江保税物流中心（B型）申建工作。扩大南向开放合作，与南向通道重要节点城市共同组建南向开放物流联盟，加快西南（自贡）国际陆港、“蓉欧+”东盟国际班列内江基地建设，加密开行川桂铁海联运等南向班列。

五是加快推进公共服务一体化。推进川南四市之间公共服务事项异地办理、异地互认，实现“一网通办”。推动高校联盟、职教集团等有效运作，加强跨区域校地合作、校校合作，加快建设川南东盟留学生基地。扩大异地就医直接结算范围，完成川南地区二级以上公立医疗机构电子健康卡用卡环境改造，实现川南四市居民就医“一卡通”。推进城市医联体建设试点工作，开展紧密型县域医共体建设试点，启动区域性医疗中心建设。

六是加快推进生态文明建设一体化。推进长江、岷江、沱江、赤水河流域联防联控和综合治理工作，进一步完善釜溪河流域横向生态保护补偿机制，推动赤水河流域四川段生态环境突出问题整改。持续加强大气污染联防联控，完善大气网格化建设，推进空气质量联合预报预警，推动区域环境空气质量持续改善。加强土壤污染防治，全面完成重点行业企业土壤污染状况详查，更新土壤重点监管企业名录。

七是加快推动川南渝西融合发展。推动川南四市与荣昌、永川、江津等渝西地区“十四五”规划以及专项规划相互衔接。协同打造承接国家战略的平台载体，编制川南渝西融合发展试验区实施方案，高质量推动内荣现代农业高新技术产业示范区、泸永江融合发展试验区等毗邻地区区域发展功能平台建设。推动园区合作发展，建立“泸内荣永”国家高新区产业发展联盟，共建川渝自贸区协同开放示范区。加快泸州至永川、内江至大足等高速公路建设，推动交通通信、户口迁移、教育文化、医疗卫生、就业社保、住房保障等公共服务共建共享，切实增强两地人民群众获得感。

2020 年川东北经济区振兴发展基本情况与 2021 年展望

四川省发展和改革委员会农村经济处

2020 年，川东北经济区在新冠肺炎疫情和复杂的国际形势双重挑战下，于危机中育新机、于变局中开新局，始终深入学习贯彻习近平总书记对四川工作系列重要指示精神，认真落实四川省委、省政府各项决策部署和彭清华书记在川东北经济区工作座谈会上的讲话要求，坚持以成渝地区双城经济圈建设为引领，以“一干多支”发展战略为重要支撑，全力建设东向北向出川综合交通枢纽和川渝陕甘结合部区域经济中心，经济形势持续向好、经济规模稳步增长、经济实力持续提升。2020 年度，川东北经济区实现地区生产总值 7595.5 亿元，同比增长 3.8%；工业增加值实现 1776.2 亿元，同比增长 3.4%，其中规模以上工业增加值同比增长 3.6%；全社会固定资产投资占比 21.2%，位列五大经济区第二，同比增长 9.4%；社会消费品零售总额实现 3753.2 亿元，占比 18%，位列五大经济区第二，同比下降 2.2%；地方一般公共预算收入实现 434.3 亿元，占比 10.2%。

一、2020 年川东北经济区振兴发展成效明显

（一）基础设施建设步伐加快

以十大交通项目建设为主轴，《川东北经济区振兴发展 2020 年重点任务清单》有效有序落实，区域发展支撑短板加快补齐。交通网络日臻高效便捷，川东北五市积极推动区域交通设施互联互通，铁路、高速公路、机场等重大项目建设如火如荼。汉巴南铁路南充至巴中段、成达万高速铁路已开工建设，渝西高速铁路正加快推进规划选址、用地预审等前期工作；京昆高速公路广元至绵阳段扩容前期工作已基本完成，成南高速公路扩容全线环评获批、形成初设初步成果，绵巴万、镇广渝高速公路加快建设；达州新机场场道工程即将完工，南充高坪机场三期改扩建工程已获可行性研究批复，阆中机场、广安机场建设稳步推进。重点能源设施建设统筹推进，元坝—德阳输气管道工程完成投资

4.2亿元，开挖管沟55公里、焊接管道42公里。水利工程建设进度加快，亭子口灌区一期工程、固军水库开工建设，江家口水库工程征地拆迁等工作有序推进。

（二）优势特色产业不断壮大

以十大产业项目建设为主导，推动传统优势产业迭代升级，战略性新兴产业发展壮大，不断做实、做强、做优实体经济赋能。大力做实特色农业，巴州区道地中药材全产业链项目累计发展道地药材种植基地15.57万亩，培育普瑞制药等3家大型生产加工企业，建成中药材初加工厂15个、收购网点20个，嘉陵区西河流域茶桑、营山县清水特色水产等现代农业园区建设加快推进。全力做强新型工业，吉利二期发动机实验室投入运行，林丰铝电年产25万吨绿色水电铝材一体化项目全面投产，四川帕沃可玄武岩产业项目建成投运3500吨连续纤维池窑和3万吨原料均质化生产线，中国（普光）锂钾综合开发产业园即将投产第一条精密铜线。竭力做优现代服务业，大巴山生态旅游扶贫项目梦回巴国剧场实现对外开放，华蓥山旅游综合开发项目、巴中市黄石旅游区综合开发建设项目有序推进。

（三）开放型经济水平日益提升

以十大活动平台建设为载体，大力推动区域全面交流合作，共同融入和服务新发展格局。中国西部国际丝绸博览会、秦巴地区商品交易会、秦巴山区绿色农林产业投资贸易洽谈会正积极转化活动成果，2020川渝国企万州行、广元女儿节等重大活动相继高质量举办，中国（阆中）落下闳春节文化博览会活动方案加紧编制，开放型经济发展新平台全面铺开，成为区域内外经济文化相互交融的重要桥梁，一大批产业链上下游企业正洽谈合作，将潜在优势转化为现实的开放发展优势，为川东北经济区实现跨越式发展凝聚强大动力。

（四）县域协同发展纵深推进

以成渝地区双城经济圈建设为主题，川东北经济区抢抓战略机遇，主动融入协同发展大局。顶层设计不断加强，达州大竹、广安邻水与重庆梁平等6个区县成功签署合作协议，依托川东北工业协同发展2020年联席会议，五市共同签订《推进工业科研技术平台共享合作协议》等4个协议，先后召开2次市际专题联席会议，出台《阆（中）苍（溪）南（部）一体化协同发展工作方案（2019—2025年）》，形成《阆苍南一体化协同发展总体战略规划》初稿，启动《阆苍南一体化协同发展国土空间规划》前期工作。县域经济发展实力进一步提升，争创县域经济发展强县1个、先进县3个。

（五）社会事业发展长足进步

以保障和改善民生为主业，聚焦就业、教育、医疗等重点领域，强化公共服务共建共享。深入实施就业优先政策，依托四川公共就业创业扶贫服务管理信息系统V2.0版，实现在川东北五市就业公共服务全省通办，初步完成“就业困难人员、建档立卡贫困户和贫困家庭子女等7类人员在川东北片区同等享受公益性岗位政策、企业吸纳就业困难人员补贴政策和职业技能培训”工作。加强脱贫攻坚和民生改善，硬性脱贫指标全面达标，成功创建第二批国家农村产业融合发展示范园1个，成功举办2020年川东北片区文旅联盟年会暨广元文旅推介会。

（六）生态环境保护有序开展

以坚持生态优先、践行绿色发展为主责，遵循“共抓大保护、不搞大开发”战略导向，推进生态环境共建共治。大力实施《嘉陵江流域国家生态文明先行示范区推进方案（2018—2022年）》，全面完成嘉陵江流域国家生态文明先行示范区建设任务及国家第二批生态文明先行示范区自查评估工作，天然林保护、退耕还林还草、水土流失等重点工程有序推进，秦巴山区和嘉陵江流域生态环境持续向好。加大区域环境整治联动力度，严格落实河长制、湖长制，全力打好“蓝天、碧水、净土”三大战役，川东北五市空气质量平均优良天数比例达到标准值，城市集中式饮用水水源地平均水质达标率达100%，森林覆盖率不断提高，生态环境保护能力显著增强。

二、川东北经济区振兴发展存在的问题

2020年川东北经济区振兴发展虽然取得了一定成效，但由于地处四川盆地东北部盆周山区，川东北经济区发展掣肘于地理区位比较偏远、基础设施建设投入不足、产业结构不合理等因素，仍是四川省经济发展欠发达地区，实现高质量发展面临一些问题和挑战。

一是基础设施建设较为薄弱。川东北铁路尚未形成环线，与宝成等国家干线铁路未能有机连接，区域辐射带动作用受限；高速网络互联互通性有待进一步优化，成绵、成南、达渝等高速公路相互之间无接口，五市还有部分等次不高的二、三级公路，极大影响物流、客流的畅通和通达能力；机场均为支线机场，通航能力十分有限。二是产业布局产业结构不优。受资源禀赋相近的影响，产业同构现象较为突出，市场同质化竞争较严重，区域内传统产业占比较高，产品科技含量较低，服务业对经济拉动作用不明显，产业互补性、关联性和一体化程度较为落后，协作发展的广度和深度尚需进一步提高。三是高素质

专业人才缺口大。随着交通等基础设施的逐渐完善，短时间内成渝两地对川东北经济区人才、资本等生产要素的“虹吸效应”将持续增强，进一步挤压川东北地区的发展空间。

三、川东北经济区 2021 年工作展望

2021 年，川东北经济区将始终坚持以习近平新时代中国特色社会主义思想为指导，深入贯彻党的十九大及十九届历次全会精神，全面落实四川省委十一届三次至八次全体会议决策部署，强化规划引领、政策支持、项目布局，抢抓成渝地区双城经济圈重要历史机遇和“十四五”关键时期，聚焦交通基础设施建设、现代产业体系建设、公共服务共建共享等重点领域，以“3 个十大”、市际合作协议、一体化发展事项、年度重点任务清单为着力点，加速建设东向北向进出川综合运输大通道，统筹推进成渝地区双城经济圈北翼振兴，全力做好疫情防控和经济社会发展工作。重点从以下方面展开。

（一）坚持科学规划引领，擘画川东北发展新蓝图

坚持顶层设计和统筹协调，充分发挥规划战略引领作用，抓住“十四五”发展规划编制重大历史机遇期，积极推进川东北、渝东北地区一体化发展，按照国、省战略定位和重点支持领域，加强水利设施建设、资源开发利用等经济社会发展重大课题研究力度，编制完成《川东北经济区“十四五”振兴发展规划》，配合开展《川陕革命老区振兴发展规划》修编；积极支持广元市、南充市编制《阆苍南一体化协同发展总体战略规划》《阆苍南一体化协同发展国土空间专项规划》，推动两地整合优势资源禀赋，优化产业布局，打造县域协同发展示范区。

（二）完善现代基础设施，强化发展支撑保障

坚持完善现代基础设施体系，加快出川综合运输大通道建设，大力推进成达万、汉巴南、渝西高速铁路建设及广巴铁路扩能改造，有序建设绵巴万高速、京昆高速公路扩容、成南高速公路扩容等项目；加快高坪、阆中机场建设，推动巴中恩阳机场航线扩展。积极推进嘉陵江利泽航电枢纽等航运配套工程，推动南充港、广元港等与重庆两路寸滩保税港区协同合作发展，加快升钟水库灌区二期等大中型水利工程建设，加强嘉陵江、渠江干支流防洪治理。稳步推进普光气田，元坝—阆中—南充输气通道等建设，共同完善油气支线、城镇燃气管网和调峰储气设备。加快南充川东北云计算中心等项目建设，大力开展数字城市、智慧城市建设，构建新型基础设施体系。

（三）加快发展现代产业，着力推动高质量发展

坚持产业政策和区域政策相结合，加快发展一批独具标志性辐射带动作用强的区域性特色优势产业集群。做优现代农业，依托南充丝绸纺织集群、巴中道地药材全产业基地等，共建一批现代农业示范园区，加强“南充嘉作”“巴食巴适”等区域公用品牌影响力。做强新型工业，大力发展特色优势产业和战略性新兴产业，引导南充吉利商用车、广元千亿级铝产业等产业集聚集群集约发展。做活现代服务业，加快推进秦巴物流园区、川东北金融中心二期、华蓥山旅游综合开发等项目，推动生产性服务业向专业化和价值链高端延伸、生活性服务业向高品质和多样化升级。

（四）积极扩大对外开放，激发区域发展活力

坚持推进深层次改革和高水平开放，深度融入成渝地区双城经济圈、共建“一带一路”、长江经济带建设等国家布置，持续推动万达开川渝统筹发展示范区、川渝合作高滩园区建设，加速推进嘉武东西协作共建示范产业园、广安（深圳）产业园，探索建立秦巴山区协同发展联盟，充分利用经济区毗邻重庆、陕西、甘肃的独特区位优势和“川渝共同产权市场互联网平台”等各级各类重大展会活动平台，加强与成都平原经济区、川南经济区等其他区域的协作联动，实现差异化错位式发展。

（五）聚焦聚力城乡统筹，实施乡村振兴战略

坚持统筹城乡发展，做好乡镇行政区划调整和村级建制调整“两项改革”后半篇文章，进一步培育县域经济强县、先进县、进步县，做大做强中心镇、重点镇，构建现代城镇体系。深入实施乡村振兴战略，依托西充县、苍溪县、岳池县 3 个国家农村产业融合发展示范园，积极支持五市申报创建第三批国家农村产业融合发展示范园，加快嘉陵区、西充县、宣汉县等高标准农田项目建设，联合推进农村人居环境整治提升计划、“厕所革命”和畜禽粪污资源化利用工作，推动巩固脱贫攻坚成果同乡村振兴有效衔接。

（六）践行绿色发展理念，统筹生态文明建设

坚持生态优先、绿色发展，加快落实《推进生态文明建设合作协议》，深入推进嘉陵江流域综合保护开发，协同建设嘉陵江、渠江绿色生态廊道。强化重点领域污染治理，有序推进大气、水环境、土壤污染治理，深入实施河长制、湖长制、林长制，联合开展流域沿岸工业（化工）企业污染整治，推动入河排污口、环境风险隐患点等协同管理，共建长江上游生态安全屏障。

（七）持续保障改善民生，更好增进人民福祉

坚持在发展中保障和改善民生，强化就业优先政策，充分依托四川公共就

业创业扶贫服务管理信息系统 V2.0 版，大力发展“互联网+就业服务”。强化社会保障水平，大力推广“四川医保”APP 备案，加快完善社保转移接续、医保异地就医联网结算。聚焦教育、医疗等重点领域，依托西华师范大学等教育资源，鼓励区域内民办学校、教育培训机构等互设分校和分支机构，利用南充朱德故居、广安邓小平故里等红色教育资源，协同开展干部革命传统教育；依托川北医学院专科学校等医疗资源，积极探索区域内医院（医疗机构）跨区转诊合作和医学检验互认；依托川东北文旅产业发展联盟，加快开发《梦回巴国》等巴蜀、三国文化产品，打造区域文旅品牌。

2020 年攀西经济区转型升级加快发展情况及 2021 年展望

四川省发展改革委产业发展处

2020 年，按照省委“一干多支”发展战略对攀西经济区转型升级目标定位以及攀西经济区联席会议第四次会议工作部署，攀西经济区联席会议办公室制定印发攀西经济区转型升级 2020 年重点任务清单，组织实施 8 个方面 33 项重点工作任务。面对新冠疫情冲击与错综复杂的宏观经济形势，攀西经济区以重大产业项目、交通项目为抓手，秉持生态优先、绿色发展理念，统筹打好疫情防控、经济恢复、脱贫攻坚“三场硬仗”，各项重点工作稳步推进，经济社会保持了总体平稳的良好发展态势。2020 年，攀西经济区实现地区生产总值 2773.97 亿元，同比增长 3.9%，增速较 2019 年回落 3.1 个百分点；地方一般公共预算收入同比增长 5.5%。攀枝花市城镇居民人均可支配收入 44209 元，同比增长 5.6%，增速较 2019 年同期回落 3.1 个百分点；农村居民人均可支配收入 19938 元，同比增长 8.6%，增速较 2019 年同期回落 1.2 个百分点。凉山州城镇居民人均可支配收入 34636 元，同比增长 4.8%，增速较 2019 年同期回落 3.8 个百分点；农村居民人均可支配收入 15232 元，同比增长 9.5%，增速较 2019 年同期回落 1.3 个百分点。

一、2020 年重点任务推进情况

（一）强化科技和项目支撑，攀西试验区建设取得显著成效

一是前四批共 41 项重大科技攻关项目通过省科技厅材料结题验收，加速启动第五批科技攻关项目论证储备。二是创新平台建设稳步推进，国家钒钛新材料产业创新中心持续完善组建方案和相关条件，力争向国家申报。江铜稀土省级工程技术研究中心加快前期建设。三是积极推动重大产业化项目，起点稀土、立宇公司钛精矿等项目取得良好经济效益。攀钢集团综合利用项目加快推进。四是“两城”建设有序推进，攀枝花东区高新技术产业园区经省政府批复同意成为省级高新区。

（二）实施特色农业基础工程，现代特色农业示范区建设迈上新台阶

一是大力推动优势产业绿色高效高质量发展。2020年，两市（州）蔬菜播种面积169万亩，同比增加3%；产量424万吨，同比增加4.2%；产值111亿元，同比增加4.7%。特色水果新发展9.2万亩，生猪出栏499.81万头。凉山州奶油果新建标准化示范基地1200亩，桑蚕茧成功命名中国特色特色农产品优势区。攀枝花市阳光米易蔬菜特色农产品优势区建成米易现代农业大数据服务中心。米易县成功申报为省级有机产品认证示范创建县，积极开展“国家有机产品认证示范县”创建工作。盐边县桑蚕茧特色农产品优势区桑树母本园建成。二是梯次推进现代农业园区建设，多层次多类型园区梯级提升，竞相发展。攀枝花市建设1个省四星级园区、3个省级培育园区、6个市级园区、20个县级园区。凉山州西昌、德昌等5个园区成功纳入省级现代农业园区培育项目。宁南县整治加快推进省级四星蚕桑园区提星升级。西昌桑蚕种业等4个州级现代农业园区有序推进。三是大力创建省级农产品质量安全监管示范县，加快农产品品牌培育工作，凉山州绿色食品已获证5个，米易县创建省级农产品质量安全监管示范县，前期工作持续推进。四是大力实施高标准农田建设工程，保障粮食生产能力。两市（州）完成47.4万亩高标准农田建设，其中高效节水灌溉4.6万亩。

（三）推动农文旅融合发展，康养旅游产业不断培育壮大

一是高标准打造国际阳光康养休闲度假旅游目的地，红格国际运动康养·温泉度假区重要节点景观初步呈现，基础设施建设稳步推进。中国邛海17度乐古浪国际旅游度假区一、二期项目全面开展建设，重要景观节点已经完成建设并投入运营。二是支持建设邛海国家湿地公园，大力实施重点湿地保护修复工程，启动邛海生态监测站网等建设项目，持续推进西昌市环邛海人工湿地提升改造项目。“三江”国家水电公园等文旅综合体建设加快。三是积极支持米易、盐边、会理等县创建天府旅游名县，米易县已被命名为第二批天府旅游名县。

（四）推进能源开发项目建设，新型清洁能源基地建设加快

一是水电方面，白鹤滩、杨房沟水电站主体工程建设加快推进，乌东德水电站首批机组全部投产，金沙水电站首台机组投产发电，卡拉水电站前期工作准备完成，已开工建设。二是风电光伏方面，仁和黄桷桠14台机组已并网发电，普格乌科梁子13万千瓦风电场等风电项目建设有序推进。三是加快推进水电消纳产业示范区建设，进一步降低企业生产成本，2020年，两市州纳入水电消纳示范区企业共66家。四是统筹推进四川水电外送通道建设，雅中—江西±800千伏特高压直流输电工程（四川段）持续推进。

（五）补齐基础设施短板，南向开放门户建设取得积极进展

一是铁路方面，成昆铁路扩能改造加快推进，米易至攀枝花段建成通车，已完成攀枝花—大理—丽江段高速铁路可行性研究报告、宜宾—西昌—攀枝花铁路预可研编制工作。二是高速公路方面，宜宾至攀枝花高速公路攀枝花段加快推进，攀枝花至大理高速公路（四川境）已于 2020 年 12 月 6 日建成通车。西昭高速、西香高速加速前期工作。三是机场方面，西昌青山机场改（扩）建项目持续推进，攀枝花机场迁建前期工作加快，力争“十四五”开工建设。四是水利工程方面，基本建成德昌和平水库，加快建设大桥水库灌区二期、龙塘水库及灌区、大桥水库引水等大中型工程。开工竹寿水库扩建工程，加快米市、横山、东河、老街子、两岔河水库等大中型工程前期工作。

（六）扎实推进各项任务，决战决胜脱贫攻坚

一是强化脱贫攻坚挂牌督战，接力打好“五场战役”，凝心聚力开展“百日攻坚”，2020 年拟脱贫 3.7 万户“六有”，拟退出 300 个贫困村“七有”，拟摘帽 7 个贫困县“乡三有”达标项目建设全面完工，凉山州 7 个贫困县实现脱贫摘帽。二是完成攀枝花市剩余凉山自发搬迁贫困人口脱贫。全市建档立卡贫困人口动态调整为 10749 户 44353 人，均达到现行脱贫标准，全市贫困村、贫困人口减贫目标任务全面完成。

（七）深入优化国土空间布局，统筹城乡发展

一是持续推进国土空间规划编制工作。攀枝花市完成城市总体规划和土地利用总体规划评估与底图底数整理等基础研究工作，完成生态保护红线划定等系统规划初步方案。凉山州州级国土空间规划编制形成“双评价”初步成果，“一张图”平台建设的基础工作有序推进，17 个县市国土空间规划编制加快前期工作。二是深入推进百镇建设，攀枝花市 2 个试点镇开展验收准备工作。凉山州启动第二批“百镇建设行动”扩面增量工作新增 4 个试点镇。三是加大土地整理力度，推进深度贫困地区增减挂钩指标跨省交易。凉山州实施一批土地整理项目，乌蒙山子项目已全面完成验收。攀枝花市修订完善《攀枝花市土地整治项目和资金管理实施细则》，已完成 9 个项目现场验收，3 个项目正在开展验收准备工作。

（八）着力生态保护，区域生态环境持续改善

一是合力开展申报工作。两市州共同申报安宁河流域山水林田湖草生态保护修复项目，合并编制《长江上游四川省攀西地区金沙江—安宁河流域山水林田湖草生态保护修复工程实施方案》，上报自然资源部备案。二是深入开展大规模绿化攀枝花、凉山行动。全年计划完成 22 万亩营造林任务，截至 2020 年

底已完成16万亩，完成率72.7%；计划实施2000亩重点生态脆弱区综合治理，截至2020年底，已完成1410亩，完成率70.5%；截至2020年底全市新增森林面积2万亩，新增森林蓄积53.6万立方米。

二、2021年工作总体安排

一是发挥独特资源优势加快培育特色产业。用好用活试验区先行先试政策，持续推进战略资源关键核心技术攻关和科技成果转化应用，延伸拓展钒钛、稀土深加工及应用，擦亮国家战略资源创新开发试验区这块“金字招牌”。落实省委省政府加快安宁河谷地区综合开发相关决策部署，充分发挥攀西气候、光热、农业、文旅等资源优势，加快建设国内知名的现代特色农业示范区，打造世界彝族文化旅游中心和国际阳光康养休闲度假旅游目的地。统筹水能、风能、太阳能、生物质能等新能源开发，加快建设千亿级清洁能源产业集群和全国重要的清洁能源基地。

二是深化交流合作构建区域协同发展新格局。持续深化攀凉两地合作，在产业配套、通道建设、生态环境、公共服务等领域务实推动合作协议落地落实，谋划建设一批重大标志性合作示范工程，形成发展合力。扩大区域对内对外开放，加强与省内其他经济区、周边省市交流合作，引导各类投资主体和资本要素在攀西经济区集聚发展。

三是加快重大交通基础设施建设破解发展瓶颈。加强与周边地区协调联动，大力拓展进出口、提速内循环，突出抓好交通干线建设，加快构建四川南向开放区域性综合交通枢纽，以大交通引领大开发大发展。同时，利用好国家支持凉山深度贫困地区交通建设的利好政策，全面提升县际骨干道路、乡村道路衔接能力，努力打造高效、便捷、通畅、安全的区域交通网络互联互通。

四是巩固脱贫攻坚成果全面推动乡村振兴。严格落实中央提出的“四个不摘”要求，健全防止返贫监测帮扶机制，继续对脱贫人口、脱贫村、脱贫县开展动态监测，持续跟踪收入变化和“两不愁三保障”巩固情况，及时发现，及时帮扶，严防因病因灾返贫。继续深化在脱贫工作期间的产业发展、项目培育等工作，助力乡村振兴战略。

五是着力加强生态保护提升可持续发展能力。积极践行绿色发展理念，坚决落实长江经济带“三线一单”和负面清单，统筹产业布局、资源开发与生态环境保护，严格落实主体功能区规划，建立完善污染联防联控机制，统筹实施水土流失治理、重金属污染治理、矿山生态恢复等专项工程，共同抓好安宁河、雅砻江水资源保护，持续改善区域生态环境质量，筑牢长江上游重要生态屏障。

2020年川西北生态示范区建设情况及2021年工作打算

四川省发展和改革委员会民族地区经济处

2020年，川西北生态示范区认真学习习近平总书记在深入推动长江经济带发展座谈会、黄河流域生态保护和高质量发展座谈会、中央财经委第六次会议上的重要讲话精神，深入贯彻“一干多支、五区协同”战略部署和省委十一届七次、八次全会精神，坚持生态优先、绿色发展，紧扣川西北生态示范区发展定位，科学谋划部署，扎实抓好各项工作落实。2020年，川西北生态示范区经济运行平稳向好，实现地区生产总值（GDP）822.36亿元，增速实现正增长。

一、2020年工作进展情况

（一）生态保护和环境治理成效明显

一是加强生态保护。坚持山水林田湖草系统治理、集中治理，2020年中央、省级财政共安排生态补助资金约26亿元，在川西北片区实施一批退耕还林还草、荒漠生态治理、森林质量精准提升、退化草地治理、退化湿地修复等重大生态工程，恢复与保护湿地9.6万亩，沙化土地治理6.8万亩，对3116万亩集体和个人所有公益林实施森林生态效益补偿，片区生态安全体系进一步稳固。推进落实《森林草原防灭火标本兼治总体方案》，深入开展川西北片区森林草原防灭火专项整治，建立健全科学高效的预防体系和快速反应的扑救体系，加强扑火队伍建设，高标准布局建设防火通道、林火阻隔网络。

二是强化流域治理。组织编制黄河流域生态环境保护规划、川西北片区“十四五”及中长期生态环境保护规划。全面落实河长制湖长制，开展河湖清“四乱”专项行动和河道采砂专项整治等专项行动。加大中央和省生态环保督查发现问题整改力度，川西北片区426个发现问题全部完成整改。加强流域环境质量监测，建设流域空气、水体、土壤等环境监测点位839个。实施岷江、雅砻江、大渡河等主要江河及中小河流防洪治理工程，建设堤防护岸21千米，治理河长63千米。加强水土保持重点工程建设，完成综合治理水土流失面积1140平方公里。

三是积极创新试点。针对川西北生态示范区建设发展目标和主要任务，研究制定《川西北生态示范区建设水平评价指标体系》。组织开展大熊猫国家公园体制试点，积极推进管理机构建设和国家公园内自然保护地整合。启动若尔盖湿地国家公园设立方案等报告编制，编制完成《若尔盖湿地国家公园前期工作方案》。积极指导川西北片区部分县（市）创建国家生态文明建设示范县和“两山”基地，九寨沟县成功创建第四批国家生态文明建设示范县。

（二）特色生态经济逐步发展壮大

一是加快发展文化旅游。坚持继承与保护、融合与创新并重，深入挖掘文化资源，文旅融合加快发展，大九寨、大草原、大熊猫、大贡嘎、大香格里拉等旅游品牌影响力持续提升。九寨沟灾后重建顺利完成。创新发展“农业+旅游”“水利+旅游”“康养+旅游”等新模式，阿坝州理县等7个县，甘孜州康定市、泸定县被纳入首批四川省全域旅游示范区创建单位名录，汶川县、九寨沟县、松潘县成功创建首批省级全域旅游示范区。稻城亚丁景区获评5A级旅游景区，阿坝州新评7家4A级旅游景区，甘孜州新评8家4A级旅游景区，汶川县水磨镇、道孚县八美镇成功创建文旅特色小镇，海螺沟古道别院被评为全国首批五星级民宿。

二是积极培育特色农牧业。大力发展高原牦牛、藏系绵羊等系列牧业产品，布局建设26个牦牛生产基地县、7个羊产业基地县和31个草产业基地县，建成牧区优良人工饲草基地78个，完成牦牛（羊）养殖标准化建设104个。加快建设省级现代农业产业融合示范区，积极开展“三品一标”创建、中国品牌价值评价和中欧地理标志互认等工作，川西北片区“三品一标”产品已达216个，“净土阿坝”“圣洁甘孜”品牌影响力不断提升。持续推进农村电商和商贸流通体系建设，实现农特产品销售线上线下一体化发展。

三是做大做强飞地园区。落实川西北地区与内地共建飞地园区等跨区域合作项目奖励政策，筹建绵阳—阿坝、遂宁—阿坝飞地园区。实施“清洁能源全额消纳”计划，支持飞地园区、地方发供电企业通过打包团购深化发供用三方直接交易合作，降低输配电价。建立东西部扶贫协作对口消纳清洁能源合作机制。2020年成阿、德阿、成甘、甘眉园区预计实现总产值390余亿元，累计落户企业约415家。

（三）内联外达通道基本形成

一是铁路方面。川藏铁路雅安至林芝段开工建设，成西铁路动员开工，成兰铁路主体工程建设有序推进。

二是公路方面。继续实施藏区交通大会战，汶马高速预计年底全线通车，马久、绵九、康定过境段高速加快建设，普通国省道在建项目加快推进，除得荣、乡城外所有县到州府均有三级及以上公路连接，川西北片区所有乡镇和建制村通硬化路。

三是机场和山地轨道交通方面。红原机场、康定机场、稻城亚丁机场运营能力进一步提升，九寨黄龙机场第四期改扩建工作加快推进。都江堰至四姑娘山山地轨道交通扶贫项目开工建设。

(四) 民生保障投入不断加大

一是脱贫成效更加巩固。川西北片区在 2019 年 31 个贫困县全部摘帽、贫困村全部退出、贫困人口减少到 0.24 万人、贫困发生率降至 0.1%的基础上，大力推进脱贫攻坚与乡村振兴有机衔接，继续推动东西部扶贫协作和对口支援、省内对口帮扶、定点帮扶等工作，激发贫困群众内生动力，大力发展富民增收产业，全年共落实广东、浙江对口支援年度帮扶资金 15.48 亿元，实施帮扶项目 330 个，有力保障了脱贫攻坚成效巩固。

二是教育软硬件水平不断提升。深入推进教育扶贫攻坚行动，改善川西北片区基本办学条件，新建校舍 11 万平方米，加强师资建设，选派帮扶教师 800 余名，实施义务教育“三免”政策，累计投入帮扶资金 3.04 亿元。实施民族地区教育发展十年行动计划，印发 2020 年度实施方案，下达帮扶资金 2.53 亿元。实施免费职业教育计划，深入推进职业教育东西部扶贫协作，积极组织引导贫困家庭子女到东部职业院校就读。

三是卫生服务能力明显增强。认真落实党中央、国务院和省委、省政府决策部署，组织专门力量积极应对甘孜州道孚县新冠肺炎疫情。着力提升州、县级医院能力，加强疾病预防控制，积极推动医联体建设，全力推进基层医疗卫生机构标准化建设。持续实施基层中医药服务能力提升工程，持续开展寺庙“三送”“三进”活动。印发《四川省包虫病防治健康教育及健康促进三年行动计划（2020—2022 年）》，针对不同人群、不同场所，全面开展包虫病防治健康教育及健康促进，不断加大包虫病综合防治。

四是社会保障覆盖面更加广泛。扎实做好稳就业、保就业工作，全面落实稳就业政策，着力抓好企业用工保障、重点群体就业保障，实现川西北片区城镇新增就业人数分别为 6300 人、5133 人，城镇登记失业率保持在控制目标以内。川西北片区 2017 级“9+3”学生初次就业率达 98.02%。采取针对性扩面措施，着力解决群众不愿参保、不便参保等问题，促进应保尽保，实现川西北片区基本养老保险参保人数分别为 53.58 万人、66.67 万人。

二、2021 年工作打算

深入学习贯彻省委十一届八次全会精神，抢抓“十四五”规划开局机遇，加强与成渝双核、区域中心城市的功能协作，着力形成成渝地区双城经济圈建设的功能配套基地，全力打造国家生态文明建设示范区、国家全域旅游示范区和国际生态文化旅游目的地，切实筑牢长江黄河上游生态屏障。

一是抓好省委十一届八次全会精神落实。紧紧围绕省委十一届八次全会确定的“十四五”规划和 2035 年远景目标，加大与成渝地区双城经济圈建设规划纲要、黄河流域生态保护和高质量发展规划纲要、中央涉藏工作意见等衔接，结合川西北生态示范区建设实际，统筹当前和长远、现实与可能，集思广益、群策群力，抓紧编制川西北生态示范区“十四五”发展规划，科学确定规划目标任务，确保规划一张蓝图绘到底，推动党中央和省委决策部署在川西北地区落地生根。

二是突出生态环境保护。开展生态共建，统筹山水林田湖草系统治理，全面深入落实河（湖）长制，协同加强推进长江上游生态保护修复，强化黄河上游水源涵养补给生态功能，加强自然保护区、重要水源地等生态空间保护，推进区域内重点流域生态廊道建设；推进环境共保，严格实行负面清单管理，统一保护标准和环境准入政策，推进生态环境数据共享、突发环境事件联合应对，深化跨区域跨流域生态环境保护合作，探索建立常态化生态补偿机制，加强协同立法和联合执法，共建生态优先绿色发展的生态文明样板区。

三是抓好高质量发展。围绕巴蜀文化旅游走廊、成渝现代高效特色农业带建设，大力发展生态经济，推进绿色低碳发展。以交通物流、产业体系、对外开放、公共服务等领域为抓手，围绕重点任务合力攻坚，不断优化法治环境、市场环境和社会环境。继续巩固提升脱贫成果，扎实推进脱贫与乡村振兴有效衔接。深入开展森林草原防灭火专项整治，做好防汛救灾、安全风险防范化解、纠纷隐患排查等工作。深入推进城乡基层治理、涉藏地区依法治理，健全城乡基层公共安全体系，不断提高便民利民惠民水平。

四是强化保障落实。充分发挥川西北生态示范区联席会议办公室统筹协调作用，科学制定年度重点工作计划，实行“清单制+责任制”，以考核“指挥棒”为导向，强化组织保障，严格督促检查，倒逼各项任务落地落实。

2020 年成都市经济形势分析及 2021 年展望

李梦宇　陈纱岚

2020 年以来，成都市抢抓成渝地区双城经济圈建设战略机遇和后疫情时代产业复苏升级的重要窗口期，积极融入“双循环”、唱好“双城记”，在常态化疫情防控下扎实做好“六稳”工作，全面落实“六保”任务，聚力推动经济高质量发展，全年全市 GDP 增速提高至 4%，经济运行自 2 月以来整体呈现出稳步回升的向好态势，经济的韧性和潜力不断彰显。2021 年，虽然全市经济面临外部不确定性依然较大，同时，市场信心重新建立、社会需求全面恢复、企业经营效益明显改善等仍将是一个长期持续的过程，但随着成渝地区双城经济圈建设等战略机遇和政策红利不断释放、新经济新动能强劲发展、“新基建”“补短板”领域投资持续加快，全市经济长期向好发展的积极因素和强大势能也将不断积累，经济有望呈现稳中提质的发展态势。

一、2020 年成都市经济运行情况

（一）产业发展新动能持续发力，先进制造业、现代服务业是引领供给侧回升的主要支撑

1. 先进制造业引领产业发展回暖

二季度以来，随着疫情防控进入常态化阶段，企业积极加快生产弥补疫情停工的影响，全市工业生产延续了边际改善态势。2020 年全市规模以上工业增加值同比增长 5%，较一季度、上半年、三季度分别提高 6.9、2.6、1.5 个百分点，较全国高 2.2 个百分点、较全省高 0.5 个百分点。其中，电子信息产业增长 14.4%，高技术制造业增加值增长 11.8%，均拉动全市规模以上工业增加值增长 3.5 个百分点，集成电路、太阳能电池、新能源汽车等新兴产品产量增长 31.0%、68.1%、18.2%，以电子信息、高端装备、新能源新材料为代表的高技术制造业驱动作用明显。同时，重点企业贡献加大。2020 年全市 30 户工业龙头企业产值增长 5.1%，其中京东方、戴尔、纬创等 6 户企业产值增速超过 30%。

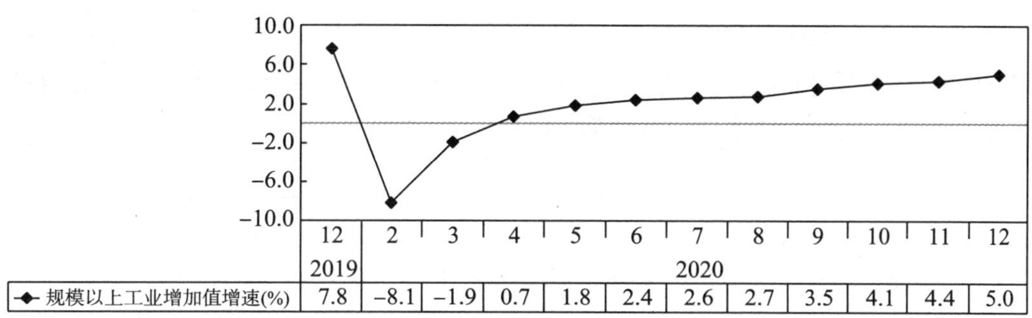

图 1 2019 年 12 月—2020 年 12 月成都市规模以上工业增加值增速走势情况[①]

2. 现代服务业加速回暖

随着疫情防控成效持续巩固，服务业复商复市逐步加快，2020 年全市累计实现服务业增加值 11643 亿元，同比增长 3.6%，较一季度、上半年、三季度分别提高 6.4、3.8、1.0 个百分点，服务业整体呈现出持续回暖发展态势。其中，休闲娱乐、餐饮住宿、旅游等人员聚集型、接触型服务业加快恢复。12 月全市电影票房已恢复至 9775.4 万[②]，是 9 月的 1.2 倍。同时批发零售业、住宿餐饮业增加值降幅分别较上半年收窄 7.5、17.8 个百分点。此外，生产性服务业增长有所加快，其中信息传输、软件和信息技术服务业、金融业增加值分别增长 27.3%、7.7%，对经济增长的贡献率分别达 35.7%、21.4%，其中，金融业贡献率较 2019 年提高 13.6 个百分点。

3. 农业生产总体平稳

2020 年，成都市大力实施“米袋子”“菜篮子”强基行动，都市现代农业生产保持稳定。全年全市一产业增加值增长 3.3%，较一季度、上半年、三季度分别提高 5.3、3.2、2 个百分点。种植业生产平稳，全年粮食作物播种面积增长 0.6%，粮食总产量增长 0.9%，实现 10 年内首次正增长；经济作物产量增长 0.6%。生猪产能持续恢复，随着生猪养殖利好政策逐步落实，生猪出栏 400.4 万头，增长 8.4%。农业生产条件持续改善，建成高标准农田 25.1 万亩、高效节水灌溉面积 3.1 万亩。

4. 新经济新动能保持强劲发展态势

2020 年，成都市加快推进企业通过 5G+、大数据+、人工智能+等新技术赋能传统产业，积极培育新业态新模式，促使新经济保持强劲发展态势。根据财新 BBD 的报告显示，2020 年 12 月，成都市新经济总量在全国排名第 7，

① 2020 年 1 月数据未公布，故本文图表不收录此月数据。

② 电影票房数据来源于猫眼电影专业版 APP 的公开数据。

明显领先武汉、重庆、西安等中西部地区城市。根据 21 世纪经济报道、21 财经 APP 联合知乎和快公司共同发布的《中国潮经济 · 2020 网红城市百强榜单》显示，成都网红指数达 85.88，在全国排名第 6。

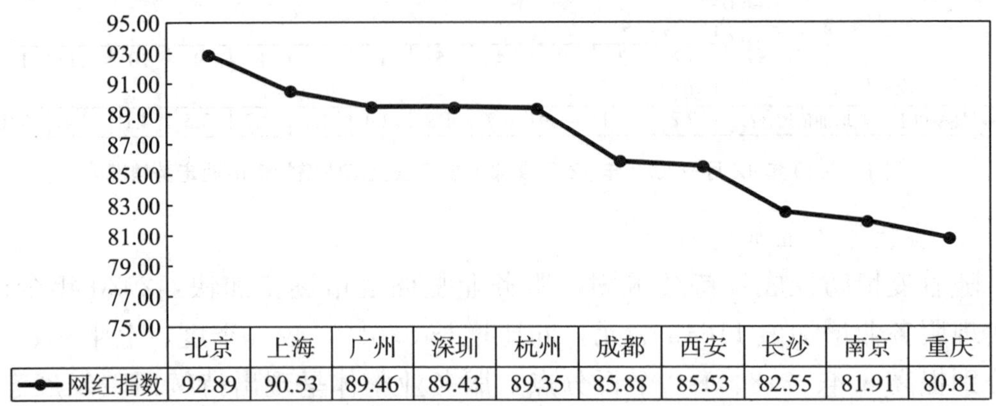

图 2　2020 年网红城市百强榜单前 10 名城市情况

(二) 内外需求新活力不断释放，消费、投资领域需求持续回补是推动需求侧修复改善的重要动力

1. 社会消费温和回补

2020 年，成都市社会消费品零售总额达 8118.5 亿元，增速虽下降 2.3%，但降幅连续 10 个月保持收窄态势，且增速分别高于全国、全省 1.6、0.1 个百分点。其中，网络零售额同比增长 13.4%，较社会消费品零售总额增速高 11.1 个百分点；餐饮消费渐趋向好，12 月份限额以上餐饮收入增长 17.3%，连续 6 个月单月两位数增长；消费升级类商品销售较好，其中，可穿戴智能设备、智能家用电器和音像器材类、新能源汽车零售额分别增长 164.6%、35.9%、38.7%。

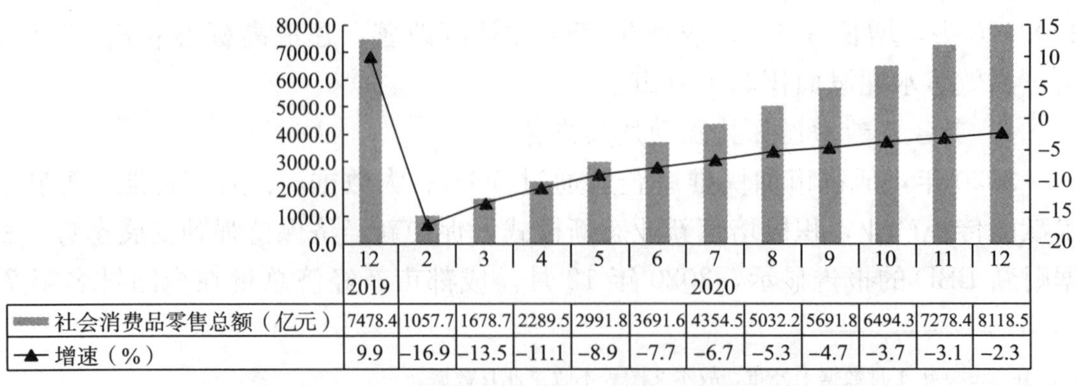

图 3　2019 年 12 月—2020 年 12 月成都市社会消费品零售总额走势情况

2. 重点领域投资支撑有力

2020年全市固定资产投资额同比增长9.9%，增速高于全国7个百分点、与全省持平，连续10个月保持回升态势。其中，服务业投资、工业投资增速分别为12.6%、2.9%，均保持了自2020年2月以来逐月回升的发展态势；基础设施投资、房地产投资分别增长14.3%、9.2%，是拉动全市投资增长的主要力量；四川天府新区、"东进"区域投资分别增长15%、8.4%，为全市投资增长提供了有力支撑。

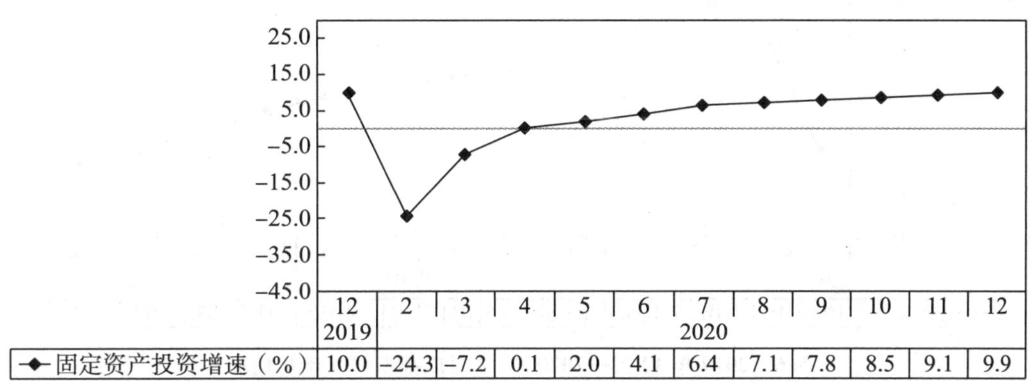

	12 2019	2 2020	3	4	5	6	7	8	9	10	11	12
固定资产投资增速（%）	10.0	−24.3	−7.2	0.1	2.0	4.1	6.4	7.1	7.8	8.5	9.1	9.9

图4 2019年12月—2020年12月成都市固定资产投资走势情况

3. 对外贸易继续保持高速增长

2020年，全市进出口总额达7154.2亿元，增长22.4%，增速虽较上半年、三季度分别下降1.1、2.9个百分点，但较一季度提高8.3个百分点，其中，进口额、出口额分别增长20.7%、23.7%，对"一带一路"沿线国家和地区、欧盟、东盟贸易额分别增长29.9%、30.1%、20%，对外贸易整体增势良好。

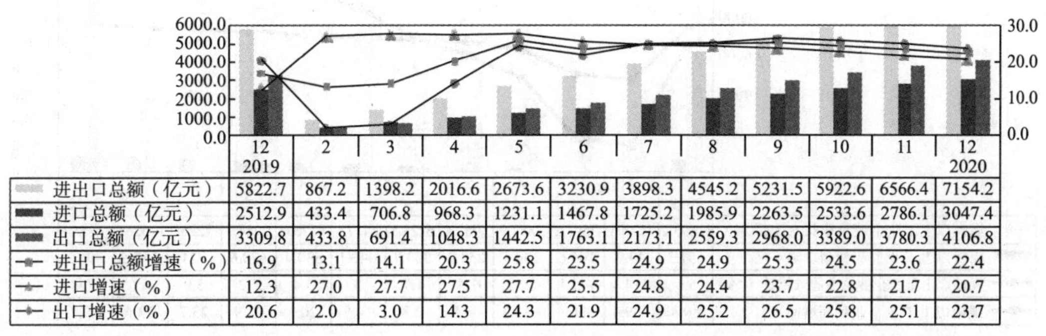

	12 2019	2	3	4	5	6	7	8	9	10	11	12 2020
进出口总额（亿元）	5822.7	867.2	1398.2	2016.6	2673.6	3230.9	3898.3	4545.2	5231.5	5922.6	6566.4	7154.2
进口总额（亿元）	2512.9	433.4	706.8	968.3	1231.1	1467.8	1725.2	1985.9	2263.5	2533.6	2786.1	3047.4
出口总额（亿元）	3309.8	433.8	691.4	1048.3	1442.5	1763.1	2173.1	2559.3	2968.0	3389.0	3780.3	4106.8
进出口总额增速（%）	16.9	13.1	14.1	20.3	25.8	23.5	24.9	24.9	25.3	24.5	23.6	22.4
进口增速（%）	12.3	27.0	27.7	27.5	27.7	25.5	24.8	24.4	23.7	22.8	21.7	20.7
出口增速（%）	20.6	2.0	3.0	14.3	24.3	21.9	24.9	25.2	26.5	25.8	25.1	23.7

图5 2019年12月—2020年12月成都市对外贸易走势情况

（三）经济发展质量效益稳步提升，经济发展的韧性进一步彰显

1. 居民消费价格水平稳中回落

2020 年全市 CPI 上涨 2.5%，涨幅自 3 月起连续 10 个月回落，其中，食品烟酒类价格指数上涨 10.2%，较三季度回落 3.6 个百分点。随着疫情对食品和服务价格的影响逐步弱化，猪价上涨动力进一步趋弱，后续 CPI 走势将大概率延续稳中回落发展态势。

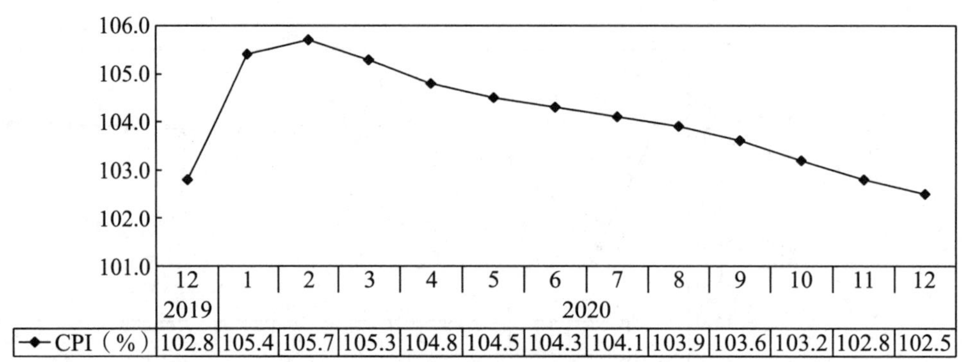

	12 (2019)	1 (2020)	2	3	4	5	6	7	8	9	10	11	12
CPI（%）	102.8	105.4	105.7	105.3	104.8	104.5	104.3	104.1	103.9	103.6	103.2	102.8	102.5

图 6　2019 年 12 月—2020 年 12 月成都市 CPI 走势情况

2. 企业效益继续改善提高

2020 年，成都市规模以上工业企业营业收入、规模以上工业企业利润分别达 14181.6、896.3 亿元，同比分别增长 7.9%、29.5%，呈现出持续回升发展势头，其中规模以上工业利润增速较去年同期、上月分别提高 30.4、5.9 个百分点，工业企业利润情况明显改善。

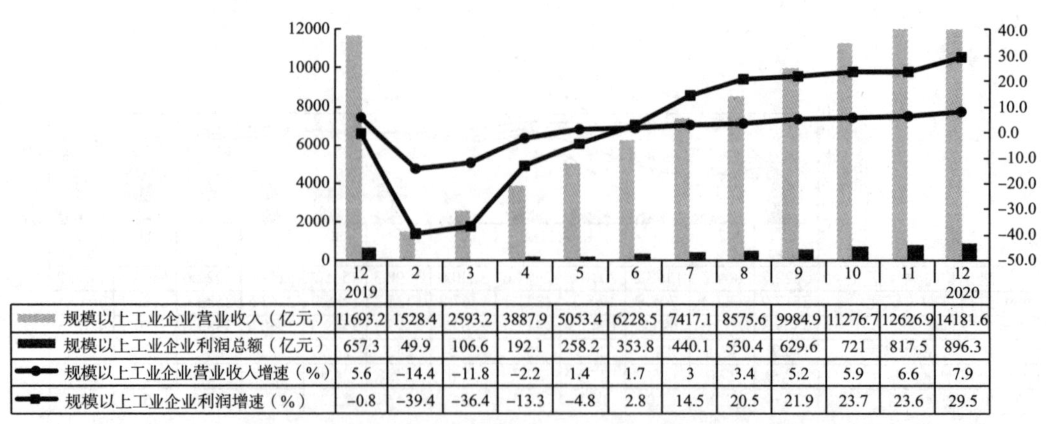

	12 (2019)	2	3	4	5	6	7	8	9	10	11	12 (2020)
规模以上工业企业营业收入（亿元）	11693.2	1528.4	2593.2	3887.9	5053.4	6228.5	7417.1	8575.6	9984.9	11276.7	12626.9	14181.6
规模以上工业企业利润总额（亿元）	657.3	49.9	106.6	192.1	258.2	353.8	440.1	530.4	629.6	721	817.5	896.3
规模以上工业企业营业收入增速（%）	5.6	−14.4	−11.8	−2.2	1.4	1.7	3	3.4	5.2	5.9	6.6	7.9
规模以上工业企业利润增速（%）	−0.8	−39.4	−36.4	−13.3	−4.8	2.8	14.5	20.5	21.9	23.7	23.6	29.5

图 7　2019 年 12 月—2020 年 12 月成都市规模以上工业企业营业收入、利润总额走势情况

3. 营商环境不断优化提升

2020年以来，成都市持续优化提升营商环境，8月，成都不仅获评为2020国际化营商环境建设标杆城市[①]，同时，在2020年世界城市榜单[②]中，成都已位居世界二线强城市（Beta＋）榜第9位，较2018年上升了7位，成为唯一入选Beta＋榜的中国城市。

二、值得关注的问题

（一）疫情对社会消费的持续冲击仍未完全消除，居民消费活力有待进一步激发

随着疫情防控成效持续巩固，经济社会秩序逐步恢复，消费新场景新模式不断涌现，全市社会消费品零售总额增速环比逐月回升，并于2020年三季度首次实现当季增速由负转正，但与2019年同期相比，总体仍然处于低位运行水平。值得注意的是，疫情对居民收入、消费意愿等方面的负面影响仍在持续，社会消费的全面恢复仍是一个较长期的过程，并可能成为拖累经济增长的重要因素。

（二）外部需求严重萎缩叠加内部需求恢复缓慢，后续工业持续快速扩张面临一定阻力

得益于疫情后复工复产的强力推进和企业回补库存积极性增强等有利因素，全市生产端呈现快速恢复态势。但值得注意的是，经济需求端整体恢复仍然相对滞后，如果社会需求无法充分消纳前期扩张带来的产能增加，加上高度不确定的中美经贸关系及持续恶化的外部经济环境带来的外部需求持续萎缩，将一定程度影响企业市场预期，进而降低工业企业持续扩大投资及生产的积极性。

（三）服务业增幅较同类城市相对偏低，生产性服务业及产业数字化发展有待进一步加快

2020年，全市服务业增速在全国副省级城市中仅排名第8位，分别较厦门、杭州、西安低1.9、1.4、0.6个百分点。具体来看，服务业结构不优尤其是生产性服务业发展相对不足，以及服务业数字化水平偏低是制约服务业扩量提质的重要因素，如全市信息传输软件和信息服务业占经济总量比重低于杭州

---

① 2020国际化营商环境建设标杆城市由《人民日报》《环球时报》于8月30日在《2020年中国城市营商环境发展评估报告》中发布。

② 2020年世界城市榜单由全球化与世界城市研究网络（GaWC）于2020年8月24日发布。

的 20%，线下商品零售额占限额以上商品零售总额的 75%。

（四）产业投资和民间投资支撑作用相对不足，投资扩张内生动力有待增强

2020 年，在产业功能区、新基建、社会民生等领域重大项目投资的强力支撑下，全市投资总体呈快速增长态势，但工业投资尤其是民间投资活力仍然相对不足，对投资的支撑作用仍然有待增强，全年全市工业投资仅同比增长 2.9%，服务业投资虽然保持 12.6%的高速增长，但主要靠房地产投资支撑，科学研究和技术服务业投资仍下降 8.9%。

（五）国内对疫情秋冬季再度爆发的担忧情绪有所上升，需警惕市场谨慎预期带来的生产投资活动提前收缩

四季度以来，随着北半球气温逐渐下降，欧美多个国家疫情出现快速反弹，全球单日新增感染病例刷新疫情暴发以来最大增幅记录，世界疫情扩散蔓延态势尚未得到全面有效控制，各国政府纷纷采取新的限制举措来遏制新一轮疫情的蔓延，我国面临的疫情外部输入压力也在持续加大。鉴于 2020 年春节第一轮疫情对经济社会活动产生的巨大冲击影响，市场对全球疫情再度暴发的担忧和预期有所增强，这可能会导致企业后续生产经营决策更加趋于谨慎保守，进而促使企业生产投资等经营活动出现提前收缩。

三、2021 年成都市经济发展展望

（一）宏观环境

从国际经济环境来看，2020 年以来，受新冠肺炎疫情反复和持续蔓延的影响，全球贸易大幅萎缩，世界经济陷入深度衰退，且经济复苏的不确定性持续增大。2021 年，世界经济在步入与疫情相伴的新常态后，全球需求全面回暖仍需时间，大宗商品价格受到经济恢复和过量流动性的刺激可能延续上涨的势头，美国、欧洲因领导人换届使得政治风向变化充满了不确定性，全球经济可能保持在较疫情前更为缓慢的增长水平。

从国内经济环境来看，2020 年，中国在疫情后出台了力度较大的对冲政策，并全面推进复工复产，加快恢复生产生活秩序，经济总体呈现出稳步回升的态势。2021 年，在推动形成以国内大循环为主体、国内国际双循环相互促进的新发展格局、国内“两新一重”建设加快推进，逆周期调节政策效应逐步释放，新旧动能加快转换的带动下，经济有望保持平稳增长态势。

（二）成都市经济走势预判

2020 年，虽然新冠肺炎疫情，以及疫情后市场需求恢复缓慢对全市经济

产生了明显的下拉作用，但在成渝地区双城经济圈建设战略机遇、宏观对冲政策持续发力、产业数字化转型加快等因素的带动下，全市经济自 2020 年 2 月以来呈现出稳步回升的向好发展势态。

2021 年，虽然全球疫情尚未得到有效控制、中美关系紧张加剧了全市经济面临的外部不确定性。同时，市场信心重新建立、社会需求全面恢复、企业经营效益明显改善等仍将是一个长期持续过程，但随着成渝地区双城经济圈建设加快，成德眉资同城化发展不断深入，新经济新动能驱动经济能力继续增强，“新基建”“补短板”领域投资加快推进，全市经济有望呈现稳中提质的发展态势。

作者单位：成都市经济发展研究院（成都市经济信息中心）

2020 年宜宾市经济形势分析及 2021 年展望

罗琳

2020 年，宜宾市认真贯彻落实中央和省委部署要求，坚持“农业多贡献、工业挑大梁、投资唱主角、消费促升级”工作思路，统筹推进疫情防控和经济社会发展，扎实抓好“六稳”“六保”工作，经济运行呈现出“持续恢复、稳步回升、逐步向好”的良好势头。2020 年，全市地区生产总值实现 2802.12 亿元，总量居全省第 3 位；同比增长 4.6%，增速居全省第 1 位，分别比全国、全省高 2.3 和 0.8 个百分点。

一、2020 年宜宾市经济运行情况

（一）三次产业总体回升

农业稳定向好。2020 年，第一产业增加值 344.55 亿元，增长 5.7%。

工业持续回升。2020 年，全市规模以上工业增加值同比增长 5.6%。分经济类型看，国有控股企业增加值增长 5.9%，股份制企业增长 5.9%，外商及港澳台商投资企业增长 5.2%。分行业看，采矿业增加值下降 8.7%，制造业增长 7.2%，电力、热力、燃气及水生产和供应业增长 2.1%。从产业看，八大高端成长型产业增加值增长 20.8%，其中智能终端产业增长 58.3%，页岩气产业增长 4.1%，轨道交通产业增长 0.1%；绿色食品加工业下降 0.5%；竹加工业增长 10.2%。

服务业加快恢复。2020 年，全市服务业增加值比 2019 年增长 3.9%，分别高于全国、全省 1.8、0.5 个百分点。

（二）投资快速增长

2020 年，全市全社会固定资产投资比 2019 年增长 11.3%，高于全省 1.4 个百分点。分产业看，第一产业投资增长 53.1%；第二产业投资增长 4.8%，其中工业投资增长 4.5%；第三产业投资增长 11.6%。房地产开发投资增长 3.2%；商品房施工面积 2428 万平方米，增长 7.8%。

（三）消费积极回暖

2020 年，全市实现社会消费品零售总额 1026.99 亿元，比 2019 年下降 1.7%，呈逐季收窄的运行态势。按经营单位所在地分，城镇消费品零售额 805.72 亿元，下降 2.2%；乡村消费品零售额 221.27 亿元，与 2019 年持平。按消费形态分，餐饮收入 147.6 亿元，下降 4.1%；商品零售 879.39 亿元，下降 1.3%。2020 年，全市居民消费价格（CPI）比 2019 年上涨 4%。

（四）财政收支运行良好

2020 年，全市一般公共预算收入 200.03 亿元，比 2019 年增长 14%。其中，税收收入 128.96 亿元，增长 12.1%。一般公共预算支出 546.13 亿元，增长 17.8%。

（五）居民收入稳定增长

2020 年，全市城镇居民人均可支配收入 39166 元，比 2019 年增长 6.7%，增速居全省第 2 位，分别高于全国、全省 3.2、0.9 个百分点。农村居民人均可支配收入 18569 元，同比增长 9.2%，增速居全省第 4 位，分别高于全国、全省 2.3、0.6 个百分点。

二、2021 年经济展望

（一）发展环境

1. 有利条件和发展基础

（1）有利条件。当前，宜宾市正面临政策叠加、大有作为的机遇期。全国提出构建以国内大循环为主体、国内国际双循环相互促进的新发展格局，经济运行率先企稳，为促进世界经济复苏赢得了先机。成渝地区双城经济圈建设上升为国家战略。省委全会提出支持区域中心城市争创全省和成渝地区经济副中心，支持宜宾建设国家创新型现代产业发展示范区和国家产教融合示范市。“一带一路”建设、长江经济带建设、新一轮西部开发开放，省委大力实施“一干多支、五区协同”“四向拓展、全域开放”等战略部署，为我们带来重大机遇。

（2）发展基础。一是深入实施产业发展“双轮驱动”战略。传统产业做大做强，五粮液成为全省第 4 个跨越千亿台阶的工业企业。新兴产业快速发展，2020 年轨道交通产业、智能终端产业、新能源汽车产业等八大高端成长型产业增长 20.8%。二是加快建设全国性综合交通枢纽。成自宜（川南城际）、隆黄、进港铁路加快建设，渝昆高铁开工，宜西攀、珙叙等铁路以及相关集疏运项目前期工作加快推进。成都至宜宾、宜宾城市过境西段高速公路建成通车；

宜彝、宜威、仁沐新、新市至金阳高速公路加快建设，宜宾至新市、G93 宜泸永高速扩容、内江至南溪、重庆经赤水至叙永至盐津高速前期工作有序推进。三是国家产教融合型试点城市建设全面推进。全市高校达 12 所，在校大学生人数 7 万人，其中留学生约 700 人；12 所产研院和 2 个院士工作站入驻运行。四是加快建设成渝地区南向开放枢纽门户和沿江开放高地。已建成国家临时开放口岸、中国四川自贸试验区宜宾协同区，宜宾综合保税区正式封关运行，全省首个省级新区——宜宾三江新区加快建设。五是加快建设长江上游区域中心城市。华侨城三江口 CBD 项目一期主体封顶，恒大集团纸厂片区项目一期快速推进，上海绿地高铁站前广场项目一期建成投用。新增建成区面积 15 平方公里，中心城区建成区面积达到 168 平方公里，城镇化率达到 53%。

2. 值得关注的主要问题

当前，全球疫情仍在持续，贸易保护主义、逆全球化思潮抬头，世界经济复苏前景不明，外部不稳定不确定性增加。疫情冲击对全市经济带来的损失尚未完全弥补，实体经济困难未完全缓解、经济内循环未完全打通。

一是发展仍然不充分、不平衡。县域经济不大不强、“市强县弱”的局面未得到根本改变。

二是需求消费恢复慢于生产投资。2020 年，全市社会消费品零售总额呈逐季收窄的运行态势，但仍为负增长。商品房市场持续低迷，2020 年，商品房销售面积下降 9.2%，而全省增长 2.2%。另一方面，补短板、强弱项提质增速、新型基础设施建设力度不断加大，2020 年，全市新开工项目数增长 16.6%，基础设施投资增长 21%、高于 2019 年同期 2.8 个百分点。

三是大中小企业经营分化明显。工业方面，2020 年，占全市规模以上工业产值总量近六成的 50 户重点监测企业产值累计增长 9.8%，高于全市平均水平 1.8 百分点，其中，五粮液白酒主业增长 11.6%。服务业方面，高端品牌酒店住宿供不应求，但中小型住宿企业市场需求空缺。

四是开放合作层次不高。新引进大项目、大企业不多，引进外资少。

（二）下一步工作建议

做强产业。一是稳住农业增长良好势头。补齐加工短板，构建生猪产业完整链条，加快秋冬粮食增蓄扩种和示范引导区建设，保持种植业稳定增长。二是充分发挥工业支撑作用。加快推进工业重点项目，加大投资力度，向白酒、智能终端等重点产业要增量；向重点企业要支撑，坚持联系企业工作机制，分类施策。三是加快服务业提振回升。营造宽松消费环境，促进消费市场快速回暖，支持物流快递业体系建设，支持旅游业加快复苏。

抓牢项目。充分运用“红黑榜”工作机制，紧盯重点项目推进。内外发力招项目，强化要素保障，营造优良环境，深化以商招商，形成引进一个、带来一批的联动效应。加大对上争取力度，科学谋划项目。

推进县域经济高质量发展。大力发展县域特色产业，推动县域支柱产业、特色产业集群发展。强化基础设施建设补短板，加快推动新型城镇化建设，优化提升产业发展平台，提升居民幸福感。

扩大对外开放合作。围绕电子信息、新能源汽车、新材料、数字经济等主导产业，大力开展驻外招商、委托招商、以商招商、融资招商、产业链招商。加强与成渝双核的合作，主动融入成渝地区双城经济圈建设。同时抓好项目落地服务，强化考核激励。

作者单位：宜宾市经济信息中心

2020年资阳市经济形势分析及2021年展望

资阳市发展和改革委员会综合科

2020年，资阳坚定以习近平总书记重要讲话精神统筹推进疫情防控和经济社会发展，坚决贯彻党中央和国务院决策部署，全面落实四川省委、省政府各项要求，抢抓成渝地区双城经济圈建设战略机遇，扎实做好“六稳”“六保”工作，坚持把“农业多贡献、工业挑大梁、投资唱主角、消费促升级”作为工作着力点，坚持以项目为中心组织经济工作，创新开展“双百双增”行动和“保姆式”服务，全市呈现经济平稳发展、民生持续改善、社会大局稳定的较好局面。

一、2020年资阳市经济运行情况

1—12月，全市地区生产总值实现807.5亿元，增长4%，高于全省0.2个百分点；规模以上工业增加值增长4.9%；全社会固定资产投资增长9.3%；社会消费品零售总额377.3亿元，下降2.5%，与全省的差距逐步缩小；地方一般公共预算收入53.1亿元，增长0.1%；城镇新增就业17337人；城镇、农村居民人均可支配收入分别增长5.7%、8.4%；居民消费价格指数上涨3.1%。

（一）当前经济运行特点

疫情防控和经济发展取得明显成效。疫情防控有力有效。及时将工作重心调整到“两手抓、两手硬”上来，创新开展“双百双增”行动和“保姆式”服务，一季度全市经济的增长好于全省平均水平，10项主要经济指标均好于全国；上半年经济扭负为正，好于全省平均水平；1—9月全市经济稳定恢复回升，逐月逐季向好，继续保持高于全省的发展态势，1—12月全市经济实现高于全省平均水平0.2个百分点的增长。

产业发展稳步增长。农业生产形势较好。1—12月，全市农林牧渔业总产值318.2亿元，增长6.3%，创15年来新高。1—12月出栏生猪243.1万头，增长10.4%；出栏牛1.9万头，增长12.1%；出栏小家禽2511.1万只，下降4%。工业生产稳步增长。1—12月，全市249户规模以上工业企业完成总产值 393.1 亿元，增加值增长 4.9%。154 户五大产业自 9 月实现全面转正，全年规模工业总产值增长 11.4%，生物医药业、装备制造业、食品饮料业、轻纺鞋服业、电子信息业增加值分别增长 24.6%、5.8%、3.3%、4.2%、2.9%。服务业实现正增长。1—12 月，全市第三产业增加值 410.4 亿元，增长 3.5%。金融业增加值增长 5.1%，增速较一季度提高 9.8 个百分点，房地产业增加值增长 1.3%，实现由降转增，增速较一季度提高 11.1 个百分点。受疫情冲击较大的批发和零售业、住宿和餐饮业增加值分别下降 1.2%、3.9%，降幅较一季度分别收窄 8.7、25.9 个百分点。

固定资产投资持续回升。1—12 月，全市全社会固定资产投资增长 9.3%。一三产业投资持续增长，二产业投资扭负为正，一产业投资增长 2.8%，比年初回升 18.6 个百分点；二产业投资受工业投资转正利好，扭负为正，增长 5.9%，较年初回升 53.2 个百分点；三产业投资增长 10.4%，较年初回升 30.1 个百分点。基础设施、民生及社会事业投资较快增长，产业投资由负转正，基础设施投资增长 5.5%，比年初回升 39.5 个百分点；民生及社会事业投资增长 23.5%；房地产开发投资增长 6.1%，比年初回升 20.1 个百分点；产业投资由负转正，增长 9.6%，比年初回升 61.6 个百分点。

消费市场逐步回暖。随着国内疫情防控持续向好巩固，全市消费品市场进一步回暖。1—12 月，全市社会消费品零售总额 377.3 亿元，下降 2.5%，降幅持续收窄。从经营单位所在地看，城镇社会消费品零售总额降幅较年初收窄 12 个百分点；乡村社会消费品零售总额降幅较年初收窄 10.9 个百分点。从消费形态看，餐饮收入类实现零售额降幅较年初收窄 26.8 个百分点；商品零售类实现零售额降幅较年初收窄 8.1 个百分点。从商品消费品种看，限额以上 16 大类商品有 10 个大类实现增长。其中，粮油、食品、饮料、烟酒类，日用品类，体育、娱乐用品类，书报杂志类，中西药品类分别增长 6.5%、12.7%、17.1%、12.4%和 17.5%。新商业模式加快增长，通过互联网实现的商品零售额 1.7 亿元，增长 61.3%。

财政收入由负转正、金融运行平稳，物价涨幅回落。1—12 月，全市地方一般公共预算收入 53.1 亿元，增长 0.1%，其中税收收入实现 32 亿元，占地方一般公共预算收入的 60.2%。12 月末，金融机构各项存款余额 1601 亿元，比年初增加 130.6 亿元，增长 8.9%；金融机构各项贷款余额 1017.8 亿元，比年初增加 200.1 亿元，增长 24.5%。1—12 月，全市居民消费价格（CPI）累计同比上涨 3.1%，比年初回落 3.9 个百分点。

外贸进出口增长较快，城乡居民收入平稳。1—12 月，全市进出口总额

27124 万美元，同比增长 22%。其中，出口额 7800 万美元，下降 44.2%；进口额 19324 万美元，增长 133.8%。全市城镇居民人均可支配收入 37562 元，同比增长 5.7%；农村居民人均可支配收入 19076 元，同比增长 8.4%。

（二）经济运行仍存在较大压力和不足

总体来看，资阳市经济延续了平稳发展的良好局面，2020 年全市 GDP 增长 4%，高于全省 0.2 个百分点。但我们也要清醒地认识到经济社会发展中存在的困难和问题。一是高质量发展压力大。经济总量不大质量不高，产业水平有待提升，项目投资增长乏力，科技创新支撑不足。二是基础设施建设存在短板。交通、水利等基础设施还需完善，新基建领域建设力度还需进一步加大，统筹城乡发展任重道远。三是公共服务水平还需不断提升。财政保障能力还需加强，教育、医疗、文化等民生领域短板依然较多，污染治理、生态环境保护任务艰巨繁重。这些困难和问题，需要我们采取坚决有力措施，切实加以解决。

二、2021 年资阳市经济展望

（一）面临的机遇

成渝地区双城经济圈战略深入实施。党中央部署加快构建以国内大循环为主体、国内国际双循环相互促进的新发展格局，制定实施了一系列重大区域发展政策，尤其是成渝地区双城经济圈建设上升为国家战略，省委实施“一干多支”发展战略，聚焦“一极两中心两地”目标，加快推进成德眉资同城化发展，推动“一带一路”建设、长江经济带发展、新时代西部大开发、西部陆海新通道建设等深入实施，一大批重大政策、重大平台、重大项目的有序推进，为资阳标注了面向未来的新起点，给资阳带来千载难逢的重大历史机遇，必将为资阳带来长期性发展红利和制度性政策红利，深刻改变资阳区域能级和发展格局，将资阳带入了“黄金发展期”。

区位优势加快转化为发展优势。资阳作为川渝通衢、双城门户，西迎成都、东接重庆，是全省唯一同时直线连接成都、重庆“双核”的城市。随着“8 高 11 轨 16 快”现代立体综合交通网络逐步形成，资阳全域融入成都半小时、重庆 1 小时经济圈，将持续带动人流、物流、资金流、信息流的增长，成渝直线黄金通道的独特区位优势、成渝门户枢纽的开放合作优势以及成渝中部腹地的空间优势将进一步转化为发展优势，战略牵引力明显增强。

产业平台发展空间广阔。天府国际机场拟于 2021 年建成投用，将带来巨大的货邮和旅客吞吐量，机场的极核辐射和资源流动，将深度重塑资阳经济发展格局和优势，推动资阳由内陆腹地走向开放前沿。中国牙谷加快打造全球唯一的“产学研销医养”全产业链基地，成为全国最大的口腔产业集群，资阳临空经济区正全力打造国家级临空经济示范区，资阳高新区加快创建国家高新区，安岳乐至经开区成功创建省级经开区，这些新增长极必将为资阳发展注入新的发展动能。

（二）主要挑战

一是宏观环境面临诸多不确定性。国际环境日趋复杂，新冠肺炎疫情在多地“卷土重来”，单边主义、保护主义上升，全球经济不稳定性不确定性明显增加。我国正处在转变发展方式、优化经济结构、转换增长动力的攻关期，地方债务、企业生产经营困难等结构性、体制性、周期性矛盾问题相互交织，为资阳发展带来更大挑战和压力。

二是经济高质量发展任务繁重。自身发展不足、发展不平衡。经济总量不大、“十三五”末GDP仅占全省的1.6%、川渝的1.1%，人均GDP偏低、仅为全国的43.7%、全省的55.6%、川渝的47.1%。财税质量不高，三次产业结构不优，新兴产业比重低，企业市场竞争力不强，科技创新不足，开放层次不高，城镇化进程较慢，生态保护任务较重。

三是民生社会建设较为滞后。教育、医疗、卫生等社会事业投入不足、发展滞后，教育资源不足、优质医疗资源供给短缺，城乡公共服务均等化程度不高，城乡居民收入差距较大，农村基础设施建设相对滞后。

四是防范化解风险压力较大。政府债务负担仍然较重，历史遗留问题矛盾化解难度较大，企业经营较为困难，就业形势亟待改善，社会治理、防灾减灾、应急救援能力有待提高。

综合国省宏观经济形势和政策变化等因素、资阳市经济发展面临的机遇和发展基础分析，预计2021年全市经济增长将继续保持平稳健康发展态势，经济增长有望高于全省平均水平。

2021年，必须深刻把握资阳市处于发展重大战略机遇期内涵的深刻变化，按照党中央加快形成以国内大循环为主体、国内国际双循环相互促进的新发展格局的新要求，抢抓发展机遇，有效应对挑战，更加注重产业转型升级，更加注重增强发展动力，更加注重补短板强弱项，更加注重体制机制创新，更加注重防范重大风险。在战略引领上坚持成资同城化战略支撑，全面融入成渝地区双城经济圈建设，在目标制定上保持高于全国全省平均水平的合理增长，在促进双循环上着力解决供给不畅和需求下滑问题，在产业支撑上做大做强产业生态圈产业功能区，在发展动力上突出改革创新开放，培育竞争新优势，科学制定发展路径，不断拓展资阳发展新局面。

2020 年凉山州经济运行分析与 2021 年展望

薛燕

2020 年，凉山州科学统筹疫情防控和经济社会发展，经济运行止滑回升企稳向好。2020 年，凉山州实现地区生产总值 1733.15 亿元，同比增长 3.9%，分别比一季度、上半年和前三季度提高 11.4、4.1 和 1.8 个百分点。三次产业结构由 2019 年同期的 22∶33.8∶44.2 调整为 23.5∶32.3∶44.2。

一、2020 年凉山州经济运行亮点分析

（一）脱贫攻坚工作取得全面胜利

投入各级各类扶贫资金 283 亿元，增长 5%。落实“三区三州”脱贫攻坚、易地扶贫搬迁政府债券 63.8 亿元。金融扶贫贷款余额 282.5 亿元，规模全省第三。建成林业产业基地 50 万亩、就业扶贫基地和车间 49 个，启动建设 118 个现代农业园区，培育新型农业经营主体 1315 个，转移输出贫困劳动力 5.7 万人，实现劳务收入 9.2 亿元。

截至 2020 年 11 月 17 日，凉山州实现 11 个深度贫困县摘帽、1118 个贫困村退出、49 万贫困人口全部脱贫，实现脱贫目标。

（二）产业发展总体平稳

1. 工业生产复苏态势持续巩固，工业生产稳中向好

2020 年，凉山州规模以上工业增加值同比增长 5.9%，较 2019 年加快 4.2 个百分点。一是三大门类全面增长。2020 年，凉山州规模以上工业三大门类中采矿业增加值同比增长 5%；制造业增长 5.4%；电力、热力、燃气及水生产和供应业增长 6.4%；二是多种类型企业增长。2020 年，凉山州规模以上工业多种经济类型增加值同比实现增长，其中：股份制企业增长 6.1%、国有控股企业增长 6.7%、私营企业增长 16%、非公有企业增长 7.5%；三是重点企业生产回升。2020 年，40 户重点企业中有 25 户企业工业总产值实现增长，40 户企业工业总产值同比增长 4.9%，拉动全州增长 3.8 个百分点。四是五大区域竞相发展。2020 年，凉山州五大区域规模以上工业增加值均实现同比增

长。其中，南向开放一体化发展区、大凉山脱贫奔康示范区、北向联动发展区、大香格里拉农文旅绿色发展区同比分别增长 6.2%、9.5%、6.9%、11.8%，增速分别高于全州平均水平 0.3、3.6、1、5.9 个百分点；安宁河谷同城化发展区增长 3.4%。

2. 农业农村经济持续向好

2020 年，凉山州农业经济持续回升，实现第一产业增加值 406.74 亿元，增长 8.5%，农业、林业、牧业、渔业及辅助性活动实现总产值 698.7 亿元，增长 5.5%，比 2019 年快 1.03 个百分点。粮食总产量 245.2 万吨，马铃薯、烟叶产量稳居全省第一。建成现代农林业产业园区 86 个。培育新型农村经营主体 3041 家。“凉山桑蚕茧”“会理石榴”成功创建中国特色农产品优势区。

（二）需求结构持续优化

1. 项目投资需求持续增长

2020 年，凉山州全社会固定资产投资同比增长 12.4%。实施项目 1114 个，新开工项目 714 个，动态储备项目投资规模达 3300 亿元。

一是分产业看：第一产业同比增长 0.1%，第二产业增长 38.9%，第三产业增长 1.7%。二、三产业仍然是全州投资的重点，其占比为 98.1%。二是从结构看：基础设施投资同比增长 31.1%、占全部投资的 27.3%，其中交通运输增长 27%、占比 18.3%；产业投资增长 29.4%、占比 31.8%。三是从区域看：安宁河谷同城发展区投资占全州全社会投资的 34.9%、同比增长 3%；南向开放一体化发展区占 33.2%、增长 24.3%；大凉山脱贫奔康示范区占 19.3%、增长 23.7%；北向联动发展区占 5.8%；大香格里拉农文旅绿色发展区占 7.4%。

2. 消费需求稳步回升

2020 年，凉山州实现社会消费品零售总额 678.2 亿元，消费品市场持续好转。一是商品零售 6 类增长、5 类降幅收窄。在监测范围内的 16 类商品中，化妆品类、书报杂志类、文化办公用品类、家具类和其他类增长，分别增长 18.1%、7.7%、9.8%、8.1%和 1.7%；汽车类增速由负转正，实现零售额 33.1 亿元，同比增长 0.7%。二是限上单位降幅继续收窄。限上单位实现社会消费品零售总额 150 亿元，同比下降 2.3%，降幅较 1—11 月（−2.9%）收窄 0.6 个百分点。三是城乡市场降幅收窄。城镇市场实现零售额 485.3 亿元、同比下降 4%，降幅较 1—11 月收窄 1.2 个百分点。乡村市场实现零售额 192.9 亿元、下降 3.2%。

3. 财政收支迈上新台阶

2020 年，全州一般公共预算总收入实现 247.9 亿元，较 2019 年增长 4.6%，其中：一般公共预算收入 160.3 亿元，增长 4.4%。

全年一般公共预算支出 708.1 亿元，下降 4.1%。重点支出中农林水、卫生健康分别下降 11.6%、1.5%，教育支出增长 0.4%。

（三）发展质效不断提高

1. 区域发展协调性逐步增强

2020 年，安宁河谷同城化发展区、北向联动发展区地区生产总值增速高于全州平均水平，其余 3 个片区稳中有进，主干引领、多点支撑、竞相发展的良好态势初步形成，县域经济发展开创新局面。

2. 开放合作迈出新步伐

2020 年，凉山州举办大凉山国际戏剧节、文旅康养招商等重大活动，全年凉山州履约招商引资项目 185 个，累计到位州外资金 358.91 亿元。全州新签约招商引资项目 61 个，总投资 367.15 亿元。

3. 社会民生持续改善

2020 年，凉山州持续加大民生保障投入，千方百计降低疫情、重大自然灾害等对人民生活造成的不利影响。全年凉山州就新增城镇就业 19588 人，城镇失业人员再就业 4425 万人，城镇登记失业率 3.2%。

2020 年，凉山州城乡居民人均可支配收入分别达 34636 元、15232 元，增长 4.8%、9.5%。

二、值得关注的问题

（一）面临的机遇

国家经济运行持续稳定恢复。当前中国主要经济指标逐季度向好，实现全年经济正增长是大概率事件。中国经济具有很强的防御能力和自愈能力，能够较快重返向好发展、高质量发展的正常轨道。

脱贫攻坚工作为凉山经济发展注入动力。2020 年，凉山州圆满完成剩余 7 个县、300 个村、18.6 万人的脱贫摘帽任务，脱贫攻坚战取得全面胜利。脱贫地区特色产业不断壮大，产业扶贫、电商扶贫、光伏扶贫、旅游扶贫等较快发展，贫困户就业增收渠道明显增多、贫困人口自主脱贫能力稳步提高、贫困地区补上短板发展明显加快，各界力量形成大扶贫格局，为贫困地区发展注入不竭动力，带动凉山州经济发展。

新型消费带动经济增长。2020 年，凉山州实现电商交易额 84.06 亿元，同比增长3.56%，网络零售额29.66亿元，同比增长17.1%。电商带动就业创业氛围日趋浓厚，全州网商数达41213家，同比增长19.08%，其中：11个贫困县网商数达7281家；通过电商带动就业近10万人，其中直接带动5.26余万人，在稳岗就业方面贡献突出。同时，2020年凉山实现旅游收入275亿元，旅游产业惠及农民群众14.61万人，其中贫困人口1.26万人，通过挖掘贫困村旅游资源、创建乡村旅游品牌、举办旅游节庆活动、吸纳贫困人口就业、销售旅游土特商品等多种形式，实现农业与旅游有机对接，通过与乡村旅游的互动，推动支柱产业发展与经济增长的良性循环，全方位助力精准扶贫，直接带动8000余户群众增收，1200余户群众脱贫。

（二）主要挑战

近年来，全球化遭遇逆流，世界经济陷入衰退，全球产业链供应链受到冲击，我国发展的要素禀赋也发生深刻变化。

我国疫情防控仍然面临内防反弹、外防输入的严峻形势，也面临着相应的经济下行压力，包括金融市场震荡，外部需求减退，产业链和供应链持续不稳，传统周期性下滑因素和趋势性下滑因素叠加等。

凉山州工业生产持续平稳向好增长仍面临一定压力，实体经济尤其是民营经济困难较多，稳住经济基本盘压力增大。传统产业改造提升步伐不快，新经济新业态新模式培育缓慢，转型发展需付出更大努力。

三、2021年凉山州经济展望

由于2020年的经济增长基数比较低，2021年，凉山州紧抓新一轮西部大开发战略机遇以及积极融入成渝地区双城经济圈，大力发展新技术、新业态、新模式，推动产业增量提质，将促进经济稳定增长高质量发展。预计2021年，凉山州地区生产总值增长6%左右，规模以上工业增加值增长8%左右，全社会固定资产投资总额增长8%左右，社会消费品零售总额增长5%左右，城乡居民人均可支配收入分别增长6.9%、9.6%左右，居民消费价格指数控制在3.5%以内。

下一步工作建议：

巩固拓展脱贫攻坚成果同乡村振兴有效衔接，继续推进脱贫地区发展和群众生活改善。加快推进现代农业发展，深化农业供给侧结构性改革，推进十大特色优势产业全产业链融合发展，培育三大先导性支撑产业。抓好农业重大技术协同推广试点项目建设，强化农业科技服务。

扩大有效投资。坚持以项目为中心组织经济工作，强化项目前期准备，注重抓好要素支撑，组织实施项目。积极争取地方政府专项债券额度，用好专项债券作为重大项目资本金政策，做好专项债券项目配套融资工作。强化用地保障，创新用地供应方式，提高土地利用效率。

加快推进现代工业发展。加快建设“六大产业集群”，促进规模以上工业增加值稳定增长。大力开发超导材料、磁性材料、钒精细化工等终端应用产品，支持黑色有色、磷化工等行业重组整合、优化提升。积极发展人工智能、区块链等新经济。

加快推进现代服务业发展。推动服务业转型升级、做大做强。深化文旅融合发展，高品质开发旅游新业态，打造全要素文旅精品，加快建设国际阳光康养度假旅游目的地。积极培育会展主体，精心打造一批农特产品交易、民俗节庆等品牌展会。

作者单位：凉山州信息中心

2020年阿坝州经济形势分析及2021年展望

安从强　银木初

2020年，阿坝州紧紧围绕“一州两区三家园”战略目标，全面贯彻落实党中央国务院、省委省政府、阿坝州委州政府重大决策部署，坚定不移强化经济运行监测、拉动固定资产投资、推动重点项目建设、深化重点领域改革，扎实推进“十三五”收官各项工作，高质量启动“十四五”规划编制，全州主要经济指标持续改善，经济运行延续复苏态势。

一、2020年经济社会发展亮点

2020年，阿坝州强化经济运行调度，科学统筹疫情防控和经济社会发展。全州经济运行趋势与全国、全省一致，经济增速由负转正，实现地区生产总值411.7亿元，增长3.3%，2020年地区生产总值突破400亿元，再上一个台阶。

一是抓经济稳增长。建立“1+3+2”经济形势分析和“三性”问题研判分析工作机制，定期召集行业主管部门研判经济形势、谋划工作措施、化解问题风险，配合出台减税降费、减租减息等系列规模性纾困政策，有效应对新冠肺炎疫情对国民经济造成的冲击，全州经济呈现稳定恢复增长态势。2020年，第一产业增加值82.07亿元，增长4.5%，增速较全国高1.5个百分点，较全省低0.7个百分点；规模以上工业增加值（含“飞地”园区）增长5.1%，低于预期目标0.9个百分点；第三产业增加值233.23亿元，增长1.9%；共接待海内外游客3604.01万人次，实现旅游收入301.14亿元，分别增长14.2%和32.3%。

二是抓项目补短板。大力实施“万千百十”行动，深入推进基础设施等重点领域补短板行动，及时出台重点项目防疫系列措施，争取并落实省、州重点项目防疫补助1000万元，制发《阿坝州投资促进和项目推进目标绩效考核办法（试行）》，成立州级项目推进团队，探索形成“按月进度通报、适时问题转办、专题协调解决、按季评价公示、定期约谈问责”工作机制，针对性召开重点项目协调会议、集中约谈会议等。成西铁路、都四轨道启动建设，九黄口岸机场建成，金川电站和汶马、马久、九绵高速等 75 个省州重点项目强势推进。2020 年，全社会固定资产投资同比增长 12.3%，增速较全省高 2.4 个百分点，居全省第 2 位。

三是抓规划强引领。深入学习贯彻习近平总书记关于“十四五”规划编制工作重要指示精神和中央第七次西藏工作座谈会精神，建立州委、州政府主要领导任双组长的规划领导小组，多次召开专题会、领导小组会及时安排、及时研究、及时落实，及时审议规划基本思路、纲要提纲等。牢牢把握中央、省、州关于“十四五”期间形势任务、指导思想、基本原则、目标愿景、战略重点的基本判断和科学擘画，规划基本思路、规划纲要初稿等系列阶段性成果相继完成。密切关注中央、省委关于“十四五”时期经济社会发展的系列部署要求，始终坚持“阿坝最大的机遇是政策、最大的价值是生态、最厚的底蕴是资源、最强的动力是改革”的原则，立足比较优势，聚焦短板弱项，着眼长远发展，精准谋划项目。

四是抓民生增福祉。对标“两不愁三保障”指标，认真开展易地扶贫搬迁、电力扶贫项目“回头看”查漏补缺，做到所有问题整改“清零”。涉藏六项民生工程执行良好，2020 年，全州涉藏六项民生工程累计到位资金 29.98 亿元；累计完成投资 27.59 亿元；累计拨付资金 31.54 亿元，持续用力实施扶贫解困、就业社保、教育发展、医疗卫生、文化繁荣、新居建设等民生工程。及时启动社会救助和保障标准与物价上涨挂钩联动机制，全力保障低收入群众基本生活。承接好东西部扶贫协作和对口支援。

二、存在的困难和问题

一是工业复苏阻碍大。全州工业企业普遍存在上下游“两头在外”问题，原材料引进、工业品销售高度依赖外部。加之，全球疫情蔓延造成产业链、供应链短时间内难以完全恢复正常，使得国内部分工业原材料供应紧张、市场需求不振，极大影响州内工业正常发展和经济整体复苏。

二是服务业发展冲击大。受疫情、自然灾害叠加影响，旅游市场出现较长“真空期”，州外游客出行意愿下降，周边交通客运、住宿餐饮、文创演艺等行业经营惨淡，加之，全州消费外溢现象未得到明显改善，作为支柱产业的服务业遭受较大冲击，极大影响全州经济整体复苏。服务业增速较全省平均水平低 0.3 个百分点。

三是消费损失回补缓慢。全州消费需求主要依靠旅游业带来的外部消费拉动，虽然国庆、秋冬游带动旅游快速回升，但餐饮住宿、批发零售、客运物流短期内难有较大起色，消费缺口带来的经济损失很难弥补。2020年，虽然社会消费品零售总额降幅有所收窄，但降幅仍达4.2%，降幅远高于全省平均水平，消费市场复苏任重道远。

四是CPI持续高位运行。全州居民消费价格指数涨幅并未随着疫情缓解而持续回落，12月CPI同比上涨3.4%，涨幅较11月扩大1个百分点。

三、2021年阿坝州经济展望

2021年是我国全面建设社会主义现代化国家新征程的开启之年，是中国共产党成立100周年，也是实施“十四五”规划的开局之年，抓好经济社会发展各项工作意义重大。全州上下将坚持稳中求进工作总基调，进一步缩小与全国、全省发展差距，预计2021年经济增速不低于全省平均水平；全社会固定资产投资保持增长10%以上。

一是高起点编制规划纲要。坚持顶层设计和问计于民相统一，积极组织领导审议、社会评议、专家研议，同步征集互联网意见，切实把社会期盼、群众智慧、专家意见、基层经验充分吸收到“十四五”规划编制中来。精准对接中央和四川省政策投向，在万亿储备库的基础上，深度谋划、精心筛选、系统储备一批事关全州经济社会发展的重大项目，同步形成“十四五”规划支撑项目清单。积极研究重大项目、重大政策、重大改革，力争在国家及省级规划层面体现更多阿坝元素。

二是高质量统筹经济运行。不断完善经济形势分析工作机制，增强宏观经济预警和重大风险化解能力，协商行业部门及时调整和完善财政、金融、产业政策，拉动经济稳健上行。围绕建设“6+N”高原特色农牧业体系、“5+N”生态工业体系、“1+6”现代服务业体系，延伸产业链、提升价值链、融入供应链，推动科技创新赋能实体经济发展，推动建立适应高质量发展的现代产业体系，提升发展效益。主动融入、服务和贡献成渝地区双城经济圈战略，加强与成都平原经济区、区域中心节点城市、川甘青毗邻地区的交往合作，推动与高校、企业、社会组织签订协议落实，深化与浙江、深圳等地跨域合作，积极开展需求互补式招商和人才引进，扩大对外开放合作发展效益。

三是高效率抓好项目投资。加快成兰铁路、成西铁路、都四轨道、九绵高速、久马高速、双江口水电站等重点项目建设进度。开工建设川汶高速、白（湾）马（奈）路改建等项目。启动金川、若尔盖、阿坝、小金、马尔康、黑水通用机场选址。加快汶彭高速，九寨沟、汶川通用机场等项目前期要件办理。因地制宜发展风能，适时启动风电试点、示范项目建设。创造性拓展资金来源，做好储备项目与中省预算内资金、专项债券、银行融资、社会资金间的匹配。加强银政企合作，创新资源“肥瘦搭配”，通过项目捆绑、上下游串联等方式，积极扩大民间投资。

四是高标准推进乡村振兴。围绕脱贫成果巩固提升、乡村振兴发展等战略部署，充分利用对口支援、省内对口帮扶等机制，加强后续产业投入力度，持续增强脱贫地区“造血”功能，确保脱贫成果持续见效。积极争取以工代赈资金，做好以工代赈项目申报，补齐农业农村小型基础设施短板。持续推进高标准农田建设、农村人居环境整治、农村饮水安全巩固提升工程和现代农业园区建设，加大农村一、二、三产融合力度，加快农业农村体制改革，提升农业产业化水平。深入推进新型城镇化建设，积极争取城镇化补短板强弱项项目，加快老旧城区改造、特色小镇建设、中心城镇打造等工作。大力推进城乡融合发展，做好脱贫攻坚与乡村振兴的融合衔接，扎实开展美丽乡村建设，继续强化乡村公共基础设施建设，推动优质教育、卫生资源合理布局，畅通城镇与乡村间物流、人流、资金流循环，加快城乡市场融为一体，提升乡村借力发展能力。

五是高要求改善营商环境。稳步推进构建更加完善的要素市场化配置体制机制，加快完善社会主义市场经济体制改革。深化“放管服”改革，围绕审批服务事项和营商环境指标，逐条逐项查找差距、补齐短板，推动提升营商环境再上新台阶。发挥好招投标监管联系工作作用，强化监督检查力度，集中查办一批典型案件，推进招投标信用体系建设，促进全州招投标市场竞争环境不断优化。积极争取留存电量政策，不断提高留存电量使用指标和优化受益范围。积极推进水电消纳产业示范区政策落地实施，推动发电企业促增收、供电企业有盈利、用电企业得实惠。

作者单位：阿坝州发展和改革委员会国民经济综合科
阿坝州民族经济研究中心

热点研究

接续推进巩固拓展脱贫攻坚成果同乡村振兴有效衔接研究

张兵

一、四川脱贫攻坚取得历史性成就

党的十八大以来，全省上下深入学习贯彻习近平总书记关于扶贫工作的重要论述，坚持把脱贫攻坚作为最大的政治责任、最大的民生工程、最大的发展机遇，下足“绣花”功夫，一年接着一年干、一仗接着一仗打，扎实推动精准扶贫精准脱贫取得历史性成就。主要体现在：

（一）减贫进度历史上最快

2013 年底，全省有贫困县 88 个、贫困村 11501 个，建档立卡贫困人口 625 万。截至 2020 年 11 月 17 日，四川所有贫困县、贫困村、贫困人口全部脱贫摘帽。年均减贫 100 万人以上，是 2001 年至 2010 年第一个十年扶贫纲要实施期间年均脱贫人数 70 万的 1.43 倍，打破了以往新标准实施后减贫人数逐年递减的格局。

（二）脱贫成效历史上最好

625 万建档立卡贫困人口“两不愁”全面实现，“三保障”突出问题全面解决。2020 年贫困家庭人均纯收入达到 9480 元，是 2013 年底的 3.46 倍。始终把深度贫困地区作为重中之重，针对凉山州特殊贫困问题，量身定制 34 条特殊政策和 16 条工作措施，3 年新增扶贫资金超过 200 亿元，攻克深贫堡垒取得决定性突破。凉山州、甘孜州、阿坝州的 45 个深度贫困县全部摘帽，区域性整体贫困得到全面解决。

（三）帮扶力量历史上最强

全面落实“省负总责、市县抓落实”工作机制，形成“党政一把手负总责、五级书记一起抓”的脱贫攻坚格局。精准选派党员干部到贫困地区挂职帮扶、驻村扶贫，为 88 个贫困县选派 1 名挂职扶贫副书记，全省 11501 个贫困村每村实现“五个一”帮扶、20 户以上贫困户的非贫困村实现“三个一”帮扶全覆盖，累计选派驻村干部 10.72 万名。这样强大的组织动员力前所未有，凝聚起脱贫攻坚的磅礴力量，彰显了我党的政治优势和社会主义制度优势。

（四）治贫体系历史上最优

坚持机制创新，突出法治化、制度化推进脱贫攻坚工作。对象识别上，创建脱贫攻坚大数据信息化平台，精准识别贫困对象，实施动态监测、动态管理。资金投入上，创新建立财政金融互动投入机制，2014—2020 年，全省共投入中央、省级财政专项扶贫资金 735 亿元，财政涉农整合资金超过 1200 亿元。稳定脱贫上，创新构建起扶贫产品销售体系，全国首创“四川扶贫”公益品牌，率先对脱贫对象定期开展“回头看、回头帮”。成效考核上，制定了脱贫攻坚“1+3”考核办法，实施了最严格的考核制度，保证了脱贫质量。这一整套系统化、严密化的制度体系，为全国脱贫攻坚提供了四川实践。

二、接续推进巩固拓展脱贫攻坚成果同乡村振兴有效衔接的初步思考

在新的历史起点上，接续推进巩固拓展脱贫攻坚成果同乡村振兴有效衔接和平稳转型，需要立足质量变革、效率变革、动力变革，推动巩固拓展脱贫攻坚成果同乡村振兴在内涵上的立体式、全方位有效衔接，外延上的螺旋式、多维度平稳转型。

（一）内涵上有效衔接

一是目标方略上衔接。坚持以习近平总书记关于扶贫工作的重要论述为根本遵循，坚持精准理念和精准方略。将脱贫摘帽贫困地区的乡村振兴阶段目标与巩固拓展脱贫攻坚成果全面衔接，落实“四个不摘”要求，对脱贫县、脱贫村、脱贫人口“扶上马送一程”。坚持分类指导、因地施策，实施乡村振兴战略既突出平原地区、城镇周边等基础条件较好地区主战场，又精准破解深度贫困地区、边远山区和丘陵人口大县等欠发达地区乡村振兴的瓶颈问题。二是规划体系上衔接。科学谋划一批巩固拓展脱贫攻坚成果与乡村振兴重大政策措施、重大工程项目，纳入“十四五”国民经济和社会发展总体规划。精心编制“十四五”巩固拓展脱贫攻坚成果规划，将巩固拓展脱贫攻坚成果统筹纳入乡村振兴战略一体规划，合理确定一批以稳定增收为重点的“脱贫成果巩固提升工程”项目，与乡村振兴有关项目有机衔接，形成多规合一的规划体系。三是政策措施上衔接。科学把握脱贫攻坚与乡村振兴的差异性和一致性，全面梳理现有脱贫攻坚政策，分类予以保留、延期、取消或优化，探索将脱贫攻坚的区域性、特惠性、阶段性、攻坚性政策体系转化为推进乡村振兴全域性、普惠性、长期性、常规性政策体系。四是体制机制上衔接。健全中央统筹、省负总

责、市县乡抓落实的工作机制，将五级书记抓脱贫攻坚转向抓巩固拓展脱贫攻坚成果和乡村振兴；深化扶贫“四到县”制度，优化财政扶贫专项资金投入机制，完善财政涉农资金统筹整合政策，整合资金优先用于巩固拓展脱贫成果；健全防止返贫监测和帮扶机制，关注低收入群体，突出脱贫不稳定户和边缘易致贫户，充分运用大数据平台，实时跟踪、持续监测，因户施策、精准帮扶；完善东西部扶贫协作、定点扶贫和干部帮扶机制，将单向式协作帮扶转变为观念互动、人才互兴、产业互补、技术互学、信息互联等双向式协作帮扶；完善考评机制，将巩固拓展脱贫攻坚成果作为重点内容，统筹纳入实施乡村振兴战略考核体系。五是工作体系上衔接。各级保持组织领导强度、工作力量力度不减。将统筹督查、检查、巡视、监督等扶贫领域作风建设的有效做法引入乡村振兴，切实减轻基层负担，有足够精力抓巩固拓展脱贫攻坚成果和乡村振兴。

（二）外延上平稳转型

一是推进产业扶贫向产业振兴转型。产业发展是巩固拓展脱贫攻坚成果、乡村振兴的关键所在。坚持市场导向，突出带贫、益贫，大力培育新型经营主体和龙头企业，发展带民、富民特色扶贫产业。持续加大消费扶贫力度，完善扶贫产品销售体系，切实推动贫困户更好进入产业链、融入大市场。实施农业产业革命，调整优化农业产业布局，坚持以现代农业园区建设为抓手，以现代信息技术为引擎，推进农村一、二、三产业深度融合，积极构建现代农业产业体系、生产体系和经营体系，推动扶贫产业向乡村产业绿色化、优质化、特色化、品牌化转型提质，确保广大群众持续稳定增收致富。二是推进人才帮扶向人才振兴转型。提拔重用一批脱贫攻坚基层一线优秀人才充实到乡镇工作。适当放宽重点帮扶地区基层公务员和事业单位工作人员招录招聘政策。支持各地采取培育、引进、下派、外聘等多种方式，拓宽乡村干部管理人才来源渠道。培育壮大新型职业农民队伍，打造一批产业发展带头人、农业经理人、特色业态经营人，夯实乡村振兴内生力量。鼓励和吸引城市居民进乡、优秀人才下乡、成功人士返乡、企业家兴乡、社会团体助乡，推动乡村干部群众由“被动扶”到“主动兴”的转变。三是推进扶贫扶志向乡风文明转型。实施贫困群众能力提升行动，组织带动贫困群众学文化、学政策、学法律、学技术，精准开展实用技术“田间培训”、就业技能“车间培训”，提高自我发展能力。实施乡村文明新风培育行动，坚持自治、法治、德治三管齐下，深化感恩奋进主题教育。深入开展移风易俗，积极发挥乡村自治组织和村规民约作用，推广文明生活方式，培育文明乡风、良好家风、淳朴民风。重塑乡村文化生态，充分挖掘和盘活地方特色文化资源，打造一批特色文化小镇、乡村，增加优秀乡村文化产品和服务供给，实现以文化人、以文兴村。四是推进生态扶贫向生态振兴转型。坚持以绿色发展理念为引领，创新生态扶贫机制，将生态公益性岗位作为脱贫不稳定户、边缘易致贫户稳定脱贫增收的重要保障。有序整村推进生活垃圾治理、厕所革命、污水治理等农村人居环境整治行动，持续推进宜居宜业美丽乡村建设。积极将乡村生态优势转化为生态经济优势，大力发展森林旅游、观光农业、观光旅游等，创建一批特色生态旅游村镇。加大生态补偿力度、大力发展生态产业，推动脱贫摘帽地区扶贫开发与生态保护相协调，走绿色减贫和绿色振兴路子。五是推进党建扶贫向组织振兴转型。健全干部帮扶长效机制，在过渡期内对巩固拓展脱贫攻坚成果任务重、集体经济薄弱、党组织软弱的村保留帮扶部门，坚持选派第一书记和驻村帮扶干部，继续开展精准帮扶。强化基层党组织建设，坚持城乡基层党组织、帮扶部门结对共建，推行党建强村带弱村工作模式，选好配强村支部书记。抓好大型易地搬迁集中安置点党组织建设，不断提升重点帮扶村、重点帮扶社区基层党组织领导基层治理、推动农村经济发展的能力。

三、接续推进巩固拓展脱贫攻坚成果同乡村振兴有效衔接的方法与路径

巩固拓展脱贫攻坚成果、解决相对贫困是长期任务，将伴随乡村振兴整个过程。工作中，需要遵循发展规律，讲究科学方法，把握节奏力度，长短结合、标本兼治，推进二者的有效衔接、平滑过渡、平稳转型。

（一）坚持统筹协同的理念

乡村振兴是新时代做好“三农”工作的总抓手，扶贫工作是其重要组成部分。“十四五”期间，需要将巩固脱贫成果统筹纳入乡村振兴战略，统一谋划、一体推进。在组织领导上统筹，建立巩固拓展脱贫攻坚成果同乡村振兴有效衔接的议事决策组织指挥体系，做到既明确分工，又协同配合。在工作上统筹，需要完善工作协调推进机制，合理调整优化相关政策，科学调度资金、项目、力量等各类要素，平衡推进、相互促进。

（二）坚持梯次推进的思路

将“十四五”时期的5年时间设为过渡期，欠发达地区扶贫工作的主要任务为巩固脱贫成果，确保摘帽县、退出村、脱贫人口以及边缘人口不返贫，不回落到绝对贫困状态，确保全面脱贫。加大非贫困县、非贫困村路、水、网等公共基础设施建设力度，加快补齐短板，为实施乡村振兴战略打下基础。较发达地区可探索实施解决相对贫困的政策机制。“十四五”后，欠发达地区的工作将由巩固脱贫成果转为解决相对贫困问题，实现减贫战略和工作体系的平稳

转型，在乡村振兴大背景下法治化、常态化开展扶贫工作。

（三）坚持改革创新的办法

创新政策，对乡村振兴重点帮扶县，优化财政涉农整合政策，乡村振兴政策、项目、资金等优先给予支持；健全易地扶贫搬迁后续扶持机制，实施基础设施、公共服务和产业发展等配套提升工程；完善扶贫小额信贷政策，将范围逐步覆盖到边缘户、低收入人口；健全摘帽地区基础设施保障机制，推动乡村基础设施进一步向组社延伸，打通“毛细血管”。加强运行管护，实现“村内通”和“村外畅”；完善开发式扶贫与保障式扶贫机制，更好地发挥扶贫效益。完善农村健康扶贫、教育扶贫、保障性扶贫等政策，强化社会保障、救助帮扶等基本公务服务，提高贫困群众生活水平；创新社会扶贫机制，形成政府主导、市场主力、行业主抓、社会主动、群众主体的大扶贫格局，形成多方联动、齐抓共推的强大合力；建立健全扶贫项目资产后续管理机制，充分发挥经营性扶贫项目资产效益，加强收益分配使用管理，发展壮大村级新型集体经济，巩固脱贫成果。

作者单位：四川省扶贫开发局

建设成渝地区双城经济圈的战略思考

漆先望

一、建设成渝地区双城经济圈的战略背景

建设成渝地区双城经济圈，是在国内外形势发生深刻变化的大背景下提出和谋划的。

（一）世界面临百年未有之大变局

人类社会已进入信息经济时代，信息技术正深刻改变着社会的生产方式、人们的生活方式和思维方式，决定着世界强国的兴衰更替。

新冠肺炎疫情大流行对世界格局影响深刻。中国能够率先控制疫情，既是发挥了社会主义制度集中力量办大事的优势，也得益于走在世界前列的信息经济有效提高了防控能力。面对因疫情带来的全球经济衰退，率先实现复工复产和大力支持全球抗疫的中国将加快崛起。

（二）中国特色社会主义进入新时代

通过40多年改革开放，我国实现了从低收入国家到中等偏上收入国家的跨越。2020年还将根除困扰中国社会数千年的绝对贫困，全面建成小康社会，实现第一个百年目标。在此基础上，我国将在2035年基本实现社会主义现代化，为在21世纪中叶实现第二个百年目标，建成富强民主文明和谐美丽的社会主义现代化强国奠定坚实基础。从站起来、富起来到强起来的伟大飞跃，增强了人民群众对中国特色社会主义的道路自信、理论自信、制度自信和文化自信。

改革开放显著加快了我国的工业化进程，我国已是世界第一制造业大国，拥有世界唯一门类最齐全的工业体系。预计在2025年左右我国非农就业比重将超过80％，进入工业化后期即基本实现工业化。进入信息经济时代，创新替代资本成为最关键的生产要素，共享替代私有成为最有效率的资源配置方式，大国的规模经济优势、社会主义的制度优势和共产党领导的组织优势更趋明显。即将实现工业化和加速推进信息化，是中国特色社会主义进入新时代的

突出经济特征，既夯实了社会主义的经济基础，也是建设社会主义现代化强国的底气所在。

（三）四川经济社会发展进入新阶段

从低收入地区跨入中等偏下收入地区。“十三五”以来，四川保持了高于全国平均水平1个百分点以上的经济增速。继2018年人均生产总值与全国平均水平之比达到0.76∶1，由全国的低收入地区跨入中等偏下收入地区之后，2019年四川人均生产总值与全国平均水平之比又提高3个百分点，达到0.79∶1，与全国平均水平的差距进一步缩小。

从工业化中前期进入工业化中后期。2019年四川的非农就业比重为64.9%，2020年四川的非农就业比重将超过65%分界线，由工业化中前期进入工业化中后期。2011年我国进入工业化中后期以来的实践证明，工业化阶段更替将带来产业结构和就业结构的显著变化。

从经济大省加快迈向经济强省。四川虽然是经济总量居全国第6位的经济大省，但是大而不强，人均地区生产总值在全国除港澳台的31个省区市中长期居第24位。“十三五”以来四川建设经济强省的步伐明显加快，2019年人均生产总值在全国的位次已大幅跃升至第18位。

在充分肯定成绩的同时，应看到四川经济社会发展也面临一系列新的严峻挑战。主要是：长期的低生育率和人口深度老龄化，严重影响经济社会可持续发展；新冠肺炎疫情导致全球经济衰退，增大经济下行压力；自主创新能力不足，制约经济竞争能力提升；市州经济发展不平衡，区域发展差距继续拉大。

（四）川渝经济发展存在明显差异

整体发展水平差距。2019年人均生产总值与全国平均水平之比，重庆为1.07∶1，已进入我国的中等偏上收入地区，而四川仅为0.79∶1，属于中等偏下收入地区。2019年的非农就业比重，重庆为73.4%，已进入工业化的中后期，而四川为64.9%，仍然处于工业化的中前期。2019年常住人口城镇化率，重庆为66.8%，四川为53.8%。2019年的外贸依存度，重庆为24.5%，四川仅为14.5%，从收入水平、工业化进程、城镇化进程和经济开放度分析，重庆整体经济发展水平明显领先于四川。

工业领域各具优势。四川在工业领域具有较强竞争力的行业主要是发输电设备、重大装备制造、白酒、电子信息、水电、天然气、钒钛等，而重庆具有较强竞争优势的行业主要是汽车、摩托车、电子信息、页岩气等。四川和重庆在工业领域各具优势，经济互补性较强。

基础设施各有所长。在传统基础设施方面，水运设施重庆显著优于四川，空运设施四川明显好于重庆。2019 年四川高铁通车里程为 1577 公里，重庆为 896 公里。每万平方公里拥有的高铁里程四川为 32 公里，重庆为 108 公里。作为全国最大的水电基地，四川的特高压建设走在全国前列，同时成都正在建设西部地区首个超算中心。

同处四川盆地的四川和重庆，经济发展存在明显差异，是双方优势互补、扩大经济合作的重要基础。

二、建设成渝地区双城经济圈的战略意义

在我国即将实现第一个百年目标和迈向第二个百年目标之际，习近平总书记亲自谋划、亲自部署、亲自推动建设成渝地区双城经济圈这一重大国家战略，对加快四川经济社会发展，确保我国在 2035 年基本实现社会主义现代化具有重大战略意义。

（一）重要意义

1. 构建新发展格局

成渝地区是我国西部人口最密集、产业基础最雄厚、创新能力最强的区域，拥有广阔的发展空间。推动成渝地区双城经济圈建设有利于释放成渝巨大的投资和消费潜力，畅通国内大循环，助推培育形成强大国内市场。同时，推动成渝地区打造改革开放新高地，有助于加强内陆与沿海沿边沿江协同开放，积极参与全球产业链、供应链、价值链分工，深度融入国际供需大循环，加快构建国内国际双循环相互促进的新发展格局。

2. 优化区域经济布局

成渝是中国西部地理位置最适中、规模最大、与全国和世界经济联系最密切的人口和经济集聚区，是我国长江经济带三大人口和经济核心区之一，还是衔接中国—中南半岛国际经济走廊的中枢、沟通新亚欧大陆桥国际经济走廊的便捷枢纽，具有建设成世界级城市群的良好基础。推动成渝地区双城经济圈建设，对于在西部形成高质量发展重要增长极和内陆开放战略高地，推动形成优势互补、高质量发展的区域经济布局具有重要意义。

3. 形成对外开放新格局

成渝地区是衔接“一带一路”的重要支撑点，是“一带一路”和长江经济带的联结点，是西部陆海新通道的起点，拥有我国面向欧洲最为高效便捷、中西部地区最大的全球性航空枢纽，所开行的中欧班列占全国近一半，不仅是西部地区开放程度最高的区域，也是国家南向西向开放的重要门户，正由内陆腹地转变为国家向南向西开放前沿。推动成渝地区双城经济圈建设，有利于带动

西部地区提升全面开放合作水平，打造内陆开放战略高地和参与国际竞争新基地，助推形成陆海内外联动、东西双向互济的对外开放新格局。

4. 保护长江和西部生态环境

成渝地区位于长江上游，是我国重要的生态安全屏障，对保护国家生态安全至关重要。同时，该地区生态环境也十分脆弱，容易遭受不可逆破坏，面临艰巨的生态环境保护和修复任务。通过成渝地区双城经济圈建设推进生态文明建设，优化国土开发空间，探索高质量发展下的绿色发展和公园城市建设，有利于吸纳生态功能区人口向城市群集中，使西部形成优势区域重点发展、生态功能区重点保护的新格局。

（二）重要机遇

建设成渝地区双城经济圈是深入实施长江经济带战略、实施新一轮西部大开发战略和实施军民融合战略、建设“一带一路”的最优契合点，给四川经济社会发展带来重要机遇。

1. 重塑经济布局的机遇

以成都和重庆主城区两个中心城市为核心，吸引人口和产业向成渝地区城市群聚集，将通过重塑经济布局给四川带来新的发展机遇。

一是释放经济发展潜力。打破行政区划限制，强化要素市场化配置，促进产业、人口及各类生产要素合理流动和高效聚集，将显著提高全要素生产率，充分释放经济发展潜力。

二是优化城市发展格局。建设都市圈和城市群，形成合理的城市体系和城市结构，既充分获取了规模经济和聚集经济的利益，又规避了单个建成区过大导致的“大城市病”，有利于实现经济效益、社会效益和生态效益的统一。

三是缩小区域发展差距。省内其他地区的人口适度流向成渝地区城市群，可以通过做大分子与缩小分母双向发力，加快缩小区域之间的人均生产总值差距。

2. 重构产业体系的机遇

进入信息经济时代，关键生产要素和产业结构发生深刻变化。新冠肺炎疫情带来的冲击，将加快全球供应链和产业链重构。在这一重要历史时刻，建设成渝地区双城经济圈，将通过重构产业体系给四川带来新的发展机遇。

一是增强创新能力。建设科技创新中心，开展职务科技成果所有权和长期使用权等改革试点，有利于增强四川的自主创新能力，促进科技成果转化和产业化。

二是提升产业结构。承接东部先进产业转移，支持整合发展汽车、智能制造、电子信息等优势产业，创建国家数字经济创新发展试验区，有利于提升四川的产业结构。

三是优化组织结构。鼓励企业和各种生产要素跨越区域流动，促进同类和相关企业向特色产业园区集中，能够加快形成大型产业集群，有利于优化四川的产业组织结构。

3. 改变开放格局的机遇

防控新冠肺炎疫情，进一步密切了全球经济联系。疫情过后，经济全球化的步伐必将重启。建设成渝地区双城经济圈，将通过改变对外开放格局，给四川带来新的发展机遇。

一是实现四向拓展。西部陆海新通道建设，将开创四川与南亚、东南亚合作新局面。构建长江上游航运中心，将进一步扩大东向开放。

二是发挥空运优势。建设国际航空枢纽，将充分发挥成都天府国际机场作为欧亚航路中间枢纽的有利区位，架设对外开放的空中桥梁，变四川陆运和水运的区位劣势为空运的区位优势。

三是形成便捷通道。中缅经济走廊建设由概念规划转入实质建设，将有力推动中缅铁路建设，形成四川经云南过缅甸直下印度洋的便捷出海通道，显著增进国家安全，从根本上改变四川的对外开放格局。

4. 改善发展环境的机遇

建设具有全国影响力的高质量发展增长极、建设改革开放新高地和高品质生活宜居地，将通过改善发展环境给四川带来新的机遇。

一是强化基础设施。建设多向出川出渝大通道，形成以高铁和城际铁路为主体的 1 小时通勤圈，打造国际航运和物流枢纽，同步推进通信、能源和水利建设，将形成支撑现代化建设的强大基础设施。

二是改善营商环境。强化要素市场化配置，推进体制创新，加大金融、科技等领域开放力度，将进一步改善营商环境。

三是改善生态环境。鼓励人口迁徙促进生态修复，建设生态廊道筑牢长江上游生态屏障，建立生态补偿机制变现生态保护价值，加强跨界协同提高污染治理能力。

四是改善人居环境。加快城市化进程缩小城乡差距，共建共享提高公共服务效率，将明显增强居民的幸福感。

三、四川推动成渝地区双城经济圈建设的总体思路

（一）战略定位

根据党中央要求和本省实际，四川推动成渝地区双城经济圈建设的总体思路应明确“建设高质量发展增长极”的战略定位。其基本内涵是：按照“尊重

客观规律，发挥比较优势”的指导思想，强化要素市场化配置，坚持高效分工、错位发展，突出成都的中心城市优势带动作用，深化与重庆的全面战略合作，统筹推进成渝地区双城经济圈建设，打造具有全国影响力的重要经济中心、科技创新中心、改革开放新高地、高品质生活宜居地，完成工业化任务，加快信息化进程，确保2035年基本实现社会主义现代化。

客观要求。我国已从以解决数量短缺为重点的经济高速增长期，转入以提高质量效益为重点的经济转型发展期。突出建设高质量发展增长极这个主题，既是实现国家推进成渝地区双城经济圈建设的战略意图，也是四川加快建设经济强省的迫切要求。

基本条件。作为西部大开发的火车头、内陆开放前沿、全国最大的清洁能源基地和西部唯一的“全面创新改革试验省”，四川具备建设“高质量发展增长极”的基本条件。

现实可能。“十三五”以来，四川人均地区生产总值在全国各省（区）市的位次大幅提升了6位，质量变革、动力变革和效率变革呈现良好发展势头。由于人口、城镇和产业大都集中在四川盆地，建设成渝地区双城经济圈，能够更好地带动四川实现高质量发展。

（二）战略目标

具有全国影响力的重要经济中心。依托都市圈和城市群吸引优秀人才和优秀企业，促进生产要素合理流动和高效集聚，形成高质量发展的重要增长极。以内需拉动为主保持经济中高速增长，经济总量继续居于全国前列，人均生产总值在各省（区）市的位次进一步靠前，城乡居民收入达到全国平均水平。经济发展的质量和效益明显提升，成为西部地区高质量发展的标杆。形成具有国际竞争力的现代工业体系、现代服务业体系和现代农业体系，2035年前非农就业比重超过80%，基本实现工业化。

具有全国影响力的科技创新中心。布局大科学装置和国家实验室，提供原始创新的强大基础研究支撑。完善省级科技创新基地布局，加快科技成果转移转化。研发费用占地区生产总值的比重超过2.5%，科技实力大幅提升。全要素生产率提高对经济增长的贡献超过50%，创新成为引领发展的第一动力。坚持以信息化引领现代化，全面实施“互联网+”行动，建设数字经济创新发展试验区和新一代人工智能创新发展试验区，建设网络强省、数字四川和智慧四川，2035年信息化进程达到或超过全国平均水平，夯实基本实现社会主义现代化的经济基础。

具有全国影响力的改革开放新高地。以强化要素市场化配置，加快科技成果转化，建设市场化、国际化和法治化的营商环境为突出标志，成为西部地区乃至全国深化改革的排头兵。按照“四向拓展、全域开放”的对外开放战略，以加大金融、科技等领域开放，对外贸易规模显著扩大，吸引外资和对外投资走在全国前列为重要标志，成为“一带一路”建设的重要出发地和支撑点。

具有全国影响力的高品质生活宜居地。提供舒适方便的居住环境，实现“住有所居”向“住有宜居”转变，建立全生命周期的健康服务体系，建立全方位全流程的社会化育儿体系和养老体系，健全社区服务，完善公共交通，显著增加居民的闲暇时间和幸福感。营造宜业宜商的经济环境，健全就业促进机制提供充分的就业机会，全面改善营商环境，创造宽松的创业氛围。营造安全包容的社会环境，完善覆盖全民的社会保障体系，强化公共服务共建共享，构建现代社会治理体系，形成混合居住的社区结构和社会结构，弘扬和谐包容的地域文化。营造美丽环保的生态环境，筑牢长江上游生态屏障，建设全国清洁能源示范省，公园城市和美丽乡村建设走在全国前列。

（三）战略合作

服从国家战略大局，面向国际经济竞争，以共同打造全国新的增长极为目标，全面深化川渝战略合作，力争实现以下重大突破。

设施联通的重大突破。加快成南达万高铁、渝昆高铁、嘉陵江下游航电和向家坝灌区等重点项目建设，以大型基础设施互联互通支撑成渝地区双城经济圈加快崛起。共同推进以信息基础设施、融合基础设施和创新基础设施为主要内涵的新基建，特别是加快建设成渝中线高铁，促进两大中心城市同城化发展。共同推进嘉陵江下游航电建设，实现嘉陵江全江渠化通航，形成第二大件通道。统筹航空运输体系建设，协同打造国际航运枢纽。统筹规划国际多式联运集疏系统，协同打造内陆国际物流枢纽。

经济合作的重大突破。共同打造特色优势产业集群，联合创建国家数字经济创新发展试验区，协同打造军民融合产业体系。共建西部金融中心、自贸试验区协同开放示范区，共建农业高新技术产业示范区，现代化高效特色农业带和巴蜀文化旅游走廊。

科技合作的重大突破。共同搭建科技创新平台，共同争取国家布局重大科技基础设施和研究平台。深入开展全面创新改革试验，着力推动川渝两地科技创新和体制机制创新。共同推进核心技术攻关和成果转化，共同推进国际科技交流合作。

生态保护的重大突破。深化跨流域跨区域生态保护合作，统一保护标准，实现一张负面清单管两地，共同推进长江、嘉陵江、岷江、涪江、沱江等生态廊道建设。完善联防联控机制，加强跨界跨流域污染协同治理，建立常态化跨区域生态补偿机制。

空间布局的重大突破。创建万达开川渝统筹发展示范区，推动川东北和渝东北地区一体化发展，建设成渝地区双城经济圈北部经济副中心。促进川南渝西融合发展，加快建设成渝地区双城经济圈南部经济副中心。推动成渝中部地区一体化发展，建设成渝地区中部物流配送中心。推动广安与合川、遂宁与潼南、荣昌与隆昌、合江与永川等次区域合作，共同打造跨区域合作先行示范区。

川藏铁路建设对四川沿线经济社会发展的影响研究

彭浩　吴雪婷

建设川藏铁路是贯彻落实新时代党的治藏方略的一项重大举措，对维护国家统一、促进民族团结、巩固边疆稳定和推动西部地区特别是川藏两省区经济社会发展，具有十分重要的意义。四川是西部地区重要大省、西部经济的领头羊、开放合作的大枢纽、创新驱动的策源地、绿色发展的核心区，在全国发展大局中具有重要地位。对四川而言，川藏铁路既是一条交通走廊，也是一条经济走廊，具有“发展杠杆”“重要引擎”“关键变量”的巨大作用。如何全面提升川藏铁路建设对四川沿线经济社会发展的综合效益，我们认为，应从以下几个方面进行思考和把握。

一、乘势而上，抢抓沿线经济社会发展机遇

川藏铁路雅安至林芝段新建正线1011公里，其中四川境内长471公里，速度目标值120—200公里/小时。沿线的成都、雅安和甘孜两市一州的发展水平差异较大，分别处于三个不同的工业化阶段。成都非农就业比重接近90%，已进入工业化后期；雅安非农就业比重刚刚超过50%，处于工业化的中前期；甘孜非农就业比重不到30%，尚处于工业化初期。同时，两市一州的经济发展面临不同的制约因素。成都作为特大城市，环境容量明显不足；雅安受交通条件限制，产业基础薄弱；甘孜受自然地理和交通条件限制，不适合进行高强度的工业化发展。由此可见，川藏铁路沿线经济社会发展不平衡问题十分突出，应抓住川藏铁路建设带来的新特征新要求，全力推进地方经济社会发展、民生改善。

（一）提升对外开放程度

川藏铁路是党中央、国务院立足全局、着眼长远做出的重大战略部署，是重点推进的沿边铁路，是面向南亚开放重要通道，将与规划建设的中国—尼泊尔铁路连接，围绕培育环喜马拉雅经济合作带、参与孟中印缅经济走廊的南向开放新通道建设，推动共建“一带一路”。同时，川藏铁路作为西藏的重要东

出通道，从四川成都铁路枢纽接入全国铁路网，可进一步加强我国东、中、西部地区的联系，全面融入长江经济带和成渝双圈建设，为区域间经济互补、资源共享提供重要的交通支撑，使长期处于内陆的中国西部地区一跃成为承东启西、连南接北的开放枢纽，从而加快区域经济转型发展步伐，并进而为实现这些地区后发赶超创造新的条件。

（二）优化国土空间布局

川藏铁路的建设，将影响沿线区域协同发展。按照“一干多支、五区协同”的战略布局，构建与国土空间开发保护格局相适应的支撑体系，明确站点周边区域的引导方向和协调机制，高效集约节约土地，加强存量建设用地盘活力度，提高站区周边经济和人口承载能力，统筹规划。通过优化空间布局结构，促进解决资源较差、发展活力不足地区的经济，建立健全纵向横向结构、多元化市场化的站区发展机制。重视站区综合开发，以综合开发效益弥补铁路亏损，外部效益内部化，为铁路建设的可持续发展奠定坚实的基础。

（三）促进产业发展升级

川藏铁路作为一个世纪工程必将孕育一场新产业革命，对沿线乃至整个西部在内的地区的全方位发展产生重要影响。应积极把握新产业革命发展进程，注重利用新产业革命成果，加快推进区域经济协调发展。一是结合“一带一路”建设优化生产力、城镇和基础设施布局，培育铁路沿线内需体系，促进高质量发展和高品质生活，提升铁路沿线区域竞争力。二是探索“绿水青山就是金山银山”的实现路径，完善生态产品价值实现机制，提升自然资源资产的经济、社会和生态价值。三是结合全域旅游，促进区域间人口流动，加强发展区域自然和人文景观的整体保护和塑造，做好生态文化旅游融合发展工作，突出大熊猫和茶马古道两大世界级旅游文化品牌，充分供给多样化、高品质的魅力城镇空间。

（四）带动创新平台发展

一是强化科技力量创新。提升技术创新能力，依托创新平台、科研机构、高等院校、重点企业，加快推进关键技术、新型材料和重大装备研发，全力推动四川技术装备在川藏铁路建设过程中的示范应用。二是人才引进机制创新。川藏铁路建设必然带来新技术及优秀人才的聚集，沿线地区应抓住铁路建设的机遇，激发人才创新活力，加强人才管理的信息化建设，开展以“整合资源、共享数据”为特点的人才信息化建设，共建共享技术人才的平台。三是完善政策制度创新。在市场经济条件下，生产要素的跨区域自由流动是促进区域协调与一体化发展的关键。要进一步加快市场经济体制改革，促进生产要素的合理流动，破除限制要素自由流动的各种体制机制障碍，打破地区封锁和垄断，建立统一开放、竞争有序的市场体系，促进资源在各区域间的优化配置。中西部地区应进一步深化国企改革、财税体制改革、金融体制改革等领域的一系列政策措施的实施与突破，促进各类市场主体行为更加活跃，形成区域经济持续快速发展的内在机制。

二、科学谋划，确定沿线经济社会发展原则

为充分发挥川藏铁路的工程溢出效应，推进铁路建设与沿线地区城镇规划建设的协同，加强沿线地区经济快速发展，需着力把握好以下几个原则：

（一）坚持生态优先，有限开发

注重生态修复，大力推进退耕还林还草，扩大湿地保护范围，充分发挥大自然的自我修复能力。以资源环境承载力评价和国土空间开发适宜性评价为基础，摸清资源利用上限与环境质量底线，科学划定“三区三线”，科学预测新增建设用地需求。按照建设资源节约型社会的要求，提升空间集约化发展水平，引导产业适度集聚在重点开发区，全面落实生态文明主体责任，尤其是按照建设环境友好型社会的要求，强调人与自然的和谐相处，切实保护川藏铁路沿线重点生态功能区等自然生态系统，实施保护性发展，有限度开发。

（二）坚持分类施策，重点突破

深入开展调查研究，综合考虑沿线各地经济发展水平、资源禀赋和产业现状、人口及城镇布局、生态环境及资源环境约束条件，根据不同地区、不同需求情况，制定有针对性的发展策略，针对站城发展重点问题，提出规划应对措施，突出重点地区、安排重点项目，争取重点突破，发挥示范效应。

（三）坚持互利合作，共建共享

在铁路设施配置和布局中要考虑社会化、市场化，力争与城镇公共服务设施、公共基础设施共建共享。特别是车站设计建设要考虑更好地服务城镇和融入城镇，力争实现站城一体，展现地域特色、民族特色。

三、厘清形势，明确沿线经济社会主要任务

川藏铁路沿线经济社会发展可分为项目建设阶段和项目运营阶段，根据不同阶段的发展目标、资源条件、市场需求和产业需求，协同发展以下产业，作为促进沿线经济社会健康发展的主要任务。

（一）积极发展铁路关联型产业

铁路关联型产业主要指与铁路建设投资相关联的产业，如相关基建类、技

术研发类、现代物流类等形成巨大投资拉动，扩大市场，提升产业素质。

一是铁路基建材料。考察既有产业基础，成都、雅安和昌都将是建设期最大的产业受益对象，可突出包括机械制造、建材以及物流等建设配套产业的发展。积极推动采用“四川造”施工设备和建筑材料，研究制定《抢抓川藏铁路建设等重大机遇推动装备制造业与建筑材料业加快发展的工作方案》，提出具体任务、责任分工和保障措施。

二是铁路技术研发。铁路部门开放采购清单，鼓励川藏铁路沿线以及周边区域（运输半径范围）内的企业积极进行技术攻关，获取供应资质成为供应商。精准对接国内重点装备制造龙头企业，强化省企战略合作，争取在四川规划布局研发和生产基地。

三是轨道装备制造。依托资阳、成都、眉山的产业基地，成都的研发中心和教育基地，形成产学研配套的高原轨道交通装备研发制造基地。

四是铁路保障产业。依托成都和雅安，围绕高原铁路建设和运营的特殊需要，积极发展高原铁路整机维修等生产性服务业和医疗保障等生活性服务业。

五是现代物流产业。适应川藏铁路建设带来的通道变化和运量增长，创新发展现代物流，实施物流降本增效工程。依托铁路站点分别建设公铁联运、空铁联运的物流枢纽和物流节点。以搭建物流信息平台和大理发展第三方物流为特征，加快川西北地区现代物流和智能物流发展。推进物流与电商融合发展，建设开放物流网络。加快发展农产品冷链物流。

（二）积极发展民族融合型产业

根据沿线资源特征，培育产业主体和支柱产业、实现区域经济优势为目标，打破行政隶属关系，融合各方优势，实行一体化运行的经济机制和发展模式。

1. 农业融合

川藏沿线地域辽阔，光热水土资源丰富，农、牧业基础较好。一方面积极发展铁路沿线高原果蔬种植基地。如在甘孜州理塘线段发展高原特色农业，打造“极地果蔬”品牌，通过盒马鲜生、伊藤洋华堂等商超成功打入成都、广州、珠海等高端市场。另一方面，发展藏药种植及发展研发制药产业，借助川藏铁路带来的交通便利打通流通渠道，形成“种植—加工—销售”完整产业链，带动川藏沿线区域经济增长。

2. 工业融合

川藏铁路沿线大多数都属于生态脆弱区，不适合大规模开展工业活动。因此，从沿线地区整体生态保护以及整体利益最大化出发对工业发展进行协同。

一是全面提升成都工业能级，二是大力建设雅安工业新中心，三是适度发展昌都等节点加工业。

3. 文旅融合

川藏铁路沿线是我国最大的藏族聚居区，依托藏族悠久历史和灿烂文化，坚持文化和旅游系统“宜融则融、能融尽融”的总思路。文化是产业协同发展的引领者，在加强对民族传统历史文化保护的同时，积极挖掘文化和旅游资源，强化以文化相通促进产业合作，强调“以文促旅、以旅彰文”让“文化+旅游”实现“1+1>2”，将藏族文化和旅游融合发展向纵深推进。

4. 金融业融合

在川藏铁路沿线城市中，理塘县构建以“人流、资金流、信息流”为一体的康南商贸服务中心，重点发展以旅游接待和商贸为主的现代服务业；白玉县重点发展旅游服务业、信息服务业以及金融服务业；庐山县三个重点镇发展以商贸、特色餐饮、高中端住宿、休闲娱乐等为主的现代服务业；一般镇重点发展服务本区域的生活性服务业。

在沿线县市构建商贸中心的同时，沿线车站按照车站大小和实际情况，划定站区规划范围。以站区土地综合开发弥补铁路亏损的角度，提出站区土地开发业态、开发规模、建设时序、投融资模式的综合开发方案，外部效益内部化，为铁路建设和沿线地区经济的可持续发展奠定坚实的基础。

（三）积极发展环境友好型产业

即大力发展污染排放少、环境影响小、资源可持续利用的绿色产业，主要包括：

在林牧业方面，结合退耕还林还草，大力发展林业及林下产业，建设特色林业基地。在加强草原保护的前提下，优化发展好牛、藏羚羊等特色畜牧业。

在可再生能源方面，以龙头电站和有调节库容的电站建设为重点，有序推进大渡河、金沙江、雅砻江水电开发。连片推进大型太阳能光伏发电基地建设，努力推进高原风电发展，加快地热资源开发。通过风、光、水互补，大幅提高可再生能源的调节能力，建成全国重要的可再生能源基地。

在战略性新兴产业方面，川藏铁路将建成我国第一条全数字化铁路，要抓住有利机遇在成都重点发展新一代信息技术产业和数字经济。发挥川藏铁路沿线的可再生能源优势，在成都加快发展燃料电池和氢能源汽车，在雅安重点发展大数据存储、微晶材料和玄武岩纤维等，在甘孜建设水电消纳示范区，重点发展电解水制氢和其他高载能产品。

四、攻坚克难，制定沿线经济社会协同发展路径

（一）绿色发展，集约用地

川藏铁路所涉及区域生态脆弱，其建设应遵循可持续发展的理念，坚持尊重自然、顺应自然、保护自然，坚持节约优先、保护优先、自然恢复为主，守住自然生态安全边界，在保护生态系统质量和稳定性的基础上，全面提高资源利用效率，与铁路沿线城镇生态保护规划相协调，节约集约用地。一是按照建设重要的生态安全屏障要求，严格以“双评价”为基础，控制环境容量开发规模。发展绿色产业，布局和发展环境友好的绿色产业，实现生态富民。制定符合川西北生态保护要求的负面清单，明确川藏铁路沿线禁止进入和限制进入的产业。强调绿色施工，在铁路建设过程中尽可能减少破坏性施工，合理处置弃渣，积极保护和恢复植被。二是按照建设资源节约型社会的要求，将产业发展和生态保护有机统一，提升投入产出强度和土地利用的集约化程度，引导产业适度集聚在重点开发区，尤其是沿线城市空间较大的重点区域，以税收分享的方式实现整个产业链的联动。三是通过整合、置换和储备，合理安排铁路沿线区域土地投放的数量和节奏，改善建设用地结构、布局，挖掘用地潜力，提高土地配置和利用效率，科学拟定开发时序，合理控制开发规模。

（二）市场主导，政府引导

坚持以市场利益为核心主导，政府着力营商环境，更好发挥区域企业发展的自主性。一是发挥政府区域协调作用。沿线政府协同提升产业发展规划，全面统筹资源力量，进行提升川藏铁路沿线城镇产业发展规划工作。对综合开发用地在设定条件、土地出让底价优惠方面出台支持政策，推动各站点综合开发。按照国办发〔2014〕37号文“土地综合开发可分期供应，分期供应的土地可成片提供”政策要求，制定相应实施细则或指导意见。同时，优化投资使用方向和方式，解决站点综合开发过程中难获土地开发权的问题，促进区域协调发展新机制有效有序运行。二是坚持市场区域主导作用。吸引社会资本进入、明确开发主体（合资开发公司）充分发挥市场在区域协调发展新机制建设中的主导作用，坚持以市场利益为核心主导，发挥区域企业发展的自主性。三是设立沿线产业发展基金。增加债券、股票等直接融资，加大银行贷款等间接融资，重点支持配套基础设施建设和沿线产业发展。

（三）文化引领，文旅融合

一是以康巴文化为核心的多民族文旅融合大走廊。依托川藏铁路，将康定、昌都、芒康串联成线，着力打造鲁朗、林芝、波密等低海拔地区旅游节

点，实施民族文化、大熊猫文化和茶文化发展工程，建设康定情歌文化园和香格里拉文化产业区。进一步依托川藏铁路，构建拉萨到成都、成都到云南、成都到兰州的高铁加航空交通网，形成世界级多民族文化融合旅游大走廊。二是积极发展世界级自然生态旅游。沿着川藏铁路，特别是从甘孜州到昌都沿线，开发建设世界级自然公园，以生态大协同促进生态旅游大发展。深入探索多层次生态旅游模式，包括生态研究、生态观光和生态教育等，将生态价值转化为产业价值，在生态利用中实现生态保护。三是全方位开发极具民族性和时代性的文创产品。加强文旅融合发展，应充分考虑所经过地区传统文化保护的需要，将区域文化元素与建设有效融合，建议依托传统藏寨以及一些人口相对密集的重点城市积极发展文创产业。

（四）科技创新，产业升级

以川藏铁路建设为契机，一是制定《川藏铁路重大科技攻关实施方案》。编制川藏铁路专项技术标准、管理标准，推动川藏铁路重大科技攻关取得新突破。二是建设技术创新中心。由铁科院牵头，中铁二院、中国铁设、中铁一院、中铁工业和铁建重工等单位共同出资组建川藏铁路技术创新中心有限公司，推动科技创新的同时，引进多学科多领域的人才。三是建设配套产业园区。在成都天府新区、蒲江，雅安名山、天全，甘孜泸定、康定等地建设川藏铁路配套产业园，全方位保障川藏铁路建设和运营需要。

作者单位：四川省发展和改革委员会铁路和机场建设综合处

加快社会事业发展提升四川城乡公共服务水平研究

四川省发展和改革委员会社会发展处

“人民对美好生活的向往，就是我们的奋斗目标”，“十四五”时期是四川省由全面建成小康社会转向全面建设社会主义现代化新征程的第一个五年，认真谋划推进民生社会事业建设，建设高质量公共服务体系，提升全省城乡公共服务水平，是更好满足人民群众美好生活需要的内在要求，对切实保障和改善民生具有重要意义。

一、进展成效

“十三五”期间，四川坚持以人民为中心的发展思想，以涵盖教育、医疗卫生、就业、社会保障、社会服务、住房保障、文化体育等领域基本公共服务清单为核心，扎实推进城乡、区域、人群基本公共服务均等化，全省公共服务和民生保障水平稳步提升。

（一）公共教育发展更趋公平

义务教育均衡发展纵深推进，2020年，全省九年义务教育巩固率达到95.9%，大班额占比降至3.5%，义务教育基本均衡县（市、区）占比达到100%。公办幼儿园和普惠性民办幼儿园为主体的学前教育服务网络基本建成，学前三年毛入园率达到90.9%。普通高中办学水平进一步提高，高中阶段教育毛入学率达到93.1%。职业高中加快发展，建设中职示范校50所、示范专业100个，毕业生就业率达到95.5%。

（二）医疗卫生服务全面提升

医药卫生体制改革持续深化，健康四川建设全面推进，基本医疗卫生服务、公共卫生服务和药品供应保障体系基本建立，分级诊疗制度和“1小时三级医院服务圈”基本形成。2020年，全省每千人口执业（助理）医师2.8人、注册护师（士）3.4人、卫生技术员7.5人，居民健康档案电子建档率95.5%，婴儿、5岁以下儿童和孕产妇死亡率分别下降至2.3‰、3.4‰和9.8/10万。全省人均预期寿命达到77.3岁。

（三）公共就业服务不断优化

就业总量持续增长，就业服务体系日趋完善，城乡劳动者就业质量显著提高，劳动关系整体和谐稳定。2020年，城镇新增就业96.2万人，失业人员再就业30.9万人，就业困难人员就业8.9万人，转移输出农村劳动力2573.4万人，城镇登记失业率控制在4.5％以内。

（四）社会保障体系基本建立

城乡居民养老保险制度实现整合，保障水平稳步提高，社会保险省级统筹管理体系基本建立。2020年，全省96.6％的三级定点医院、66％的二级定点医院和24.3％的其他医院接入国家异地就医结算平台，开通跨省异地就医直接结算医疗机构2647家。社会保障卡持卡人数达到8904万人，城乡居民基本养老保险参保率达到91.5％。城乡居民基础养老金标准提高至100元/月。

（五）基本社会服务逐步健全

社会服务体系不断完善，临时救助制度全面实施，城乡最低生活保障标准增长和补助水平调节机制基本形成，残疾人小康进程加快推进。2020年，全省城乡低保平均保障标准分别达到614元/月和432元/月，集中和分散养育孤儿标准提高到不低于1400元/月和900元/月，城乡特困人员基本生活标准低限分别为767元/月、507元/月。

（六）住房保障制度覆盖城乡

将城镇保障性安居工程建设和农村危房改造纳入30件民生实事，涵盖公共租赁房（含廉租房）、经济适用房、限价商品房、棚户区改造、农村危房改造的住房保障体系不断健全。到2020年，全省累计建成公共租赁房（含廉租房）63.9万套，棚户区改造109.1万套，城镇老旧小区改造104万户，农村危房改造236.6万户，城镇公租房覆盖率5.3％，总体上保障了困难群众住房需求。

（七）公共文化体育繁荣发展

公共文化服务标准化和均等化持续推进，农村公共文化服务能力增强，全民健身活动蓬勃开展。以县（市、区）文化馆、图书馆为中心，乡镇（街道）综合文化站为分馆，村（社区）综合文化活动室、农家书屋为服务点的总分馆体系基本建立，公共文化场馆实现免费开放，数字广播电视基本实现村村通。2020年，全省每万人拥有体育场地22.9个，人均体育场地面积1.5平方米。

二、主要问题

虽然全省基本公共服务条件得到较大改善，但与人民群众美好生活需要仍然存在较大差距，公共服务发展不平衡不充分问题仍然较为明显。

一是供给总量不足。全省地方财政教育、社会保障和就业支出均远低于国家一般公共预算教育支出和社会保障和就业支出增长水平。“一老一小”基本公共服务保障供需缺口较大，如全省每千名老年人拥有养老床位31张，在园幼儿数占比89%，均低于国家标准。

二是发展质量不高。虽然全省基本公共服务已基本实现全覆盖，但“小、散、弱”的问题十分明显，优质公共服务供给不足。如优质医疗资源供给不足，全省进入全国综合医院100强的医疗机构仅2家，三甲医院占全省医院比例仅为3%，大型三甲医院甚至部分县级医院床位使用率长期保持在110%以上高位。

三是城乡、区域差距较大。城乡、区域经济发展不平衡导致基本公共服务供给差距较大，成都市每千人医疗床位数为9.3张，甘孜州仅为4.6张。城市养老院一床难求，农村敬老院空置率较高；城市小学教师本科以上比例是农村的1.6倍，义务教育学校呈现出明显的“城挤乡弱村空”现象。

三、发展形势

“十四五”时期是四川推进成渝地区双城经济圈建设、打造高品质生活宜居地和推进经济社会高质量发展的关键时期，分析当前经济社会发展形势可见四个新变化。

（一）发展新阶段

当前，四川的社会主要矛盾已经转化为人民日益增长的美好生活需要和不平衡不充分的发展之间的矛盾，特别是全省经济进入中高速增长、高质量发展阶段，以及新型城镇化和乡村振兴战略加快推进，城乡公共服务供给差距对维护社会公平正义带来严峻挑战，对统筹城乡公共服务体系建设和实现基本公共服务标准化、均等化提出了新要求。

（二）需求新升级

在全面建成小康社会基础上，城乡居民人均可支配收入水平稳步提高，群众消费需求层次逐步提升，对公共服务数量、质量提出了更高期盼，要求我们转变公共服务供给观念，逐步从公共服务“有没有”向“好不好”转变，着力提升公共服务供给质量，扩大优质公共服务多元化供给。

（三）人口新结构

2019年，全省65岁以上老龄人口达到1207万人、占比14.4%，进入深度老龄化社会，呈现出从深度老龄化向超老龄化转变、严重少子化向超少子化转变、人口红利向人口负债转变三个趋势，对提高生育水平、完善养老服务体系、提高劳动力整体素质等提出更高要求。

（四）技术新突破

以人工智能、大数据、云计算、5G 等为代表的新一轮科技革命蓄势待发，新型基础设施加快建设，必将带来公共服务供给方式的革命性变化，要求我们打破传统思维，推进公共服务供给智慧化、信息化。

四、发展思路、重点任务与实现路径

（一）发展思路

坚持以习近平新时代中国特色社会主义思想为指导，全面贯彻党的十九大和十九届二中、三中、四中、五中全会精神，认真贯彻落实省委、省政府各项决策部署，按照高质量发展要求，坚持以人民为中心的发展思想，加强一体化规划引领，构建整合型公共服务体系，完善一体化标准体系，推进多元化主体供给，强化系统化考核评价，推进农业转移人口市民化进程，努力实现城乡公共服务一体化、均等化、标准化发展，促进城乡公共服务发展始终与经济发展进程相适应。

（二）重点任务

“十四五”期间，我们既要解决发展不平衡不充分问题，强化基本公共服务保障能力，兜牢民生底线，又要扩大多元化、社会化公共服务供给，必须把握新形势、新要求，突出工作重点，根据区域功能定位、经济社会发展水平和人口流动规律等，统筹资源布局，尽力而为、量力而行，加快建设高品质生活宜居地。

1. 坚持教育优先发展

基础教育重点突出提升资源配置效率，继续加大优质教育资源向贫困地区薄弱学校倾斜力度，全力推进教育信息化建设、鼓励集团化办学，扩大优质教育资源覆盖面，逐步缩小区域、城乡、校际差距，实现有质量的教育公平。高等教育着力推进内涵式发展，抓好“双一流”建设，强化省域内高等教育优势互补和联动发展，全面提升高等教育人才培养能力和科研创新能力，努力打造全国高等教育发展新高地。职业教育紧紧抓住产教融合这一灵魂主线，聚焦“5+1”“4+6”“10+3”重点产业和急需短缺人才，突出发挥企业主体作用，完善配套支持政策，实现人才供需精准对接、资源集聚融合发展。

2. 健全医疗卫生服务体系

公共卫生聚焦医防融合发展，基础设施补短板，实施疾病预防治疗、实验检验研究等“六大能力提升工程”，着力建设省级公共卫生综合临床中心，布局全省区域重大疫情防控救治基地。医疗服务突出质量提升和结构优化，依托华西医院等优质资源创建国家医学中心、区域医疗中心，规划布局一批省级区域医疗中心，推进城市医联体网格化，加快优质医疗资源扩容下沉。中医药发展突出传承创新，推动高水平中医医院争创国家中医医学中心、国家区域中医医疗中心，支持打造中医药传承创新中心、中医“旗舰医院”和特色专科。

3. 积极应对人口老龄化

重点谋划提高生育率、完善养老服务体系、打造老年宜居环境三个方面。突出实施人口长期均衡发展战略，建立生育促进协调机制，完善产休假、生育保险、生育津补贴等“政策包”，健全妇幼保健、婴幼儿托育服务体系，提升全省生育水平。围绕养老服务“七大工程”，推进居家社区养老服务提质增效，提升城乡公办养老机构兜底保障能力，促进民办养老机构规模化、连锁化、专业化发展，全域推进医养结合，积极推广“时间银行”互助养老模式，扩大养老服务资源供给。推动公共基础设施和公共场所适老化改造，完善老年人优待制度，扩大健康监测、康复辅助等产品供给，建设老年友好型社会。

4. 完善社会保障体系

社会保障突出社会保险体系完善和救助制度创新，加大重点群体基础保障。建立城镇职工基本养老金和城乡居民基础养老金正常调整机制，完善统一的城乡居民基本医疗保险制度和大病保险制度。筑牢重点群体关爱服务体系，健全权益保障制度和服务保障体系，促进妇女、未成年人和残疾人等与经济社会同步协调发展，共享改革发展成果。完善退役军人服务保障，建立健全组织管理、工作运行和政策制度体系，营造尊军崇军浓厚社会氛围。统筹社会救助资源，打造多层次救助体系，夯实基本生活救助，完善专项和急难社会救助。

5. 更加突出文化建设

公共文化服务重点突出提质增效、便利可及，推进城乡公共文化服务体系一体建设，实施全省乡村文化振兴“百千万”工程和公共数字文化整合创新工程。着力振兴出版、影视、川剧、曲艺，打造一批有四川味的精品文艺和文化IP，培育一批竞争力强的文化市场主体。聚焦高水平建设巴蜀文化旅游走廊，做强九寨沟、都江堰—青城山、峨眉山—乐山大佛、三星堆—金沙等国际旅游品牌，打造大熊猫栖息地、世界遗产地、中国最美景观大道精品旅游线路，加快建设具有国际范、中国味、巴蜀韵的世界重要文化旅游目的地。

6. 打造高品质生活宜居地

聚焦持续扩大公共服务多元化、优质化、智慧化供给，创新政府引导社会投资公共服务的体制机制，扎实推进产教融合试点城市建设、城企联动普惠养老专项行动、家政服务业提质扩容"领跑者"行动、全国社会足球场地设施建设专项行动等社会领域改革试点工作，探索公建民营的社区普惠公共服务供给模式。开展智慧城市建设提升城市功能，促进公共服务供给信息化、智慧化。多措并举推进体育公园、康养基地、完美社区建设等高质量公共服务体系建设。

（三）实现路径

进一步提升全省公共服务质量和水平，必须从规划编制、体系建设、标准制定、社会参与、考核评估等多个方面系统谋划、综合施策，确保"十四五"时期重点任务有效落地落实。

1. 科学编制城乡公共服务发展规划

针对城乡公共服务发展现状、存在问题和发展重点，系统谋划城乡公共服务体系建设、城乡公共服务资源管理体制、城乡公共服务标准体系、各级政府考核机制等，强化公共服务规划与区域发展规划、城乡建设总体规划、土地利用规划等统筹衔接，同步谋划土地保障、资金投入、人才培养、设施配备等要素保障，确保规划系统性、完备性。

2. 努力构建整合型城乡公共服务体系

加强城乡公共服务要素资源整合利用，分行业构建以县级主要公共服务机构为龙头、县级其他公共服务机构和乡镇（街道）公共服务机构为成员的县域公共服务共同体，通过"集团式""紧密型联盟式"运营管理模式建立完善整合型管理体制，加快推进城乡便捷的公共交通、信息网络等基础设施建设，尽快降低城乡居民享受公共服务的货币成本和时间成本，持续缩小城乡公共服务质量和时效差别。

3. 系统制定城乡公共服务标准体系

按照即将出台的国家基本公共服务标准及时制定出台《四川省基本公共服务标准》，有针对性地制定城乡公共服务体系建设方案，按计划、分阶段地推进城乡各级公共服务体系达标建设。同时，按照省委省政府决策部署，结合重大政策出台、规划中期评估等，适时就个别领域基本公共服务项目和标准进行动态有序调整。

4. 大力推进农村公共服务多元化供给

强化农村基本公共服务政府投入主体责任，深入对接"十四五"时期公共服务领域中央预算内资金投向，积极组织地方在教育、医疗卫生、文化旅游、应对人口老龄化、社会服务、全民健身等领域谋划储备一批重大项目，加快推进项目前期工作，争取更多中央预算内资金支持，同时加大省、市、县各级财政资金配套保障力度。对城乡医疗卫生机构、职业教育、学前教育等可通过项目包的形式，采用 PPP 模式投资建设或争取国家专项债支持。借鉴城企联动普惠养老专项行动经验，持续完善金融、财税、土地等配套政策，激发社会资本参与提供公共服务积极性，持续扩大城乡公共服务供给。

5. 有序推进农业转移人口市民化进程

加快推进成渝地区双城经济圈建设，扎实推进以人为核心的新型城镇化建设，增强城镇综合承载力，提高城镇化发展质量和水平。聚焦进城农村农业转移人口需求最迫切的就业、教育、医疗、社保和住房等领域，通过提供基本公共就业服务、加强职业技能培训、保障平等受教育权利、完善进城落户和居住证制度等，确保农村转移人口同等享有基本公共服务，促进农村转移人口有序实现市民化。

6. 持续完善城乡公共服务发展考核机制

建立健全城乡公共服务发展目标责任制，按照设施建设达标情况、人员配备情况、服务供给数量、服务供给质量、管理效率、社会效益等多个方面，建立完善绩效评估指标体系。同时，明确城乡公共服务发展责任领导、责任部门、责任人和完成时限，健全激励机制，纳入各级党政领导班子绩效考核和政绩考核，按年度定期组织考核评估，确保城乡公共服务发展有序推进、落地落实。

川渝共建内陆改革开放高地的路径选择

唐毅　廖书文

2020 年中央财经委员会第六次会议专题部署推动成渝地区双城经济圈建设上升为国家战略，为川渝商务领域深度合作创造了前所未有的历史机遇。随着四川重庆党政联席会议的召开，川渝商务合作也进入战略引领、高位推动、全面深化的新阶段。

一、建设内陆改革开放高地的基础条件

（一）对外贸易基础优势明显

川渝两地货物进出口增速在全国的排名由 2015 年的第 26、24 位提升到 2020 年的 2、7 位。2020 年，川渝实现货物进出口 14595.3 亿元，增长 16.2%，增速高于全国 14.3 个百分点，比长三角、京津冀高 11.3、28.8 个百分点。开放平台体系逐步完善，川渝均设有自贸试验区和国家级新区，有国家级经济技术开放区 11 个，国家级高新区 14 个，综合保税区 10 个。国际陆海贸易新通道加快建设，国际班列运营效能稳步提升，蓉欧、渝新欧快铁全年开行数量均超过 1 万列，合计超过全国中欧班列的 40%。

表 1　2015—2020 年川渝货物进出口总额及增速

年份	省份	货物进出口				
		总额	全国占比（%）	位次	增速（%）	位次
2015 年	四川	3202.6	1.3	12	−25.79	26
	重庆	4652.1	1.89	10	−20.66	24
2016 年	四川	3257.1	1.34	12	1.7	8
	重庆	4144.5	1.7	11	−10.91	26
2017 年	四川	4605.9	1.66	11	41.2	3
	重庆	4508.2	1.62	12	8.9	25

续表

年份	省份	货物进出口				
		总额	全国占比（%）	位次	增速（%）	位次
2018 年	四川	5947.8	1.95	10	29.2	2
	重庆	5222.6	1.71	12	15.9	10
2019 年	四川	6765.9	2.14	10	13.8	6
	重庆	5792.8	1.84	11	11	10
2020 年	四川	8081.9	2.52	8	19	2
	重庆	6513.4	2	12	12.6	7

（二）消费市场空间巨大

川渝社会消费零售规模由 2015 年的 20301.7 亿元提升至 2020 年的 32612.1 亿元，2020 年较上年下降 1.1%，降幅比全国小 2.8 个百分点。川渝两地消费市场强大、人口集聚庞大、区域辐射带动能力巨大，新消费新零售新流通加速发展，消费配置和带动能力、消费创新和引领能力全面提升，消费新地标新场景不断优化，西博会、科博会、智博会、海科会等国际大型会展影响力持续增强，成渝两地积极争创国际消费中心城市。

表 2　2015—2020 年社会消费品零售总额规模及增速

年份	省份	社会消费品零售总额				
		社消零规模（亿元）	全国占比（%）	位次	社消零增速（%）	位次
2015 年	四川	13877.7	4.6	7	12	6
	重庆	6424	2.1	18	12.5	1
2016 年	四川	15501.9	4.7	7	11.7	9
	重庆	7271.4	2.2	18	13.2	1
2017 年	四川	17480.5	4.78	6	12	4
	重庆	8067.7	2.21	17	11	13
2018 年	四川	18255	4.79	7	11.1	3
	重庆	—	—	17	8.7	16
2019 年	四川	21337	4.89	7	11	3
	重庆	11635.9	2.1	—	8.7	—

续表

年份	省份	社会消费品零售总额				
		社消零规模（亿元）	全国占比（%）	位次	社消零增速（%）	位次
2020 年	四川	20824.9	5.32	6	−2.4	12
	重庆	11787.2	3.01	—	1.3	4

（三）服务业发展动能强劲

近年来，川渝两地服务业规模持续扩张，全国占比由 2015 年的 5.8%提升至 2020 年的 7%。发展贡献显著增强，2020 年，川渝两地服务业增加值占 GDP 比重分别达 52.4%和 52.8%。服务业新增城镇就业人员、服务业固定资产投资、税收收入分别占两地总量的 70%、70%和 60%以上，成为全社会固定资产投资的主要领域、税收收入的主要来源、城镇就业的主要渠道。2020 年，川渝两地服务业增加值分别增长 3.4%、2.9%，分别好于全国 1.3、0.8 个百分点。

表 3　2015—2020 年服务业增加值总额及增速

年份	省份	服务业增加值				
		总额（亿元）	全国占比（%）	位次	增速	位次
2015 年	四川	12132.6	3.6	11	9.4	23
	重庆	7497.8	2.2	17	11.5	2
2016 年	四川	14831.7	3.9	8	9.1	19
	重庆	8500.4	2.2	16	11	2
2017 年	四川	18403.4	4.3	8	9.8	8
	重庆	9564	2.24	16	9.9	7
2018 年	四川	20928.8	4.46	8	9.4	5
	重庆	10656.1	2.27	16	9.1	9
2019 年	四川	24443.3	4.58	9	8.5	5
	重庆	12557.5	2.35	16	6.4	24
2020 年	四川	25471.1	4.6	8	3.4	11
	重庆	13207.3	2.39	15	2.9	14

二、建设内陆改革开放高地的短板弱项

（一）外贸水平有待提升

川渝货物进出口总额体量偏小，仅占全国货物进出口的4.5%左右。加工贸易比重偏高，产业链条较短，缺乏具有核心竞争力的外贸自主品牌。2020年川渝外贸依存度分别为16.6%、26.1%，低于全国平均水平15.1、5.6个百分点。平台辐射带动能力不够，川渝两地国家正式开放口岸仅3个，仅为京津冀的1/3、长三角的1/15、粤港澳大湾区的1/19。

（二）市场融合度有待优化

川渝错位协同、有机融合程度需进一步提高，重庆和成都两个中心城市资源禀赋较为相似，差异化发展需进一步挖掘。行政壁垒制约区域之间资源要素自由流动和高效配置，川渝之间行政区和经济区适度分离改革亟待进一步深化和升华。区域内统一市场、信用体系及一体化发展利益共担共享机制尚未完全建立。

（三）服务业结构层次偏低

川渝两地生产性服务业占服务业的比重约40%，低于长三角、京津冀等发达地区20个百分点左右。新兴服务业占服务业比重不足40%，与广东、浙江等发达地区有较大差距。2018年川渝服务业劳动生产率为12.13万元/人，不到广东、浙江的一半。市场主体不强，2019年川渝入围中国服务业企业500强的仅30家，为广东、浙江的30%和50%，尚无一家企业入围服务业企业100强，入围中国500强最具价值品牌的服务业品牌仅24个。

三、建设内陆改革开放高地的路径选择

（一）协作共建一批重大平台

共建川渝自贸试验区协同开放示范区。聚焦制度创新、复制推广、联动试验等，力争规划特定区域开展协同开放制度试验，共同推动国家赋予更大改革自主权，推动铁路运单物权化、“铁路+”多式联运“一单制”等各类改革创新举措和差别化试点集中落实、率先突破和系统集成，在更大范围内复制推广自由贸易试验区改革试点经验，着力打造“极核牵引、圈层支撑、毗邻拓展”的具有国际重要影响力的内陆特殊经济功能区。

协同建设“一带一路”进出口商品集散中心。整合市场要素资源，共建覆盖“一带一路”节点国家和周边省区的骨干贸易网络，推动形成成渝一体化的区域大市场，共同把成渝地区建设成为立足西部、辐射“一带一路”的人流、

物流、资金流和信息流汇聚的商品集散中心。

深化平台协作。推动品牌会展优势互补、强强联手，打响西洽会、西博会、智博会、科博会等重点展会品牌，支持区域性特色展会发展，共同打造"国际会展之都""国际会展名城"。深化川渝两地国家级经济技术开发区、跨境电商综合试验区、综合保税（港）区等平台建设合作，探索项目孵化、人才培养、政策创新等协作模式，相互支持推进中新（重庆）战略性互联互通示范项目等重大项目建设。共建川渝电商联盟，共同打造电商营商高地。

加强国际交流协作。共同发挥好两地领事馆资源优势，在招商引资、缔结经贸合作关系、推动经贸合作等领域协同联动，共同争取重大外事活动、重大外经贸促进活动落地川渝，进一步扩大国际合作"朋友圈"。

（二）共同发展高水平开放型经济

加强通道口岸建设合作。立足打造内陆口岸高地，共同用好长江上游航运中心、西部陆海新通道、中欧班列和海关特殊监管区域等平台资源，加强口岸通关便利化改革协作，共同做好"通道带物流、物流带经贸、经贸带产业"的文章。

加强外贸外资升级合作。承接国际国内产业转移，推动"补链成群"发展，提升技术、品牌等核心竞争力。打造川渝统一品牌和产地标识。推广运用市场采购贸易、跨境电子商务、总部贸易转口贸易、保税商品展示交易等新业态新模式。开展对外投资促进合作。建立对外投资协作机制，完善对外投资服务体系，加强在政府引导、金融支持、风险防控等领域协作，引导两地企业有序走出去参与国际产能合作，向全球价值链中高端迈进。

加强服务业开放合作。共同落实《关于进一步推进服务业改革开放发展的指导意见》，相互支持争取国家赋能放权实施服务业扩大开放综合试点，扩大金融、科技、数字经济等领域开放，强化生活性服务业领域合作，构建与国际通行规则相衔接的服务业开放体系。加强服务贸易创新发展试点经验的复制推广，共建西部服务外包高地。

（三）深化消费促进合作

打造国际消费目的地。相互支持培育建设国际消费中心城市，高点定位、系统谋划、综合施策，加快集聚国际消费资源，提升国际消费服务，打造国际消费环境，激发国际消费需求，将成都和重庆建设成为具有全球影响力的国际消费中心城市。

共建消费促进载体。相互支持培育建设一批区域性消费中心城市和新型消费商圈、智慧商圈、便民消费圈、特色商业镇；大力发展"夜经济"，打造一批具有全国影响力的精品夜市街区。共建“川菜渝味”区域公共品牌出海平台，促进餐饮企业国际化发展。

联动开展消费促进活动。聚焦巴渝商旅文体特色消费资源，联合开展消费扩容提质行动，打造消费精品体验线路、特色消费场景、特色消费品牌。举办“川渝好物进双城”活动。发展假日经济，联动举办区域性特色节庆活动。

（四）推进市场一体化建设

调整优化市场布局。统筹规划线上线下交易市场，差异化布局内外贸结合的专业市场，健全进口商品分销体系。加强产销对接，实现产业产品优势互补，共同培育具有全球竞争力的千亿级、五百亿级专业市场。

推动商贸物流降本增效。促进两地商贸流通标准化，发展现代供应链，搭建一体联动、高效运行的供应链体系和城市共同配送体系，构建标准托盘循环共用体系，发展智慧物流。

共建市场保供体系。完善跨省域市场保供合作机制，培育重点保供企业，完善市场保供体系。共享市场监测信息，定期开展应急保供联动演练，提高生产、运输、销售等协调保障能力。

（五）谋划布局一批先行先试实施载体

共建内陆开放门户。发挥重庆、成都中心城市的极核作用，强化两江新区、天府新区川渝两地重要节点功能，打造成渝地区双城经济圈建设的重要引擎和内陆开放的重要战略平台。加强商务领域大项目、大产业、大政策等协同互动，争取国家优先布局重大战略项目、试点示范项目。

推动重点区域商务领域协同发展。以中心城市为核心，对接“成都东进，重庆西扩”，引导商务规划布局、设施建设、资源配置、发展政策等同城化谋划实施，夯实川渝相向发展基础，增强都市圈、都市区引领带动作用。统筹推进渝东北川东北、成渝中部、渝西川南商务一体化发展，支持建设万达开川渝统筹发展示范区，加快建设川渝合作示范区。

（六）营造国际一流营商环境

推动政务服务互联互通。推动川渝商务领域政务服务水平一体化和均等化，打通政务服务平台，实现商务审批服务事项的受理标准、设定依据、申请材料等规范统一，探索开展线上“一地认证，全网通办”、线下“收受分离、异地可办”，合力推动实现审批事项互办互认和向成渝地区双城经济圈辐射的地区放权赋能。

共建公平公正法治环境。加快商务诚信体系建设，建立信用监管合作机制，开展跨区域失信联合惩戒，营造安全友好的消费环境。强化法治保障，加强自贸试验区法院等司法合作共建，促进区域法律服务协作，开展不正当竞争行为治理，确保政策法规执行一致性。

营造国际化营商环境。加快推动成渝地区对外开放由商品和要素流动型开放逐步向规则制度型开放转变。主动对照世界银行营商环境评价指标体系，一体化打造营商环境特色指标体系，共建内陆地区国际化营商环境示范区。开展开放环境综合评价。依法保护外国投资者的投资、收益和其他合法权益，持续营造内外资企业一视同仁、公平竞争的营商环境。支持和引导会计、法律、咨询等专业服务机构加强自身建设，提升专业服务水平。

作者单位：四川省商务厅综合处

四川建设新时代具有全国影响力的重要经济中心研究

漆先望

四川建设具有全国影响力的重要经济中心，必须着眼国内外形势发生深刻变化的时代大背景。以经济时代之变、世界格局之变、全球治理之变和疫情冲击之变为标志，世界正面临百年未有之大变局。从富起来到强起来，从工业化到信息化，从“以经济建设为中心”到“五位一体总体布局”，中国特色社会主义进入新时代。从低收入地区跨入中等偏下收入地区，从工业化中前期进入工业化中后期，从经济大省加快迈向经济强省，四川经济发展已迈上新阶段。要紧跟时代步伐，抓住建设成渝地区双城经济圈的重大战略机遇，努力建设现代产业体系、能源体系和交通体系，使四川成为具有全国影响力的重要经济中心。

一、建设信息经济时代的产业体系

人类社会已进入信息经济时代，现代信息技术正深刻改变着社会的生产方式、人们的生活方式和思维方式，决定着世界强国的兴衰更替。即将实现工业化和加速推进信息化，是中国特色社会主义进入新时代的突出经济特征，既夯实了社会主义的经济基础，也是建设社会主义现代化强国的底气所在。新冠肺炎疫情大流行对世界格局的影响深刻。中国能够率先控制疫情，既是发挥了社会主义制度集中力量办大事的优势，也得益于走在世界前列的信息经济有效提高了防控能力。正如习近平总书记所说“信息化为中华民族带来了千载难逢的机遇”，要紧紧抓住这一历史机遇，通过网络化支撑、数字化转型和智能化引领，坚持以信息化引领新型工业化、新型城镇化和农业现代化，建设信息经济时代的产业体系。

一是建设现代工业体系。按照建设工业强省和构建“5+1”现代产业体系的要求，以发展智能制造、绿色制造和服务性制造为基本取向，以发输电设备和钒钛为重点建设世界级工业基地，以新一代信息技术、高端装备、食品饮料和生物医药为重点建设国家级工业基地，以产业基础高级化、产业链现代化和推进共享制造为支撑，到 2035 年建成高水平的现代工业体系。

二是建设现代服务业体系。按照建设服务业强省和构建“4+6”产业体系的要求，以社会化分工、信息化引领和共享化发展为基本取向，以打造西部商贸中心、物流中心、金融中心、“世界办公室”和国际旅游目的地为重点，以业态创新和平台经济为支撑，到 2035 年建成高水平的现代服务业体系。

三是建设现代农业体系。按照建设农业强省和构建“10+3”产业体系的要求，以三产融合、产业链提升、绿色引领和智能化发展为基本取向，以稳定粮食生产和打造“三品一标”产品为重点，以社会化服务体系和职业农民为支撑，到 2035 年建成高水平的现代农业体系。

二、建立低碳经济时代的能源体系

2020 年 9 月，国家主席习近平在第 75 届联合国大会上提出，中国要努力争取在 2060 年前实现碳中和。这不仅是中国应对全球气候变化为人类做出的重大贡献，也是实现中华崛起的重大战略。我国 90%以上的碳排放都源于化石能源的使用，其他废弃物排放也大都与化石能源的使用密切相关。与此同时，我国石油和天然气对外依存度分别超过 70%和 50%，以建设清洁能源示范省为契机，四川努力建立低碳经济时代的能源体系，在全国率先实现碳中和，将为扩大内循环、建设美丽中国和维护国家能源安全做出重大贡献。

一是建设清洁能源基地。要继续推进水电开发，积极推进风电和光电开发，重点发展可再生能源。要适时在川建设第四代核电站和核聚变实验堆，积极发展以核电为骨干的新能源。要依托丰富的常规天然气和页岩气，巩固提高四川作为全国第二天然气大省的地位。通过建设全国最大的清洁能源基地，支持四川经济社会发展，满足西电东送和西气东输的国家战略需要。

二是大力实施电能替代。电力不仅是效率最高、来源最多、使用范围最广、最易与现代科技结合的能源，而且电力使用本身不会导致环境污染。2019 年四川一次电力即非化石能源占能源消费总量的比重超过 33%，高出 15.3%的全国平均水平一倍以上。如果按国家规定的区域碳排放计算办法，以输出电力抵扣区域内的化石能源排放，2019 年四川一次电力占能源消费总量的比重则超过 50%，高出全国平均水平两倍以上。以一次电力发展氢能源替代石油是大势所趋，四川完全有条件使一次电力占能源消费总量的比重率先达到 90%左右的预期目标，以足够的非化石能源强力支撑碳中和。为进一步减少环境污染和建设长江上游生态屏障，要继续大力推进电能替代。包括：推进以电代煤，逐步淘汰规模以下的燃煤机组。推进以电代油，努力提高铁路运输比重，积极发展城市轨道交通和氢能等新能源汽车。加强电网建设，尽快解决“强直弱交”问题，保障电网安全和水电向省内送出的迫切需要。

三是抓紧建设碳交易中心。凭借突出的清洁能源优势和广袤的森林，四川也是全国最大的碳汇省。针对国内碳交易中心都集中在东部碳源地的布局缺陷，要抓紧在成都建立西部的碳交易中心。通过发展碳交易，变现可再生能源的生态价值，为建设现代能源体系和清洁能源示范省提供有力的金融支持。

三、建立全球经济时代的交通体系

根据李嘉图的比较成本理论，即便是各行业生产成本都一边倒的先进国家和落后国家之间，通过发展各具比较成本优势的行业和相互贸易，都能获得经济利益。无论是逆全球化潮流或是新冠肺炎疫情的冲击，还是美国的经济技术封锁，都改变不了经济发展的客观规律。新冠肺炎疫情和逆全球化的恶果凸显后，经济全球化的步伐必将重启，为世界和中国经济发展带来新的机遇。2020年1月，中国与其他14个亚太国家签署世界上最大的贸易协定——《区域全面经济伙伴关系协定》，就是有力的证明。地处内陆不临海不靠边的四川，要适应经济全球化和扩大经济双循环的时代潮流，必须建立现代交通体系。

一是重点发展铁路。确立高铁在综合交通运输体系中的主导地位，大力推进联通三大经济区和周边省区市的高铁建设，全面融入国家快速交通网，显著扩大1小时经济圈覆盖范围。强力打造陆海互济，联通欧洲、东南亚和南亚的货运通道，支持四川深度融入全球产业分工与协作。特别是通过建设攀枝花—大理铁路和宜宾—西昌铁路连接中缅铁路，开辟直达印度洋的便捷出海通道，从根本上改变四川的对外开放格局。

二是努力发展航空。推动成都天府国际机场尽快投运，依托一市两场优势，打造世界级航空枢纽。优化机场功能布局，推进干支有效衔接。拓展国际航线，着力发展航空货运，大力发展临空经济。

三是积极发展水运。建设美丽畅通航道，加强港口建设。加快建设岷江航电工程，形成成都连接长江的水上通道。实现嘉陵江全江渠化通航，形成便捷的第二大件运输通道。加快贯通金沙江、岷江、涪江和渠江中下游航道，积极发挥水运优势。

四是继续发展公路。完善高速公路进出川通道，加速形成以成都为中心的高速公路“4小时经济圈”。适应一体化要求，推进普通国省干线公路提档升级，建设广覆盖的县级公路和“农村四好路”。

五是优化综合运输。完善成都交通主枢纽，加快建设次级交通枢纽。推进联合运输，实现客运零换乘和货运无缝衔接。以车联网和无人驾驶技术为依托，大力发展智慧交通，显著降低客货运输成本。

通过建立信息经济时代的产业体系，低碳经济时代的能源体系和全球经济时代的交通体系，以发展动能转换促进高质量发展，使四川真正成为具有全国影响力的重要经济中心，为我国在2035年基本实现社会主义现代化做出应有贡献！

全球供应链变动趋势及四川应对

程亨丽　王君君　张波

全球供应链历经近30年的发展后，已由过去的传统供应链朝着现代供应链方向发展。尤其是新冠肺炎疫情发生后，多国实施“封城”措施抗击疫情，使商品、物资、人员流动等都受到限制，全球供应链遭受严峻挑战，原有的供应链稳定格局被打破。了解和掌握全球供应链变动趋势，分析研究对四川的影响及四川应对的策略，对推动成渝地区双城经济圈建设、加快四川高质量发展具有重要意义。

一、全球供应链变动趋势

当今世界正经历百年未有之大变局，地区摩擦不断加剧，不稳定因素显著增多，加上新一轮科技和产业革命迅猛发展，全球供应链呈现出一些新的特点和趋势。

（一）供应链区域化逐渐成为阶段性主流

近年来，美国“退群”、英国脱欧、贸易摩擦和冲突等行为对来之不易的全球多边贸易体系破坏不断，以美国为首的西方国家政治和经济政策越发保守，逆全球化和贸易保护主义被逐步付诸实践。基于国家经济安全和地缘政治考虑，各国政府加大对供应链布局的干预，强行切割基于市场原则建立起来的全球供应链，全球供应链破碎化程度加重。为了降低风险，许多国家把关键的生产集中在几个主要区域，使得区域制造能力大幅提升，全球供应链逐步被区域供应体系取代。

（二）供应链多样化趋势日渐明显

由于外部环境的不确定性和不稳定性，供应链面临的外部风险日益增加。加之新冠肺炎疫情的剧烈冲击，使供应链面临突发事件的脆弱性和风险进一步显现。作为全球供应链的主体，企业将在追求市场原则、力求资源配置最优的同时，通过增加上游供应商的数量和扩大其分布范围来实现供应链多样化，增强供应链的弹性和韧性，从而降低单一供应源带来的风险，达到效益与供应链安全之间的平衡。

（三）新兴产业供应链竞争日趋激烈

新一轮科技革命和产业变革正处于重要的交会期，人工智能、3D打印、量子通信、区块链、物联网等大批具有重大产业变革前景的颠覆性技术正在孕育突破，为未来经济增长和国际竞争力提升提供了巨大潜力和空间，成为国家、区域、企业维持或取得竞争优势的利器。因此，世界主要国家正就全球新兴产业发展主导权展开角逐，持续加大对新兴技术研发和产业的投资，加快新兴技术的市场培育和商业化应用，努力构建新兴产业供应链体系，以期抢占未来经济发展的先机和制高点，新兴产业供应链的竞争渐入白热化阶段。

（四）数字化供应链加快发展

随着现代数字技术的快速发展，数字化成为当前全球供应链构建、重塑与创新的最突出、最重要趋势。大数据、云计算、人工智能等新兴技术与供应链的融合不断加深，各个环节中信息交流壁垒不断被打破，全价值链的数字化整合加速推进。新技术的应用将极大提高供应链的效率，使供应链智能化从前端向后端延伸，整个过程变得更加可视化、可感知、可调节。供应链在日益复杂和不确定环境中的自主性和可预见性将大大增强，以智能化、智慧化为特征的数字化供应链加速发展。

二、全球供应链变动对四川的影响

当前全球形势复杂严峻，海外疫情的持续恶化，导致全球供应链梗阻与外部需求回落，全球供应链波动和不确定性不断增加，供应链变动对四川省影响主要表现在以下三个方面。

（一）外贸发展不确定因素增加

全球疫情蔓延引起的物流受阻、供应链不稳定性因素不断增加，供应链变动对上游原材料供应和下游货物出口造成较大影响，导致物流时间和成本上升，甚至出现断链风险，国际市场需求萎缩，外贸订单下滑，势必会加大外贸企业经营压力。WTO预测2020年全球外贸将萎缩13%—32%，特别是全球化参与程度最深的地区将受影响最大。2020年一季度，四川省进出口总额增速较2019年同期降低14.4个百分点，上半年其增速较2019年同期降低0.9个百分点，下半年形势有所缓和，2020年全年全省进出口保持低位运行，其增速较2019年同期提高5.2个百分点。

（二）工业生产受到一定冲击

在现代全球价值链分工体系下，每个企业都是产业链的一个点，与其他企业相互联系。供应链变动导致生产要素供给约束，供给端出现一系列被动收缩，高强度的供给侧冲击，使得企业停工停产、失业现象发生，企业生产效益大幅下滑。2020 年，四川省规模以上工业增加值增速由一季度的－0.9％缓慢攀升至四季度的 4.5％，分别较 2019 年同期下降 9、3.5 个百分点；规模以上工业企业营业收入同比下降 3.7 个百分点，41 个大类行业有 16 个下降，企业亏损面为 11.8％；企业停产面达 3.2％，拉低工业总产值增速 1.4 个百分点。从重点行业看，2020 年，由于上游供应商产能受损、原材料供应不足特别是部分进口原材料无法按时到货、市场需求不足，四川省医药制造业增加值比 2019 年同期下降 2.1％，酒、饮料和精制茶制造业及农副食品加工业增速分别比 2019 年同期回落 4.9、3.6 个百分点。

（三）外商投资和外经合作面临更多风险挑战

在供应链区域化、本土化加速发展趋势下，各国鼓励产业回迁，跨国投资布局的不确定性增加。联合国贸发会议发布的《全球投资趋势监测报告》预测 2020 年至 2021 年全球外国直接投资可能下降 30％—40％，吸引外商投资难度进一步加大。2020 年，四川省利用外资合同 834.72 亿元、同比仅增长 16.2％，增幅较 2019 年同期下降 49.2 个百分点，实际到位资金 590.34 亿元、同比下降 5.3％，增幅低于全国 11.5 个百分点。加上贸易保护主义抬头和地缘政治风险增加等不利因素，也给“走出去”带来了更大挑战和不确定性。受供应链变动影响，2020 年，四川省新备案境外投资企业 64 家；对外承包工程新签合同金额 62.4 亿美元、完成营业额 51.8 亿美元，分别比 2019 年下降 66.5％和 18.6％。

四川省外贸外资及工业生产增速对比（％）

指标 时间	规上工业增加值累计增速		进出口总额累计增速		外商投资合同额累计增速		外商实际投资额累计增速	
	2019 年	2020 年	2019 年	2020 年	2019 年	2020 年	2019 年	2020 年
一季度	8.1	－0.9	25.1	10.7	64.4	－18.9	1.7	2.0
二季度	8.2	2.5	21.9	21.0	135.6	－47.2	－1.5	－12.6
三季度	8.2	3.2	14.6	22.7	69.2	2.4	－7.2	－1.1
四季度	8.0	4.5	13.8	19.0	65.4	16.2	0.1	－5.3

三、四川应对全球供应链变动措施建议

面对全球供应链多元化变动趋势，四川应当抓住新时代西部大开发形成新格局和成渝地区双城经济圈建设重大战略机遇，高起点、高规格、高效率规划

布局和建立完善能够抵御冲击、灵活可靠的供应链体系，加快构建以国内大循环为主体、国内国外双循环相互促进的新发展格局。

（一）大力实施“补链”行动，增强供应链竞争力

对于四川电子信息、装备制造、航空航天、生物医药等优势产业，短期内要对其关键性薄弱环节采取备链计划、柔性转产、多源供应等措施，确保供应链稳定。长期来看，要抓住西部科技中心建设重大机遇，加快布局一批创新主体，依托高等院校和科研院所，大力扶持高技术产业发展，加大对集成电路、芯片、控制器、传感器、操作系统及软件、航空发动机、数控机床和重要医疗器械、生物医药制剂等产业关键核心技术的研发投入，取得一批引领性原创成果，尽快补齐核心链条，缓解或解除当前面临的“卡脖子”以及“断链”风险，增强四川省供应链竞争力。

（二）加快推进“延链”行动，提高供应链“韧性”

抓住成渝地区双城经济圈建设机遇，突出整合提升通信和其他电子设备、汽车制造、饮料食品等特色产业，进一步加大与重庆的交流合作，建立区域性产业联盟，吸引国外企业向成渝地区转移，促进高附加值行业寻找国内替代和国产化，逐步提高成渝地区产业配套水平，推进区域产业链体系建设。抓住推进“一带一路”建设机遇，鼓励企业充分利用“两个市场”“两种资源”，利用“中欧”班列等通道，增强四川和“一带一路”沿线国家之间的供应链联系，提升四川省企业在供应链中的地位，实现内外联动发展。

（三）着力谋划“新链”行动，抢占供应链制高点

要抓住国家大力推进“新基建”发展的历史机遇，超前规划和布局，加快推动以 5G、物联网、工业互联网、人工智能、云计算、区块链等为代表的信息基础设施建设，建立完善新一代信息设施网络，有效降低高科技供应链中断带来的风险。厚植数字经济产业生态圈，整合国内外前沿科技力量，推动大数据、人工智能、机器人等新兴领域的研究，推进智慧政务、智慧交通、智慧能源、智慧教育、智慧医疗、智慧社区等健康发展，培育构建新兴产业供应链，积极参与世界主要经济体新兴产业供应链的竞争和合作，提高四川供应链国际竞争力。

（四）营造良好环境，厚植供应链发展根基

加快搭建基于互联网的产业链大数据平台，完善产业链安全数据库，实时监测四川省企业的生产、库存、中间产品进出口数量、价格等，建立产业链预警与快速反应机制，促进各环节精准匹配、有效衔接，切实解决企业因信息不对称引起的产业链错配、失链或梗阻等问题。为顺应供应链创新发展趋势、提

升创新应用能力，积极完善研发设计、供应链管理、信息服务等高附加值领域的制度设计，尽快建立一批国家实验室，建设一批产学研用相结合的技术创新平台，营造有利于产业转移、高端人才引进、知识产权保护、金融服务、创新成果转化等宽容高效的政策环境，吸引更多的中高端产业、技术、资本、服务、人才流入，为四川省供应链健康发展创造有利的环境和条件。

作者单位：四川省县域经济研究中心

资阳与毗邻地区协同发展的思考

李丹

城市群竞争新优势的形成离不开“极核”、次级城市、毗邻地区“干支联动”、多点支撑。国家做出推进成渝地区双城经济圈建设战略部署，川渝两地以重大战略协同为统揽，强化“双核”引领，推进成渝相向共兴，推动川渝毗邻地区先行先试，赋予川渝毗邻地区新的责任和使命。资阳作为唯一直线连接成都重庆双核区域性中心城市、成都东部重要经济板块，研析与周边毗邻地区协同发展的基础条件、困难挑战，找准突破方向和着力点，对全面融入成渝地区双城经济圈建设，加快建设成渝门户枢纽临空新兴城市意义重大。

一、毗邻地区协同发展的内涵及共性特征

区域经济一体化进程中，毗邻地区既是区域协调发展的弱点、难点，也是突破点和支撑点。当经济进入持续增长阶段，协同发展是毗邻地区高质量发展的必然选择。

综观武汉、成都协同周边城市共建都市圈和枫泾嘉善共建沪浙毗邻地区一体化发展示范区等成功实践，可以看到：毗邻地区协同发展受资源禀赋、发展政策、产业基础、合作意愿等多因素影响，发展路径虽有差别，但呈现以下共性特征：一是毗邻共识构建是基本前提，需要各地共同追求整体发展效率提升。二是基础设施网络完善是重要支撑，需要协同加快基础联通。三是产业结构错位互补是必由之路，要求发挥比较优势、优势互补、分工协作。四是体制机制创新是动力源。要求打破行政边界“切变效应”，加强战略协同，共同开放发展。同时，我们也看到，毗邻地区协同发展面临一些亟待解决的共性问题。如：内生动力不足，竞争大于合作；利益共享补偿机制缺乏，协同发展形式多于落实；行政壁垒限制，阻滞区域联动发展；共享平台建设滞后，难以满足无缝对接需要。

毗邻地区发展实践启示我们：毗邻地区协同发展，需要各地立足禀赋条件，强化共赢、扬长思维，通过探索创新改革联动的举措，推动形成交通、产

业等方面的组合优势和联动融合的创新链、产业链、价值链，由此实现利益协同、发展共赢。

二、资阳与毗邻地区协同发展的基础条件与困难挑战

资阳地处成渝中部腹地，东邻重庆市，西连成都市、眉山市，南接内江市，北接德阳市和遂宁市。全市3个县区均为边界县（区），共有39个边界集镇（安岳县20个、雁江区9个，乐至县10个）。在成渝地区双城经济圈建设大背景下，资阳及毗邻地区内部发展、外部环境、内外互动关系等发生深刻变化，协同发展既有基础，也面临一些困难挑战。

（一）基础和条件

国省战略利好多重交汇叠加。党中央推动成渝地区双城经济圈建设，实施“一带一路”建设，制定长江经济带发展、新时代西部大开发、西部陆海新通道建设等一系列重大战略，为成渝地区整体提升带来新动力。川渝两省市贯彻落实国家部署，深化合作推动成渝地区双城经济圈建设，推进新区、毗邻合作示范区优化区域发展布局，成都东进、重庆西扩、相向发展和成德眉资同城化，多重战略利好交汇叠加，为包括资阳在内的成渝中部带来重大机遇、注入强劲动能，毗邻地区协同开放发展意愿、需求、动力前所未有。

区域交流合作纵深推进。从成资合作看，历经“2008年合作启动—一体化—同城化”阶段，成资协同能级不断提升。特别是围绕推动“八个同城化”，2020年推动133个重点项目、127项合作事项实现良好开局，雁江—龙泉驿、安岳—武侯、乐至—双流结对共建稳步推进；从渝资合作及泛区域合作看，2007年以来，依托渝西川东经济社会发展协作会、成渝轴线协同发展联盟等平台，资阳与内江、遂宁等6个市和荣昌、大足、潼南、铜梁、渝北5个区建立合作关系，围绕39个合作协议共推55项合作事项，推动产业、基础设施、生态环保、公共服务等合作不断深化。2020年，资阳与大足签订协议共建文旅融合发展示范区，与荣昌签订行动计划共推成渝中部和成渝主轴城市发展，与铜梁签订合作协议共建成渝中轴线城市联盟。

协同发展条件日益成熟。一是交通物流枢纽支撑有力。成安渝高速建成通车，成南达万、成渝中线高铁和轨道交通资阳线、成资渝高速、成资大道、资中经安岳至铜梁高速公路等项目加快推进，全市“7高11轨16快”综合交通网络加快构建，打通6条通向重庆的“断头路”、总里程32.14公里，成渝地区双城经济圈“一小时”交通圈协同构建，毗邻地区间通勤能力大幅增强。二是产业协作持续深入。成资共建临空经济发展带，资阳市中车资阳机车、四川

现代、中国牙谷融入成都轨道交通、汽车、医药健康产业生态圈；协同重庆毗邻地区共建石刻文化产业圈、现代柠檬产业基地和交易中心，共同打造电子信息配套、纺织鞋服产业集群。三是协同发展机制加快建立。成资同城化已建立起包括决策层、协调层、执行层的三级运作模式和“责任制+清单制+项目制”工作推进机制；渝资合作建立党政主要领导互访机制、部门协调会商机制。

（二）困难和挑战

区域发展不足与特色不充分同时存在。一是区域总体发展不足。在“成都都市圈+重庆都市圈”两圈两核模式中，中部城市整体发展不足导致中部塌陷，协同提升区域能级任重时急。从毗邻市看，目前成渝中部地区在人均GDP、城镇化率、城乡居民人均可支配收入等指标上普遍低于其他地区。二是区域间发展差距较大。从与成都市毗邻区（县）比较看，资阳市雁江区、乐至县经济总量低于简阳市，乐至县经济总量不到金堂县的50%；从与重庆毗邻区（县）比较看，安岳县经济总量仅为大足区的39%、潼南区的55.9%、荣昌区的38.6%。三是产业竞争优势不突出。区域产业总体上处于培育阶段，产业同质化问题严重，部分产业未形成契合点，产业集群数量规模偏少偏小，上下游产业配套能力较弱、关联带动力不强。

协同发展短板亟待补齐。一是载体平台支撑偏弱。资阳市安岳县、乐至县均为限制开发区域，限制开发面积占全市总面积的70%，在开发的强度、获取国省开发政策支持上都相对受限，而且区域内仍无国家重大功能平台载体布局。二是重大项目支撑不够。在成资同城化方面，成、资双方在经济发展水平、资源调度能力等方面的差距，导致一些重大合作项目落地实施不理想。在与重庆及省内其他毗邻地区合作中，实施的跨区域项目大多为自上而下的基础设施项目，其他领域项目“单相思”较多。三是要素保障偏弱。部分跨区域合作项目用地指标未得到有效解决。

协同发展体制机制亟须完善。一是统筹协调机制需进一步完善。在成资同城化方面，还未有效建立具有针对性、协同性、可操作性的都市圈发展政策保障体系和规划统筹协调体系；在与重庆毗邻地区协同发展方面，更多依赖高层推动签署合作协议，决策层、协调层、执行层三级联席会议机制没有常态化运行。二是改革创新力度需进一步加大。毗邻地区市、县（区）行政区划交错、行政职权不对等，地方保护和市场分割现象不同程度存在。如：规划缺乏统筹兼顾，市场准入标准不一，公共服务优质资源流通难；加之，跨区域合作项目成本共担和财税利益分享机制、生态保护补偿机制等尚未破题，亟须加快探索创新步伐。

三、新形势下资阳与毗邻地区协同发展的总体思路及重点

资阳作为唯一直线连接成渝的区域性中心城市和成都东部重要经济板块，既有身处成都都市圈的“成都优势”，更有联动成渝发展的“门户支撑”。新形势下将紧紧围绕国、省推动成渝地区双城经济圈建设战略部署，全面落实新发展理念和高质量发展要求，坚持开放协作、主攻成渝，坚持区域差异化协同和重点突破，以中心城区和雁江区、乐至县全面融入成都都市圈、安岳县全面深化渝资合作联动重庆都市圈为突破方向，多层次拓展合作空间，加快建设成渝门户枢纽、临空新兴城市，为做强成都主干、成渝主轴，助推成渝相向发展和成渝中部地区一体化发展提供有力支撑。

（一）聚焦共建成都都市圈，全力推进成资同城化

牢牢把握成资同城化战略引领，共享成都“东进”战略势能，突出功能组团、同城发展，协同建设成都东部新区，率先打造同城化发展先行示范区。

一是加快建设成都东部新区资阳协同区。主动对接成都东部新区，强化战略对接、政策衔接、交通连接，以资阳中心城区组团（含高新区、临空经济区全域）和乐至县部分区域为依托，构建“一城四片”发展格局，建设联动成渝相向发展先行区、同城化发展率先突破区。推进与成都整体规划、同标准建设，积极争取国、省支持纳入“十四五”规划、享受与成都东部新区同等发展政策；共建成都东部综合交通枢纽、空铁物流港。协同打造临空经济产业带，共同编制建设规划、产业发展指导目录，联动实施产业导入，探索创新产业协作机制和模式等。协同发展轨道交通产业，共同打造“一校一总部三基地”。配套发展造车产业，推动资阳商用汽车产业融入成都绿色智能网联汽车产业生态圈。共同打造沱江绿色发展经济带、高品质都市生活圈，逐步与成都东部新区形成“经济共生、产业协同、服务共享”的多元化发展格局。

二是加快建设雁简农旅融合发展示范区。推进雁江、简阳交界地带的 7 个乡镇、17 个村协同发展，共建雁简农旅融合发展示范区。以临空综合服务、高端现代农业为重点，实行“一轴三带多片”（“一轴”即简阳市雁江区交界融合发展轴，“三带”即简阳杨家—雁江老君农旅融合发展带、简阳江源—雁江临江临空经济融合发展带和简阳雷家、镇金—雁江祥符乡村振兴发展带，“多片”即若干个重要发展片区）功能组团，共同推进毗河供水一期工程、张老饮水工程、成资渝高速公路、成资临空大道蜀都大道东延线（简阳段、资简段）等重点项目，提质打造平泉家风荷乡、雁江水龙灵等农旅融合项目，联合打造桃花节、采摘节等特色节会平台，加快医疗、教育等公共服务共享步伐。

三是加快建设乐简乡村振兴示范带。推进乐至、简阳交界地带7个乡镇、25个村协同发展，共建乐简乡村振兴示范带。做大做强高寺现代农业、简阳现代农业观光产业等园区，共建一批跨区域乡村振兴示范点、农商文旅融合发展示范点，联动发展成都都市近郊型现代农业产业，建设乐简生态产业新城。共建成渝中部农产品物流园区和一批交易中心、仓储中心等，联动打造农副产品保供基地，推进区域内现代农业、现代物流、农旅融合发展，加强教育、医疗、文化、就业创业、公共安全、环境保护等方面合作，打造巴蜀美丽乡村美好家园示范带。

（二）聚焦推动成渝“中部”一体发展，深化拓展渝资毗邻联动

全面落实中央、省级“推动成渝中部一体化发展，支持有条件的市（县、区）共同打造跨区域合作先行示范区”部署，以安岳县为桥头堡、主承载地，强化与大足区、潼南区、荣昌区联动，共建跨省毗邻地区融合发展示范区，引领带动成渝中部发展。

一是共建资阳大足文旅融合发展示范区。坚持“一核启动、两片突破、四带联动”工作思路，以文旅融合为引领，以改革创新为动力，推进基础共建、产业共兴、服务共享等生产生活生态功能复合，建设世界石刻文化遗产保护利用示范区、世界柠檬主题文化公园、巴蜀文化创意体验展示区、“文旅+”产业示范新高地。加强规划衔接，共同编制《文旅融合发展示范区总体方案》《文旅融合发展示范区规划》，推进两地国土空间规划和相关专项规划衔接；加快基础联通，全力推进成渝中线高铁建设，提升成渝客专运输功能，协同争取建设成渝直线快速通道，加快安岳卧佛—石羊—大足石刻景区旅游快速通道、安岳忠义至大足高升公路提档升级、XB20文荣路等项目建设，探索在毗邻乡镇开通公交班车，提升区域通勤能力；推动产业协同发展，推动“文旅+农业”融合发展，加快推进“中国柠檬金三角”“稻香文旅小镇”等建设，加快实施柠檬小镇、雷竹标准化基地等项目，推动“文旅+工业”融合发展，建设车文化产业园、五金主题公园等特色文化产业园，推动“文旅+服务业”融合发展，加快建设美食体验小镇、文旅创意产业园等项目；促进文旅深度融合，依托石刻、柠檬、农耕等特色文化和资源，聚合形成石刻文博艺术、巴蜀文化创意、生态农耕体验等组团。联合推动安岳石刻申报世界文化遗产，共同开展南方潮湿环境石质文物保护研究。联办文创融合平台、文旅节庆活动，共推文旅装备制造产业园、石刻艺术研学基地、巴蜀文化风情体验园、柠都旅游商品购物博览中心等项目。推动政策协同新集成，探索推进文旅融合体制机制创新，联合成立示范区文旅产业投融资平台，创新文旅区域合作机制，探索实施

项目审批、基础设施建设、市场监管等经济管理权限与行政区范围适度分离的体制。

二是共建成渝中部产业集聚示范区。依托成渝直线经济走廊黄金通道和已签署的《共建成渝中部产业集聚示范区合作协议》，持续深化与潼南区、大足区、荣昌区合作，推动产业布局协作配套、区域功能差异互补。共建成渝中部现代高效特色农业带，共享安岳柠檬、潼南蔬菜、大足冬菜、荣昌生猪等农产品区域品牌，做强安岳柠檬现代农业产业园、潼南国家农业科技园区、大足芳香特色产业园、“琪金·荣昌猪”科技产业园等一批园区，推动安岳、大足芳香、中药材种植产业集群发展，推动安岳、潼南、大足打造世界知名柠檬种植区，推动安岳、荣昌共建优质生猪生产基地。共建成渝产业协作配套基地，强化转移产业和配套产业合作，推进优势制造业协作，共同打造成渝中部纺织服装制鞋集群、交通装备制造集群、电子信息配套集群。共建成渝中部现代物流网，安岳、潼南共建柠檬信息交易中心，共同发布仓储、冷链、城市配送信息。深化电子商务进农村合作，推动培育一批龙头企业和电商产业园。共建现代农旅示范带，依托渝蓉高速和成资渝高速，大力推进李家、双江、万古、安陶等特色小城镇建设，推进交界乡镇农文旅融合发展、连线成带。沿琼江流域，以安岳县龙台、毛家镇和潼南区柏梓、卧佛镇为重点，开展宜居乡村连片共建。

（三）聚焦做强主轴支撑，推进资遂、资内毗邻合作

充分发挥资阳、遂宁、内江地处双城经济圈“几何中心”优势，建设合作联盟，共同做强通道经济。深化重点产业合作，依托成渝中部产业集聚示范区，主动寻求相互间分工协作和错位发展的机会，打造产业联动的产业集群或产业链。完善城际基础设施网络，协同推进绵阳至遂宁至内江铁路、成渝铁路提速改造、铜梁经安岳至资中高速、遂宁至天府国际机场快速通道等区域大通道建设，打通资遂、资内交界区域“断头路”“瓶颈路”，协同推进长征渠引水工程等重大水利项目。

携手对外开放合作，加强与内江自由贸易试验区协同改革先行区、外国人过境 144 小时免签停留区域制度创新联动，加强大通关合作。共推西部陆海新通道建设，联动打造运营平台和物流枢纽。加快实施区域环境共治，共建沱江、琼江流域生态屏障，联动推进河湖长制，联合开展沱江、琼江及大小清流河污染治理及水生态修复，实行跨境断面区域和水域清漂联动联控，探索建立流域环境污染案件溯源协查、边界应急事件联合处置、生态环境联合执法等机制。加快推动公共服务相联共融，合作开展高中级人才、产业工人订单式培

养，共办企业用工联合招聘和创新创业大赛，推动人力资源共育共享，共同探索异地就医联网结算、医保缴费年限跨区域转移互认、养老服务合作和重大疫情联防联控。

作者单位：资阳市人民政府

构建国内国际双循环新发展格局背景下宜宾的机遇和挑战

宜宾市专家顾问团

我国正处于中华民族伟大复兴战略全局和世界百年未有之大变局的历史交汇期，经济已由高速增长阶段转向高质量发展阶段，社会主要矛盾发生变化，人民对美好生活的要求不断提高，经济长期向好，市场空间广阔，发展韧性强大，正在形成以国内大循环为主体、国内国际双循环相互促进的新发展格局。构建以国内大循环为主体，国内国际双循环相互促进的新发展格局，是“育新机、开新局”的战略选择，是后疫情时代促进经济复苏与国际合作的重大举措，是党中央在当前国内外环境发生显著变化的大背景下为我国经济发展的举旗定向。构建国内国际双循环相互促进的发展新格局这一理念，最早于2020年5月14日在中央政治局常委会会议上首次提出，这是党中央在国内、国际环境发生显著变化的时代背景下，发展更高层次的开放型经济的重大战略部署；2020年7月，习近平总书记在中央政治局会议上强调，加快形成以国内大循环为主体、国内国际双循环相互促进的新发展格局，提出坚持把握结构调整的战略方向，更多依靠科技创新，完善宏观调控跨周期设计和调节，实现稳增长和防风险长期均衡。2020年10月，党的十九届五中全会再次提出，要加快构建以国内大循环为主体、国内国际双循环相互促进的新发展格局。此后，习近平总书记又在多个场合就构建新发展格局发表了一系列重要讲话，系统阐述了“双循环”的核心要义，总书记的这一指示要求，为我国经济发展指明了方向、明确了任务。

宜宾市作为7个争创全省经济副中心的城市之一、成渝地区双城经济圈发展潜力巨大的区域中心城市，如何在“双循环”背景下奋勇争先，发挥既有优势，把握时代机遇，尽快构建起发展新格局，加快融入成渝地区双城经济圈建设、推进宜宾三江新区高质量发展、加快建成四川省经济副中心、高质量建设国家产教融合示范市，带动区域经济高质量可持续发展，是当前宜宾市工作的重中之重。2020年8月，中共宜宾市第五届委员会第九次全体会议明确提出，要坚持新发展理念，坚持高质量发展，确保 2021 年宜宾如期建成全省经济副中心、“十四五”末建成成渝地区经济副中心。2020 年 12 月，中共四川省第十一届委员会第八次全体会议提出以成渝地区双城经济圈建设为战略牵引，凸显了其在四川经济社会发展中的统揽作用。抓住“双循环”的时代机遇和时代要求，是宜宾深化改革，真正实现“打通堵点、连接断点”以及构建国内国外双循环相互促进的经济增长格局的关键之举。

一、“双循环”背景下构建新发展格局的基本要求

（一）推动供给创新升级，更好满足需求发展趋势

在国内经济循环中，供需不匹配、有效供给不足的问题日益突出。这就要求坚持供给侧结构性改革，以科技创新推动供给体系转型升级。既要加大科技创新力度，面向国家重大需求，突出支持关键核心技术，不断形成高质量供给，又要在创新支撑下加快产业转型，高中低端产品保持恰当比例。同时，加大产业链、供应链的巩固提升力度，保障内循环生产端稳定。

（二）激发内需潜力释放，更好带动供给优化调整

消费是经济的稳定器和压舱石，是经济发展的重要引擎，是社会再生产的一个重要环节。从“双循环”角度来看，一方面，我们要在总量上深挖内循环潜力，既要促进传统商品消费健康增长，又要推动升级类消费，更好满足群众需要，还要加快培育消费新业态、新模式，促进线上线下消费融合发展。另一方面，综合使用大数据、云计算、人工智能、区块链等数字技术，促进数字经济反哺传统消费产业，促进产品服务品质的提升，实现消费升级。

（三）以开放塑新机，加速内外循环提质升级

要形成国内国际循环互促的良好局面，应统筹国内国际两个市场，利用好两种资源，以外循环带动内循环提质升级。对标国际先进规则，提高国内标准与国际标准水平一致程度，建立适应在全球范围配置和利用资源的高水平规则标准体系。把制度型开放作为建设更高水平开放型经济新体制的重要引擎，加快构建与新时代要求相适应的、更加开放包容的政策和制度体系，加强高水平外资引进，将内循环建设推向更高水准。

二、“双循环”背景下宜宾构建新格局的形势研判

在明晰“双循环”内涵与本质特征基础上，对标对表“双循环”基本要求，结合宜宾市自身发展优势，分析宜宾在地理位置、资源禀赋、经济发展、产业结构、交通建设、对外开放、创新能力等多方面的优劣势；从国家层面、

四川层面、川南层面分析宜宾面临的机遇和挑战，明晰构建国内国际“双循环”背景下宜宾发展的难点与堵点，为提出构建新发展格局的战略路径与政策保障奠定基础。

(一)“双循环”背景下宜宾构建新发展格局的优势

地理区位与自然资源优势突出。宜宾地处长江黄金水道的起点、川滇黔区域的战略要地，扼四川出海南通道要冲，居于长江经济带、丝绸之路经济带和中印缅孟经济走廊的叠合部，具有辐射吸纳川滇黔 3 省 8 市 3700 余万人的独特优势。区内矿产资源、水电气资源丰富，是国家规划的大西南页岩气勘探开发先导试验区的核心区。旅游资源禀赋极佳，有蜀南竹海、世界地质公园兴文石海等国家级、省级风景名胜 34 处，是中国优秀旅游城市、中国最佳文化生态旅游城市。

经济发展实力与基础比较雄厚。自十八大以来，经济运行呈现出稳中有进、稳中向好的良好态势，地区生产总值年均增速 9.2%，领跑四川省。2020 年，实现地区生产总值 2802.12 亿元，实际增速 4.6%，增速继续保持四川省第一，逐渐甩开了德阳和南充，与绵阳的差距也在缩小，经济聚合能力和韧性强劲；2019 年民营经济增加值 1565.94 亿元，增速 8.9%，对 GDP 增长的贡献率为 71.4%，民营经济发展势头强劲。产业门类齐全，工业渊源悠久，其中酿酒、化工化纤、造纸、机械、煤炭、核燃料原件等行业在国家占有重要地位，产业基础雄厚。

社会消费和社会保障基础较好。2019 年宜宾市社会消费品零售总额 1027.19 亿元，较 2018 年增长 10.4%，居民恩格尔系数为 36.1%，均低于全省平均值，消费市场运行平稳，消费潜力巨大，市场活力持续提升。2020 年，全市社会消费品零售总额虽比 2019 年下降 1.7%，但降幅呈逐季收窄的运行态势。宜宾市医疗卫生财政支出居四川省第三，卫生机构数、卫生机构人员数、卫生机构床位数排名均靠前，基层医疗卫生机构基本药物网上采购率 100%，医疗服务体系正进一步完善。

(二)“双循环”背景下宜宾构建新发展格局的劣势

对外开放水平有待提升。2020 年，宜宾外贸进出口总额 183.04 亿元，比 2019 年增长 29.7%。其中，出口额 123.91 亿元，增长 36.7%；进口额 59.13 亿元，增长 17.1%。从四川省进出口发展来看进口总额较绵阳市相差约为 90 亿元，出口总额、贸易进出口顺差较德阳市分别相差 20 亿元、30 亿元，对外开放水平仍需提高。2019 年，宜宾市服务进出口总额 7706 万美元，比 2018 年下降 9.3%，外贸产品主要以第二产业产品为主，第三产业相对缺少外贸活力和动力。

产业结构还需优化。2020 年，宜宾三产结构 12.3∶48.2∶39.6，较十年前（2010 年）的 15.4∶59.6∶25 并没得到根本改变；第三产业占比尚有较大提升空间，而一产尚需降比提质，二产需在保持占比相对稳定的同时，全面推进新型工业化进程；从产业结构内部来看，产业转型升级缓慢、产业链条尚不完整、创新驱动难、现代产业体系建设缓慢等问题突出，工业经济高质量发展仍需发力。

创新驱动能力不足。2018 年，宜宾市科研经费投入 24.4 亿元，与德阳相差 30 余亿元，与绵阳市相差约 130 亿元，科研经费投入仅占 GDP 的 1.21%，研究人员较绵阳、德阳相差巨大；从高新技术企业来看，主要分布在装备制造、化工、医药等传统领域，智能终端、汽车等新兴产业和科技服务业领域高新技术企业数量较小，宜宾仍需加大科研研发经费投入，才能加快新发展格局的构建。

（三）“双循环”背景下宜宾构建新发展格局的机遇

国家层面。“双循环”的提出是进一步深化供给侧结构性改革，适应经济高质量发展的必然要求，将为宜宾市经济结构优化转型增添助力。“成渝地区双城经济圈”的提出为川渝经济一体化建设提供了契机和平台，对宜宾而言，更是为宜宾高质量发展提供了千载难逢的历史性机遇。共建“一带一路”的推进，长江经济带建设、新一轮西部大开发、“互联网+”、“成渝地区双城经济圈建设”等国家重大战略，将向宜宾市释放更多红利。

省级层面。四川省作为国家系统推进全面创新改革试验区，将全面推进“建设重大创新平台”“转换科研技术成果”“对接金融资本”等，为宜宾填补创新、科研、金融发展的短板提供新机遇；同时四川省委将第一个省级新区（三江新区）布局在宜宾，是对宜宾的高度重视和充分信任；宜宾正加速创建千亿能级的国家智能终端产业示范基地，协同全省打造万亿级电子信息产业生态圈，与成都开展产业链分工、开放平台协作具备成熟条件。

川南层面。川南经济区是成渝地区双城经济圈发展基础较好、发展潜力较大的重点开发区域，也是四川省继成都经济区后最有可能打造成为全省新兴经济增长极的区域，川南经济区为宜宾经济高质量发展与产业转型升级提供了良好的机遇，川南四市一体化进程将逐步改变宜宾以往的发展模式，实现区域错位发展，助推宜宾从单一城市的发展向多城市合力发展转变。

（四）“双循环”背景下宜宾构建新发展格局面临的挑战

国家层面。国家对资源开采行业与高耗能产业约束加大，宜宾的传统主导产业转型紧迫；白酒、煤炭等传统产业市场疲软带来生产萎缩，新兴产业发展缓慢等加大宜宾市产业转型难度，同时省会城市及沿海发达地区对资本、人才、原材料等生产要素的集聚为宜宾经济发展带来负面影响。

省级层面。成都作为省会城市极化作用强大，德阳、绵阳飞速发展，都影响着宜宾对生产要素的集聚，同时“多点多极支撑战略”驱动下，四川省实力较强城市的持续发展必将增加宜宾市发展压力。

川南层面。宜宾同川南其他三市在产业发展上存在同质化现象，一体化进程发展缺失协调，并且从2020年川南四市的经济体量来看，宜宾GDP为2802.12亿，泸州GDP为2157.2亿，内江GDP为1465.88亿，自贡GDP为1458.44亿，泸州与宜宾相差600多亿，同时在成渝地区双城经济圈建设中，泸州距离重庆近且经济体量大，与重庆的合作势必将影响宜宾经济社会资源的集聚，同时宜宾与川南其他三市在承接沿海产业向内陆转移的过程中，实力相当，优劣势条件类似，彼此之间竞争激烈。

三、“双循环”背景下宜宾构建新发展格局的战略定位

争当四川省经济副中心。依托三江新区、临港经济技术开发区，构建食品饮料、电子信息、先进材料、装备制造、能源化工产业集群；依托各地资源禀赋、交通区位、产业基础优势，培育壮大县域经济，夯实底部基础；依托农业科技园区大力发展竹、茶、樟、蚕、猪、渔等现代特色农业优势产业，作响“宜字头”农业品牌；以五粮液集团、天原集团和宜宾丝丽雅集团有限公司为三大龙头骨干企业，带动经济实现跨越式、高质量发展。坚持贯彻实施“产业发展双轮驱动”战略，保持经济总量与增速在四川省的绝对优势，整合创新要素与资源，打造成为川南地区经济发展增长极，推动成为四川省经济发展副中心。

建成成渝地区双城经济圈经济副中心。围绕六个样板区建设，高质量建设三江新区，瞄准高端产业和产业高端，聚焦新区主导产业不动摇，着力补链、延链、强链，全力打造成渝地区经济副中心核心引擎；依托宜宾地处成渝贵昆四大城市“X”交汇处的中部顶点优势，与成渝两个极核形成均衡的“空间大三角”，凸显宜宾在推动成渝地区双城经济圈建设中的三角支撑与联动辐射作用；依托县域特色产业，推进新型城镇化建设，推动区县经济蓬勃发展。积极参与中国西部科学城和成渝地区双城经济圈科技创新走廊建设，支撑宜宾成为成渝地区双城经济圈经济副中心。

建设西南地区开放合作高地。发挥宜宾位于长江黄金水道起点的区位优势和四川最大内河综合枢纽港之一的港口优势，推进岸线开发和港口建设，建设

临港产业、特色产业和区域现代物流中心，将宜宾打造成为成渝地区开放枢纽门户和沿江开放高地；推动宜宾主导西南地区形成合作联盟，与川渝滇黔在交通互联互通、产业链条衔接、文旅融合发展等方面展开深度合作，加快建设区域文化旅游中心，跨区域建立产业联盟机制、人才交流机制，以区域会展中心建设为契机建设高能级开放平台，探索建立区域协同发展新机制，打造成为西南地区合作发展的排头兵。

打造长江上游中心城市高质量发展示范区。建立绿色发展规划，保证生态环境维护管理的专业化和精细化，依托项目需求培育发展绿色循环经济、推行绿色生产生活方式、强化生态文明建设、发挥宜宾筑牢长江流域生态保护屏障作用，打造长江流域生态文明高质量发展示范区；通过优化城市布局、完善公共服务设施、提升城市功能和品质、强抓科教文卫事业、推进宜宾城市和社会治理高质量发展，打造长江上游中心城市高质量发展示范区。

四、“双循环”背景下宜宾构建新发展格局的战略举措

（一）强化政策引导作用，争取国家重点扶持

紧跟政策导向。密切关注并紧跟国家和省政府出台的方针政策，把握惠及宜宾市的政策红利，抓住成渝地区双城经济圈建设和“十四五”规划编制重要窗口期，深入研究和对接国家“十四五”乃至更长时期重大规划、重大政策、重大改革、重大项目布局。以问题为导向，立足宜宾市社会发展的实际情况及资源禀赋，结合未来发展的潜在需求，谋划和打造顺应国家、成渝地区双城经济圈、四川省发展趋势、具备较高发展潜力的重大项目。

加强政策统筹。立足于全面融入和服务成渝地区双城经济圈建设，抢抓机遇、坚定信心，主动作为、加压奋进，落实区域经济发展协调统筹政策，推动宜宾各项事业高质量发展。以政策统筹协调为目的，健全合作机制，打造成渝地区双城经济圈高质量发展增长极。同时建立健全区域政策管理体系，做到权责明晰、统分结合、各司其职，强化部门间协调配合，畅通信息共享通道，保障政策实施落地。

明确发展重点。一方面，政策制定要与国家和四川省相关政策相衔接；另一方面，要立足于宜宾自身在构建国内国外“双循环”背景下的劣势与挑战，鼓励发展战略性新兴产业，延长产业链，促进产业转型升级，尤其注重培育引领重点龙头企业，布局发展潜力大的前导新兴智能产业，着力突破发展相对薄弱的重点领域。

（二）加快产业结构升级，培育智能型产业

打造产业集群。依靠三江新区，加快临港经开区建设，坚定做大做强现有智能终端产业、汽车产业、轨道交通产业、新材料产业，打造产业集群发展；在产业链上不停地延伸、补量、补链、强链，建设好龙头企业、配套企业，加快培育智能终端、轨道交通、新材料等“8+2”高端成长型产业，打造智能终端千亿产业集群、装备制造千亿集群、锂电新材料三个千亿产业新集群，加快现代产业体系建设。

壮大现代服务业。加快发展商贸物流业，切实打造与宜宾区位优势相符的商贸物流产业。大力推进三江口中央商务区、成贵高铁站前城市综合体等项目建设，大力发展高品质商圈和特色街区，全面落实各项优惠政策，积极推进地方金融管理体制、金融产品和服务方式创新，不断满足各类金融服务需求。形成一批高质量现代商贸综合体。

赋能智能产业。积极发展智能终端产业，打造集产、学、研为一体的综合性产业园区。在巩固传统产业发展的同时，大力发展智能制造等八大高端成长型产业，明晰“产业发展双轮驱动”思路，培植智能终端全产业链，按照“技术产业化、产业集聚化、集聚规模化、规模园区化”的发展模式，加快推进再制造产业园区或基地建设，积极应用移动互联网、大数据、云计算、人工智能等先进技术，打造智慧平台，整合专业市场资源，推进产业数字化、数字产业化进程。

（三）释放开放新活力，实现对外开放新突破

深化区域合作。聚焦“建设联动发展”；加强区域合作，优化和完善宜宾的对外开放格局，增强宜宾影响力。坚持把成都作为区域合作、南向开放的重要依托和战略腹地，推动对外开放大通道、物流、金融等方面的协议落地落实；加强宜宾与关中平原经济区、长江中游城市群、北部湾经济区、粤港澳大湾经济区四个经济圈的交流，推动宜宾加速融入“一带一路”建设和长江经济带发展中。

高标准建设开放口岸。加快五粮液机场航空口岸基础设施和监管设施建设，深化与港投集团合作，持续实施宜宾港临时开放口岸提效降费工程，大力推进铁路口岸建设，积极争取宜宾港水运口岸、宜宾机场航空口岸、铁路口岸纳入国家口岸发展“十四五”规划，培育发展临空经济、临港经济、枢纽经济、口岸经济，做好进境粮食指定口岸运营。加强与沿海沿边沿江地区口岸对接，健全口岸区域协作机制。打造智慧口岸，扩大“单一窗口”标准版推广和应用面，构建全面开放新格局。

建设高能级开放平台。加快完善综合保税区及配套区的基础设施建设，高标准推进产业布局规划，大力招引电子信息、半导体、数字经济、生物医药等产业企业入驻，积极申建海关特殊监管区域（场所）。重点发展物流分拨、加工制造、研发设计、销售服务、检测维修等五大产业，培育壮大跨境电商、现代商贸服务、融资租赁等新业态新模式；依托空港、水港和高速高铁网，推动“区港联动、区区联动”，打造川滇黔接合部交通物流枢纽和物资集散地。

（四）加快科技成果转化，增强科技创新能力

丰富转换形式。构建资源共享、服务协同、功能完善的创新服务体系，采用“互联网+科技大市场”手段，加大科研创新经费投入，拓宽科技成果转化渠道，构建科技成果转化的市场导向机制。探索建立科技成果转化组织联盟，打造一批技术转移中心、成果交易所等科技成果转移转化服务平台以及科技成果展示平台，提升科技成果转化中介服务水平，加强技术需求对接，确保科技成果高效就地转化。

培育创新主体。深入贯彻落实创新驱动发展战略和产业发展“双轮驱动”战略，紧扣“8+2”产业体系，加快引进和培育高新技术企业，打造高新技术产业集群，加大高新技术企业招商引资力度，支持高新技术企业做大做强，提升企业品牌和质量。着力构建以创新为引领、科技为支撑的现代经济体系，奋力推动产业转型升级，助力加快建成全省经济副中心。

深化产教融合发展。坚持校企双重主体育人模式，拓宽企业参与办学途径，允许条件成熟企业参与产教融合。推动市内外企业联合科研院校组建企业实体、职业教育实体、产学研联合体，促进企业深度参与职业院校办学。深化职普融通、产教融合、校企合作，联合高等院校、职业技术学校和相关企业，依托长江上游区域大数据中心、“四川宜宾人力资源产业园”，打造产教融合综合信息服务平台，建设产教融合服务中心。

（五）增加人才培养投入，优化人才引进政策

完善人才工作机制。统筹人才发展规划，加快完善“顶层设计、综合政策、配套办法、操作流程”四级人才政策体系，建立健全政府、企业、社会多元参与的人才发展投入稳定增长激励机制。加强“双城”入驻高校和科研平台人才支撑保障，创新“双师制”教师和技术技能人才培养模式，探索建立宜宾产教集团。建立区域人才发展共同体，完善市、县（区）人才发展协同机制，深化川南经济区干部人才协同发展，探索创建成渝地区“人才飞地”。

搭建人才培养平台。聚焦各类人才队伍“引育用留”核心环节，做优做实“人才菁聚”“人才展翼”“宜宾英才”等人才工程，打造高层次人才引进和本

土人才培育品牌。开展技术移民、海外人才创新创业基地、在宜留学生毕业后留宜就业创业等试点工作，大力引进两院院士、国家高层次人才计划入选者、“长江学者”等行业领军人才和紧缺型高技能、高层次、创新型人才。深化拓展市校合作，鼓励支持企业与高校、科研院所共建一批具有引领性、标志性的重大合作平台，着力打造创新型人才高地。

优化人才发展环境。深化人才分类评价机制改革，建立导向鲜明、科学合理、各有侧重的人才评价标准。建立完善宜宾人才荣誉制度，设立“宜宾市人才贡献奖”，持续举办两院院士宜宾行、“长江首城乐业宜宾”高校集中引才、“寻梦宜宾”城市实习生计划等系列活动；依托人才大数据平台，构建“人才一站式服务”制度机制和运行模式，对重点人才和团队实行“一对一”专员服务。大力引进孵化一批高端人才猎头、技术转移服务、知识产权维权援助等人才服务专业机构。

（六）优化投资融资环境，增加建设资金投入

拓宽融资渠道。创新融资方式并鼓励发展多种融资形式，全方位拓宽融资渠道，积极采用众筹、互联网融资、国际 BOT 等新兴的融资方式，满足个性化融资需求，做大做强各类融资平台，不断创新区域融资组织构架和管理方式。同时鼓励银行提高针对企业的金融服务专业化水平，降低融资成本，让利小微企业，鼓励扩大股权、债券等直接融资。积极推进企业与银行等金融机构的合作，加快引进战略投资及推进公共事业和基础设施市场化改革，助推重点项目实施落地，缓解融资困难。

完善担保体系。加大政府支持力度，完善投融资担保体系，强化担保监管。政府在财政预算中细化融资担保预算，增加融资担保体系的投入，充分发挥政府和市场两种资源配置手段优势，采用政府“政策性基金、市场化运作、法人化管理”的运作模式，并充分发挥市场的灵活机制和资源配置优势。引导金融机构按照商业可持续、风险可防控等原则，合理扩大担保补偿资金规模。同时明确投融资担保体系中各职能部门职责，提高运行效率。

推进体制改革。转变政府职能，推动以投融资项目审批为主的行政审批制度改革，建立统一的投融资平台，健全资源共享机制。放开基础设施和垄断行业市场，吸引、鼓励社会资金投入，大力推广 PPP 模式，做好项目联审，积极推行多评合一、统一评审的工作模式，提高审核项目效率，扩大合理有效投资。逐步解决川南经济区在政府政策、资金扶持、项目申报、项目招投标、技术成果等方面的信息条块分割问题，搭建投资融资信息统一入口或共享平台，降低准入门槛。

产业与市场

建设成渝现代高效特色农业带路径研究

四川省发展和改革委员会农村经济处

建设成渝地区双城经济圈，是国家确立的重大发展战略。习近平总书记在中央财经委员会第六次会议上指出，“加快现代产业体系建设，打造西部经济中心，建设成渝现代高效特色农业带”，明确了在成渝地区双城经济圈建设中现代农业发展的战略定位，为成渝农业发展指明了方向，提供了根本遵循。四川省委省政府做出的建设现代农业“10+3”产业体系的决策部署，与建设成渝现代高效特色农业带的战略要求是契合的。必须把握成渝地区双城经济圈建设的重大机遇，找准成渝现代高效特色农业带建设的路径，推动成渝地区农业农村现代化，擦亮四川农业大省金字招牌，推动四川由农业大省向农业强省跨越。

一、成渝现代高效特色农业带发展现状

成渝地区位于长江经济带上游，东邻湘鄂、西通青藏、南连云贵、北接陕甘，是我国西部地区工农业最发达的区域，是国家西部大开发的重要支撑点。该区域面积27.56万平方公里，占川渝两省市总面积的48.48%。自古以来，成渝地区文化同源、地理同域、经济同体，素有“川渝一家亲”之说。

（一）农业综合生产能力显著增强，有力保障粮食安全和重要农产品供给

成渝地区历来是我国优质粮油、优质生猪畜禽、优质蔬菜、精制茶叶、淡水养殖等特色农产品主产区。2018年，成渝地区农林牧渔业总产值6497.7亿元，占全国的5.7%，第一产业增加值5948.6亿元，与长三角三省一市、京津冀、粤港澳三个经济增长极比较，居第2位。

（二）现代农业产业结构不断优化，特色优势产业快速发展

成渝地区推动农业产业结构深度优化调整，品种、品质结构持续优化，特色优势产业快速发展，农林牧渔服务业产值结构不断优化，种植业产值比重持续上升，从2014年的54.44%增至2018年的59.57%。茶叶、柑橘、柠檬、道地中药材、生态畜牧、特色经济林、生态渔业等特色优势产业蓬勃发展，农

业综合效益和竞争力显著提升。

（三）农业新业态新模式不断涌现，农村一二三产业加速融合

农业供给侧结构性改革深入推动，农村新业态、新模式不断涌现，农业“新六产”框架布局基本形成。2018 年末，成渝地区拥有休闲农业和乡村旅游示范县（区）31 个，特色小镇数量 33 个，休闲农业和乡村旅游综合经营性收入达 2177 亿元，接待游客 5 亿人次以上，休闲农业规模效益继续领跑全国。

（四）农业绿色发展取得突出成效，农产品质量安全水平持续提升

积极倡导绿色生产方式，推广绿色科技，加大绿色食品供给，化肥、农药、农膜等投入品使用量持续下降且低于全国平均水平。农作物秸秆综合利用率达到 84%，畜禽粪污综合利用率达到 73%。随着一系列政策的实施，绿色已逐步发展成为成渝现代高效特色农业带的最靓底色。

（五）农业科技创新成果成效显著，现代种业发展势头强劲

成渝地区坚持走创新型农业发展道路，农业科技对两地农业综合生产能力的稳步提升、现代农业产业的快速发展和农民收入的持续增加发挥了重要支撑作用。共有涉农高校和科研院所 66 个，作物学、生物学等已纳入国家“世界一流学科”建设，国际联合实验室和合作平台 6 个、国家级科创中心和综合实验站 86 个。成都天府现代种业园区是全国 5 个国家级种业产业园之一，重庆荣昌是国家农牧高新区和全国著名的畜牧科技城。四川省育种创新水平处于国内第一方阵，是全国三大育制种基地之一、全国最大的杂交水稻制种基地。

二、建设成渝现代高效特色农业带面临的形势

（一）重大机遇

成渝地区双城经济圈建设上升为国家重大战略，为成渝地区发展带来重大机遇。积极融入“一带一路”建设、长江经济带建设、新时代西部大开发、西部陆海新通道建设，为区域农业发展注入了新动力。川渝与全国同步建成小康社会，区域经济实力更加强劲，为区域农业农村发展奠定更坚实的基础，城市和工商业对农业农村的带动能力不断增强，工业反哺农业、城市反哺农村的趋势将更加明朗。

（二）主要挑战

一是人口集聚与消费升级双重压力下如何保障粮食和重要农产品有效供给。伴随着成渝地区双城经济圈的建设，城镇人口更快集聚与居民消费需求升级的双重叠加，将为区域粮食和重要农产品有效供给带来更大的压力。

二是快速城镇化进程中如何破解更加趋紧的农业生态资源环境约束。快速

城镇化和工业化与农业争夺资源的矛盾将日趋激烈，同时也将对农业生态环境带来更大压力，对转变农业资源利用方式、提高农业资源利用水平的要求不断提高，农业发展的资源、要素成本和机会成本迅速抬高。

三是复杂国际经贸环境下如何完善农业支持保护制度。国际上单边主义、保护主义和逆全球化等抬头，国际经贸形势更加复杂多变，农业发展面临更多不确定因素的冲击。

三、建设成渝现代高效特色农业带的总体战略

（一）总体思路

以习近平新时代中国特色社会主义思想为指导，全面贯彻党的十九大精神，坚持新发展理念，发挥比较优势，立足成渝地区农业资源禀赋和经济社会发展特点，强化重庆和成都中心城市带动作用，形成以城市群为主要形态的增长动力源。建设“四区一带一高地”，即成渝地区双城经济圈都市现代农业示范区、成渝现代农业绿色发展先行区、成渝农村一二三产业融合发展示范区、成渝国家现代农业高新技术开发区、成渝现代高效特色优质粮油果蔬健康养殖产业带和西部现代种业高地。四川重点围绕成都都市圈发展都市现代农业和盆地丘陵区现代高效农业，重庆重点围绕渝西都市圈发展都市现代农业和现代山地高效特色农业，形成高效分工、错位发展、有序竞争、相互配合的发展格局，努力走出一条生产技术先进、经营规模适度、市场竞争力强、生态环境可持续的新型农业现代化道路。

（二）战略定位

结合成渝地区双城经济圈建设的国家战略部署和区域发展内在要求，以农业供给侧结构性改革为主线，坚持注重行政推动向政府市场两手发力转变，坚持数量考核向质量考核导向转变，充分利用平原、丘陵地区和山地的禀赋优势，优化产业体系，突出创新引领，强化分工合作，做优产业集群，建设“四区一带一高地”。

成渝地区双城经济圈都市现代农业示范区。充分挖掘成渝地区双城经济圈都市现代农业发展潜力，加快发展精致农业、畅通农产品上行通道，走出绿色化、优质化、特色化、品牌化、精致化的都市现代农业发展新路子，努力建成全环节提升、全链条增值、全产业融合、绿色动能充沛的现代化都市农业经济新体系。率先谋划启动成德眉资和渝西都市现代高效特色农业示范区建设。

成渝现代农业绿色发展先行区。将绿色作为农产品的底色，将品质作为农产品的基石，围绕农业绿色发展先走一步、先行先试、率先突破。着力解决农

产品品质参差不齐的问题，推动成渝地区优质特色农产品绿色化、品质化和标准化供给，培育一批全国重量级农产品品牌。探索生态资源价值转化机制，努力将成渝地区打造为全国绿色发展先行区。

成渝农村一二三产业融合发展示范区。依托风光秀美的巴山蜀水、巴蜀优秀农耕文化、多姿多彩的民族文化、独具特色的美食美味，增强成渝两地农村一二三产业之间互联互通，打造全产业链、全价值链，积极推动农业与旅游、教育、文化、康养等多元产业深度融合，将成渝地区打造成为全国农村产业融合发展的新典范。

成渝现代农业高新技术产业示范区。着力强化农业科技支撑，促进成渝农业高新科技创新能力显著提升，争取国际国内一流农业科研院所、企业落户成渝地区双城经济圈，建设成渝现代农业高新技术产业示范区，全面提升区域农业科技合作水平。

成渝现代高效特色优质粮油果蔬健康养殖产业带。围绕成渝两地优势特色产业，加强优势特色农产品基地建设。大力实施耕地质量提升工程，确保粮油果蔬畜禽生猪等农产品能满足成渝经济圈自给需求，关键时期能周济周边地区。

西部现代种业高地。加强种业科技创新，实施现代种业创新工程，构建以产业为主导、企业为主体、基地为依托、产学研相结合、“育繁推一体化”的现代农作物种业体系，提升现代种业优势，建设西部现代种业发展高地。

四、建设成渝现代高效特色农业带的重点任务

（一）实施六大重点工程

成渝地区双城经济圈都市现代高效特色农业示范区建设工程。支持推进成渝都市农业产业协同发展，高标准建设现代农业园区、农产品加工园区、农产品冷链物流集配中心和农文旅体康养医融合园区，统筹建设现代农业产业集群，推动农商文旅体养跨界融合，形成在全国具有示范引领作用的都市高效特色农业示范区。

成渝现代高效特色粮油果蔬健康养殖产业带建设工程。高质量建设优质粮食和天府菜油示范项目，推进榨菜、火锅底料、菜油、花椒、豆瓣、泡菜、柑橘（柠檬）等成渝特色农产品加工产业集群发展。宣传推广巴味渝珍、天府菜油、天府龙芽等农产品区域公用品牌。

成渝现代农业种养循环绿色发展先行区建设工程。加大川渝现代农业种养循环绿色发展先行区建设支持力度，更多布局国家现代农业产业园、国家农村

产业融合发展示范园、国家农业科技园区、农业绿色发展先行区等重点项目。大力培育农产品品牌，增加绿色优质农产品供给。

成渝地区双城经济圈耕地质量提升工程。支持川渝地区调整农业生产结构，优化国土空间布局，实施农业生态工程，开展土肥水技术集成和模式创新。实施高标准农田建设、土地整治等工程项目，建设形成旱涝保收、宜机作业、高产稳产、生态良好、抗灾能力强，与现代农业生产和经营方式相适应的基本农田。

巴蜀美丽宜居乡村示范带建设工程。支持以农村“厕所革命”、生活垃圾治理、污水处理、畜禽粪污资源化利用、村庄清洁行动“五大行动”和路水电气讯“五网建设”为主攻方向，建设成资渝沿线、渝广达沿界、沿长江巴蜀美丽乡村示范带。

安宁河流域农业综合开发工程。支持推进育繁推一体化，建设区域性良种繁育基地和标准化生产示范基地，创建国家级现代农业产业园，培育一批产业化龙头企业，大力发展农产品精深加工，建设现代特色农业示范区。

（二）开展四大试点示范

全国金融服务乡村振兴试验区。支持金融机构为乡村振兴提供中长期信贷支持，加强县域金融机构将新增存款一定比例用于当地发放贷款考核、普惠金融定向降准、涉农信贷政策导向评估。建立健全农业经营主体固定资产贷款和收购农副产品流动资金贷款优惠利率机制（不高于人民银行贷款基准利率），切实降低农业经营主体融资成本。

成渝现代农业高新技术产业示范区。参照陕西杨凌模式，在川渝毗邻地区规划建设国家农业高新技术产业示范区。支持示范区开展与境外的农业科研、开发和产业化合作，积极引进境内外的资金与技术。

全国农村集体资产资源“三权分置”改革试验区。支持农村集体资产股份合作改革，探索构建“三权分置”的现代农村产权制度，支持农村集体经济组织与新型农业经营主体、工商资本、其他集体经济组织等联合合作，通过出租、入股、托管等方式，多种形式放活集体资产经营权，共同开发农村集体资产资源。

全国深化农村土地制度改革试验区。支持以乡镇为基本单元开展全域土地综合整治，多种方式盘活利用农村废弃闲置土地、闲置农房和宅基地，有序推进农村集体经营性建设用地入市。在新编县乡级国土空间规划和制定土地利用年度计划时，明确一定土地指标保障乡村产业用地的政策。

（三）打造三大功能平台

国际现代高效特色农业会展博览中心。充分利用重庆国际会议展览中心、西部国际会议展览中心、天府农博园等会展平台，围绕实施乡村振兴战略和促进农业农村经济高质量发展，争取布局承担更多茶叶博览会、农产品交易会、农博会等市场化、专业化、品牌化、国际化农业农村领域国际展会。

西部农业科技创新中心。支持布局更多国家级农业高新技术产业示范区、优势特色产业科创中心、区域农业科技创新联盟、国家农业科技园区、国家重点实验室、农业观测中心等国家重点项目，建设西部农业科技创新中心。

西部数字农业农村发展中心。支持乡村信息基础设施建设，完善信息终端和服务供给，推进农业农村大数据中心和重要农产品全产业链大数据建设，加快推广云计算、大数据、物联网、人工智能在农业生产经营管理中的运用，打造科技农业、智慧农业、品牌农业。

2020年四川省旅游业经济形势分析与2021年预测

夏慧岩

一、2020年全省旅游发展概况

2020年，四川旅游市场展现了新冠肺炎疫情常态化下的行业新特征，表现为：国内旅游市场撑起发展基本面、入境旅游市场限制发展、出境旅游市场完全停滞。

（一）国内旅游市场同比恢复至2019年同期的61.9%

受新冠肺炎疫情影响，2020年全省接待国内游客4.51亿人次，同比下降39.9%；实现国内旅游收入7170.07亿元，同比下降37.4%。

在常态化疫情防控情况下，预约游览、无接触度假成为游客出行新方式新习惯，近郊游成为游客出行首选。2020年，全省接待国内游客5.56万人/天，过夜游客平均停留时间为1.49天/人、少于2019年同期0.1天/人。在疫情防控情况下，出于安全考虑，游客出游距离、出游时间都在缩短。

从国内旅游市场复苏情况来看，先是商务游，再是近郊休闲，再是探亲及度假。2020年，全省接待过夜游客2.16亿人次，同比下降36.4%；接待一日游游客2.35亿人次，同比下降42.9%。从住宿单位接待过夜游客情况来看，省外游客市场逐步恢复。一季度，住宿单位过夜游客中省外游客占比23.8%，二季度省外游客占比29.2%，三季度省外游客占比35.4%，四季度省外游客占比34.2%。

从省外客源情况上看，前5位客源分别为：重庆市（市场占比9.59%）、贵州省（市场占比3.47%）、云南省（市场占比2.63%）、陕西省（市场占比2.25%）、广东省（市场占比1.66%）。省外客源基本上都是周边人口大省，说明旅游市场下沉和消费升级让国内旅游消费基本面更加稳固。

（二）入境旅游市场增长态势中断

突如其来的新冠肺炎疫情中断了四川入境旅游市场的增长态势。2020年，全省共接待入境游客24.61万人次，同比下降94.1%；实现国际旅游收入

4679.05 万美元，同比下降 97.7%。

疫情暴发后，首先，入境游客出于对安全的谨慎考虑，会缩短出游距离，入境过夜游客平均停留天（数）为 1.36 天/人，比 2019 年同期减少 0.46 天/人。其次，商旅游客成为入境市场游客主力。2020 年，四川接待外国人 20.1 万人次，同比下降 93.6%，市场份额占比为 78.5%，比重较 2019 年同期相比增加 3.2 个百分点。

同时疫情也改变了四川入境游客市场结构。2020 年，全省接待亚洲游客 9.46 万人次，同比下降 92.9%，其中接待韩国游客 3.09 万人次，同比下降 73.8%；接待欧洲游客 4.06 万人次，同比下降 95.7%，其中接待英国游客 0.52 万人次，同比下降 97.9%；接待美洲游客 3.84 万人次，同比下降 92.4%，其中接待美国游客 3.19 万人次，同比下降 91.6%。

即使在国际贸易局势波动、全球经济下行的大环境下，四川仍然具备良好的入境市场基础，2019 年，仅成都市的外籍商旅人士已达 69 万，常住外国人口 1.74 万，往来外籍人员数量已位居中西部城市之首。为保障国民安全，维护来之不易的抗疫成果，我国对国际旅行采取限制措施。疫情期间，我国入境签证政策持续收紧。自 2020 年 3 月 28 日起，我国暂时停止外国人持有效来华签证和居留许可入境，同时暂停各类优惠签证政策；9 月 28 日起，允许持有效中国工作类、私人事务类和团聚类居留许可的外国人入境，但只适用于一部分常年居住在中国工作或学习、已经持有特定类别居留许可的外籍人士，并不包括持有旅游签证的广大外国入境游客，入境政策的收紧，客观上阻碍了入境旅游的发展。

（三）出境旅游市场全面停滞发展

2020 年，通过旅行社组织出境的团队游客人数为 8.84 万人次，同比下降 95.2%，其中，8.84 万人次均为 1 月份组团出境人数。在疫情冲击下，出境旅游市场全面中断。

二、2020 年全省旅游市场其他情况

突发的新冠肺炎疫情带来的不只是巨大的经济损失，更是对旅行服务业发展走向与竞争格局产生了深刻影响。在行政主体、市场主体、游客多方共同努力下，旅行服务业正加速进入复工复业复产的阶段。

（一）旅行社

从接待情况上看，2020 年纳入统计的 571 家旅行社在接待业务上全面下滑，接待国内游客 236.6 万人次，同比下降 48.5%；接待入境游客 1.12 万人

次，同比下降96.6%。实现主营业务收入25.48亿元，同比下降76.3%。

（二）星级饭店

2020年，全省纳入统计的290家旅游星级饭店共接待663.84万人次，同比下降30.5%；接待总人天（夜）848.27万人天（夜），同比下降29.5%。2020年，全省星级宾馆平均房价为310.44元/间，客房出租率为44.11%。

（三）A级景区

2020年，全省633家A级旅游景区共接待游客3.2亿人次，同比下降40.4%；实现景区经营总收入572.44亿元，同比下降36.2%，其中，门票收入26.76亿元，同比下降47.6%。

不同于以往的多数突发事件，此次新冠肺炎疫情是对需求端与供给侧的双重冲击，消费者信心重构、疫后游客行为偏好变化、仍然存在的防疫压力，都使得旅行服务业的复苏还面临不小的挑战。

三、旅游市场发展趋势预测

截至目前，在我国抗击新冠肺炎疫情斗争取得了重大战略成果的基础上，前期被抑制的旅游需求得到集中释放。酒店、航空、餐饮、景区以及娱乐等旅游上下游企业，同步推出各类创新产品和优惠举措，激发游客消费潜力。受疫情影响，出境旅游需求转向境内回流，国内旅游市场进入恢复通道。

（一）2020年下半年开始全国消费市场进入加速恢复通道

携程发布的《中秋国庆假期旅游大数据报告》显示，2020年中秋国庆假日期间，国内出游人数、旅行消费规模都达到2020年以来最高峰。途牛旅游网发布的《2020国庆中秋旅游消费盘点》指出，53%的出游订单为国内长线游，西藏、山西、四川、西北连线、贵州等方向预订出游人次超过2019年同期。

电影票房也表现出色。国家电影专资办数据显示，10月1日至7日我国电影票房约为36.96亿元，取得中国影史国庆档票房第2的成绩。中国银联数据显示，国庆长假前7天银联网络的交易金额达到2.16万亿元，相比2019年同期增长了6.3%；10月1日当天交易金额超过3300亿元，同比增长15.5%。

国庆中秋期间全国零售餐饮、国内出游人数、旅行消费规模等多项数据都达到2020年以来的最高峰，双节叠加为国内长线旅游市场注入了新活力。

从政策方面来看，国务院办公厅印发《关于以新业态新模式引领新型消费加快发展的意见》，旨在补齐新型消费短板、破除体制机制障碍、打通痛点难点堵点，进一步激发市场主体活力，促进线上线下消费深度融合。

（二）四川假日效应向节后溢出

依托国内市场，四川旅游消费信心正在恢复，旅游发展潜力逐步释放。2020 年 9 月底，四川组织召开旅游产业发展大会，拿出硬招、实招，激发文化和旅游投资潜力和活力。根据全省各地接待旅游情况统计，2020 年国庆中秋假日期间，全省共接待国内游客 5969.36 万人次，按可比口径同比恢复 77%；实现国内旅游收入 479.54 亿元，按可比口径同比恢复 79.1%。国庆长假成了国内经济、消费加快复苏的重要引擎。国民旅游消费信心显著增强。

根据中国旅游研究院（文化和旅游部数据中心）调查显示，国庆中秋假日结束后，居民二次出游意愿强烈，假期间 35.8%的游客选择“国内疫情形势好转，国内中长线旅游变为省内游或近程游”，跨省游的比例为 29.1%，出行距离 300 公里以内的占比 83.5%，不少人在假期中段返程后选择二次短途出游和多次本地休闲。游客出游半径在 5 日达到最低，6 日开始再次扩大至 200.1 公里，环比扩大幅度为 10.6%，7 日环比继续扩大。据中国旅游研究院（文化和旅游部数据中心）发布数据，国庆节、中秋节，四川假期游客接待规模居全国第 2。

（三）趋势预测

关于入境旅游市场，在全球疫情没有得到彻底控制之前，2020 年四季度及 2021 年大部分时间，四川入境旅游将大概率延续低迷状态。但伴随国内大众旅游市场日趋走向成熟，旅游基础设施不断完善，旅游服务品质持续提升，对与国内旅游处于同一空间下的入境旅游而言，未来入境旅游高质量发展的基础更加稳固，疫后入境旅游的恢复和提升势在必行。

关于国内旅游市场，无论从全国政治经济层面还是从地方发展角度来看，国内旅游业发展的基本面未变，而且市场下沉和消费升级让国内旅游消费基本面更加稳固。在 2021 年，用好“新基建”等项目稳定旅游就业，引导旅游企业理性投资，加大研发创新力度。抓好疫情防控与市场监管，营造安全、有品质的消费环境，持续推进旅游业高质量发展。

在疫情防控常态化条件下，综合考虑宏观经济和市场因素，对 2021 年旅游市场发展持相对乐观态度。2021 年，在新冠疫苗普及较为顺利的情况下，入出境市场有望在下半年有序启动，全年恢复至疫前的 3 成左右。2021 年，国内经济受疫情冲击相对较小，居民收入没有出现显著下滑，居民出游意愿强烈，国内旅游市场复苏步伐势必加快。

作者单位：四川省文化与旅游厅

2020年度四川省高技术产业形势分析

四川省发展和改革委员会创新与高技术发展处

2020年，全省上下深入贯彻习近平总书记关于新冠肺炎疫情防控工作的重要指示批示和系列重要讲话精神，全面落实党中央、国务院的决策部署，坚持戴着口罩抓发展，深入实施创新驱动发展战略，推动四川省高技术产业加快发展。

一、增速恢复，产业发展态势持续向好

（一）主要领域基本实现正增长

2020年，全省规模以上高技术产业增加值同比增长11.7%、与2019年持平，高于规模以上工业7.2个百分点。计算机及办公设备、医疗仪器设备及仪器仪表、电子及通信设备制造业继续保持两位数快速增长态势，同比增长均在15%以上；航空、航天器及设备制造业同比增长8%，医药制造业增速略有所回落、同比下降2.1%。电子信息、先进材料产业分别同比增长17.1%、9.6%。

（二）重点项目建设稳步推进

2020年，纳入省重点项目计划的战略性新兴产业项目46个、完成投资额545.5亿元，投资完成率达125.3%，其中新建项目数16个、完成投资额63.8亿元。创新平台及创新能力建设项目达28个、完成投资额113.4亿元，投资完成率达122.4%，其中新建项目14个、完成投资额46.1亿元。华为鲲鹏生态基地、辰显光电、三环电子等一批重大项目加快建设。

（三）产品进出口逆势增长

2020年，高新技术产品货物进出口总额6389.33亿元、同比增长29.6%；进口2818.06亿元、增长25.6%，主要商品包括集成电路（2220.9亿元）、计量检测分析自控仪器及器具（86.4亿元）、制造平板显示器用的机器及装置（66.1亿元）等；出口3571.27亿元、增长32.9%，主要商品包括自动数据处理设备及其部件（2007.4亿元）、集成电路（970.2亿元）、液晶显示板（44.7亿元）等，机电产品仍占进出口主导地位。进出口贸易顺差753.21亿元。

二、活力释放，新动能引领作用增强

（一）数字化转型升级态势稳健

2020 年，全省数字经济规模预计超过 1.6 万亿元、同比增长 10.3%。以新技术为引领的相关服务业快速增长，信息传输、软件和信息技术服务业增长 26.4%。全省网络零售额实现 5881 亿元、同比增长 10.9%，高于社会消费品零售总额增速 13.3 个百分点，占社会消费品零售总额的比重为 28.3%；限额以上网络餐饮收入增长 106.3%，比 2019 年高 79 个百分点。线上交易的火爆拉动快递业务量增长，全省快递服务企业业务收入累计完成 223.16 亿元，同比增长 9.62%。疫情使得全民生命健康意识全面提升，“互联网+问诊”、健康大数据与云计算等加速了医疗健康需求的快速增长，在线办公、在线教育、远程问诊等新消费需求持续旺盛。

（二）产业创新成果不断涌现

国家企业技术中心迈克生物成功研发的新冠病毒核酸检测试剂盒，相继获得国家医疗器械注册证、通过欧盟认证，并获得美国 FDA 授权，销往 40 多个国家和地区。成都威斯克研发的新冠疫苗进入临床二期，这也是中国首个昆虫细胞生产的重组蛋白新冠疫苗。东方电气研制成功国内首台 F 级 50 兆瓦重型燃机，实现了燃机 100%自主运维，填补了我国在燃气轮机高温部件设计制造和试验验证技术空白。四川帕沃可依托省玄武岩纤维原料均质化控制技术工程实验室，成功研发出 2400 孔拉丝工艺，攻克了不同批次、不同窑炉拉丝产品离散系数偏高的世界性难题。

（三）产业创新体系不断完善

2020 年，四川省成都高新技术产业开发区、自贡高新技术产业开发区、宜宾临港经济技术开发区获批建设国家第三批大众创业万众创新示范基地。批复组建全省首个产业创新中心——四川省精准医学产业创新中心，批建了云网超融合技术、生物材料基因工程、道地药材形成原理与品质评价等 26 个省级工程研究中心（工程实验室），以及 15 个省级双创示范基地。

三、信心提振，重点领域投资持续改善

（一）制造业投资增速逐步恢复

2020 年，全省高技术制造业投资同比上升 0.3%，增速较前三季度加快 2.6 个百分点。其中，医药和计算机设备制造业投资持续快速增长。医药制造业投资增长 21.8%、比 2019 年同期高出 9.3 个百分点，计算机及办公设备制

造业投资增长134%、比2019年同期高出146.2个百分点。

（二）服务业投资增速稳步回升

2020年，全省高技术服务业投资上升1.7%、年内首次转正，比前三季度加快4个百分点。其中，信息服务业、检验检测、科技成果转化等服务业分别同比上升16.3%、7.9%、3.7%，研发与设计、专业技术、环境监测及治理等服务业分别同比下降1%、26.4%、36.9%、5.9%。此外，服务业民间投资同比上升16.1%，增速较前三季度加快2.5个百分点。

总体看，2020年，全省高技术产业持续稳定恢复、稳中向好，同时也要看到，部分企业仍面临着销售渠道不畅、库存增加和现金流压力较大等问题。2021年，随着国民经济持续稳定恢复，要把握好政策时度效，不断巩固高技术产业稳定恢复态势，深入推进高技术产业转型升级，进一步激发新动能，助力"十四五"良好开局。

2020 年四川省消费基本情况和 2021 年形势分析

四川省发展和改革委员会就业收入分配与消费处

2020 年，在四川省委、省政府坚强领导下，全省统筹做好疫情防控和消费促升级工作，实现社会消费品零售总额 20824.9 亿元，同比下降 2.4%，降幅比全国低 1.5 个百分点，比上半年和前三季度分别收窄 5.1 和 2.4 个百分点，呈现逐步复苏态势。

一、2020 年消费基本情况

（一）城乡市场平稳复苏

城镇消费品零售额 16791.9 亿元，同比下降 2.5%，降幅比全国平均水平低 1.5 个百分点，比上半年和前三季度分别收窄 5.3 和 2.5 个百分点；乡村消费品零售额 4032.9 亿元，同比下降 2.1%，降幅比全国平均水平低 1.1 个百分点，比上半年和前三季度分别收窄 4.3 和 2 个百分点。

（二）商品消费稳步回升

全省实现商品零售额 18342 亿元，同比下降 1.5%，降幅比全国平均水平低 0.8 个百分点，比上半年和前三季度分别收窄 3.9 和 1.8 个百分点。其中限额以上企业（单位）通过互联网实现商品零售额 1226.5 亿元，增长 16.9%。汽车类商品零售额 2059.2 亿元，同比下降 0.7%，降幅比年初收窄 30.3 个百分点。

（三）服务消费持续恢复

文旅消费加快提振，国庆期间接待国内游客 5969.4 万人次，按可比口径同比恢复 77%，实现国内旅游收入 479.5 亿元，恢复 79.1%。餐饮收入逐季恢复，2020 年一至四季度分别增长−13%、−2.3%、0.6%、3.6%，全年实现餐饮收入 2482.5 亿元。全省餐馆、酒店、旅行社等服务型线上消费增速高于全国 2.8 个百分点。

（四）人均消费增幅高于全国

全省居民年人均消费支出 19783 元，较 2019 年增长 2.3%，增幅高于全国水平 3.9 个百分点。其中，城镇居民人均消费支出 25133 元，下降 0.9%，降幅低于全国水平 2.9 个百分点；农村居民人均消费支出 14953 元，增长 6.4%，增幅高于全国水平 3.5 个百分点。全年居民人均食品烟酒支出 7026 元，增长 8.7%。

（五）消费价格指数震荡回落

全年居民消费价格指数（CPI）上涨 3.2%，比上半年和前三季度分别回落 1.9 和 1.3 个百分点。八大类商品和服务项目呈现“四涨四跌”：食品烟酒上涨 11%、医疗保健上涨 0.7%、教育文化和娱乐上涨 1.2%、其他用品和服务上涨 3.1%，衣着、交通和通信、居住、生活用品及服务类分别下跌 0.3%、3.6%、1.1%、0.1%。

二、2021 年促消费面临的形势

由于疫情形势和外部环境存在诸多不确定性，全省促消费工作，既存在有利条件，也面临不利因素，任务复杂繁重。

（一）有利因素

一是宏观经济持续回升向好。从全国看，2020 年全国经济总量首破 100 万亿元，稳居中等偏上收入国家行列；国际货币基金组织预计 2021 年中国经济将增长 8.1%；积极的财政政策和稳健的货币政策将继续实施。从四川省看，2020 年经济总量接近 5 万亿元，同比增长 3.8%，高于全国 1.5 个百分点；2021 年，经济仍将延续稳中向好态势，预计增长 7%以上，为全面促进消费提供强大动力。

二是消费政策效应叠加释放。国家和省、市促消费政策密集出台，既有顶层设计的促消费政策，也有针对大宗消费重点消费新型消费的具体措施。随着国家引领新型消费加快发展、促进消费扩容提质，以及四川省培育发展新消费、培育消费中心城市、扩大和升级信息消费等政策措施落地落实，各项促消费政策合力的效应将进一步显现。

三是城乡就业形势保持稳定。2020 年，全省农民工转移就业逆势增长，总量达 2573.4 万人，同比增长 3.7%。高校毕业生初次就业率 85.9%，高于全国平均水平 7 个百分点。2021 年，全省将继续强化就业优先政策，加大职业技能培训力度，统筹做好重点群体就业，预计全年农民工转移就业将保持去年的规模，城镇新增就业达到 85 万人以上，扩消费底部支撑更加有力。

四是金融服务消费持续发力。银行保险机构针对细分消费领域需求，开发创新专属信贷和保险产品，加大信贷投放力度，2020 年银行业机构个人消费贷款余额 18237 亿元，较年初增加 2156 亿元，增幅 13.4%。其中，信用卡类消费贷款余额 1354.1 亿元，汽车类消费贷款余额 86.9 亿元。普惠小微和小微企业信用类贷款余额同比增长 27.5%、17%。金融促消费的政策将在 2021 年进一步延续和强化。

（二）不利因素

一是居民可支配收入仍然偏低。2020 年，全省居民人均可支配收入 26522 元，占全国居民人均可支配收入的 82.4%，居全国第 18 位。按常住地分，城镇居民人均可支配收入 38253 元，占全国城镇居民人均可支配收入的 87.3%，居全国第 16 位；农村居民人均可支配收入 15929 元，占全国农村居民人均可支配收入的 93%，居全国第 21 位。

二是居民消费信心仍显不足。2020 年下半年，全省居民收入预期指数降幅高于现状指数降幅 6.4%，表明消费者对未来增收信心仍然偏低，尚未恢复到疫情前水平，部分居民的储蓄意识进一步增强。2020 年末，全省本外币存款余额为 9.2 万亿元，同比增长 10.5%，比年初增加 8714 亿元，同比多增加 2985 亿元。其中，住户存款增加 6080 亿元。

三是消费品市场复苏放缓。2020 年 2—4 月，全省消费品市场增速分别高于全国平均水平 5、7.6、3.7 个百分点。5—8 月，四川省比全国的增速优势回落到 1 个百分点以内。但 9—12 月，全省消费品市场月度增速分别低于全国 1.7、1.3、1.6、0.1 个百分点，连续 4 个月低于全国，消费回升势头减弱。

四是疫情形势存在不确定性。当前，我国疫情总体上得到有效控制，但个别地方出现局部反弹，四川省也面临疫情散发压力。对景点景区、剧院影院、娱乐等场所采取流量管控，以及严控庙会、灯会、展会等群体性活动规模等措施仍未完全取消，或将延缓旅游、餐饮住宿、娱乐等行业消费回暖步伐。

综合以上因素分析，如果宏观经济运行在合理区间，疫情防控形势继续向好，预计 2021 年全省消费市场将持续保持活跃，消费增长势头进一步延续，社会消费品零售总额将实现 2.3 万亿元左右，同比增长 10%左右。

三、下一步扩大消费建议

坚持促进商品消费与扩大服务消费并重，以增加居民收入为基础，以打造消费载体为支撑，以开展促销活动为途径，大力开拓城乡消费市场，改善消费环境，促进消费扩容提质。

（一）促进居民就业增收

实施重点群体增收激励计划，促进稳定就业，城镇调查失业率控制在

5.5%以内，增强消费能力。健全工资合理增长机制，多渠道增加城乡居民财产性收入。开展根治欠薪专项行动，保障农民工工资支付。推进脱贫攻坚和乡村振兴有效衔接，促进农民增收。健全社会保障体系，兜底基本民生底线，增强消费信心。

（二）加快消费载体建设

支持成都建设国际消费中心城市，打造泸州、德阳、绵阳等区域消费中心城市。深化成都“国家文化和旅游消费示范城市”，南充、泸州“国家文化和旅游消费试点城市”建设，形成区域消费互补格局，提升消费市场能级。持续开展步行街改造提升，打造“一刻钟便民生活圈”。

（三）开展各类促销活动

持续开展惠民购物全川行、川货全国行、万企出国门市场拓展活动。以质量品牌为重点，促进信息、康养、夜间消费等新型消费发展。稳定和扩大汽车消费，促进家电家具家装消费，提振住宿餐饮、文化旅游消费。促进住房消费健康发展，扩大节假日消费。适应消费新业态新模式，大力促进线上线下消费融合发展。

（四）释放农村消费潜力

推进“互联网+”农产品出村进城工程和信息进村入户工程深度融合，打造县域电商产业集聚区，拓宽农产品进城渠道。完善农产品流通骨干网络，加强县域乡镇商贸设施和到村物流站点建设。持续推进农村便民消费服务中心建设，提供购物、餐饮、休闲娱乐等多种消费服务。

（五）营造良好消费环境

开展高标准市场体系建设行动，大力实施“同线同标同质”工程，发布汽车、家具、家装、服装等行业放心舒心消费服务标准。积极创建示范街道、景区、商店、企业、行业。加强消费信用体系建设，提高“互联网+快捷维权”覆盖面，强化消费者权益保护。

2020 年四川省能源发展形势分析及对策建议

杨铸旭　李忠

一、2020 年四川能源发展情况

（一）能源生产消费稳中有升

能源供给保障有力。截至 2020 年底，全省电力装机 10295 万千瓦，其中水电装机 8082 万千瓦，同比增长 5.01%；风电装机 426 万千瓦，同比增长 31.19%；光伏装机 191 万千瓦，同比增长 1.67%。全省发电量 4140 亿千瓦时、同比增长 8.84%。全省天然气产量 432 亿立方米，同比增长 13.75%，其中，页岩气产量 119 亿立方米，同比增长 47.06%。全省原煤产量 1906 万吨。

能源投资规模适度。2020 年，全省能源系统完成固定资产投资 944 亿元，其中，电网（含农网改造）148 亿元、水电、新能源等电源 450 亿元、油气（含页岩气）306 亿元、煤炭 25 亿元。争取中央预算内投资 38.6 亿元。其中：电网建设项目资金 7.6 亿元，采煤沉陷区综合治理项目资金 4.1 亿元，煤矿安全改造资金 3.9 亿元。

能源消费较快增长。2020 年，全省全社会用电量 2865 亿千瓦时，同比增长 8.7%。第一产业、第二产业、第三产业用电增长较快，增速分别为 23.67%、7.7%、9.71%，其中工业用电量 1762 亿千瓦时、同比增长 7.71%。累计消费天然气 237 亿立方米、同比增长 3.02%，消费成品油 1615 万吨、同比减少 0.68%。外送电量 1364 亿千瓦时、同比增长 3%。外输天然气 152 亿立方米、同比增长 27.39%。

（二）疫情防控期间能源保障统筹有力

及时研究制订《关于切实做好应对疫情能源供应保障工作的通知》并组织实施。协调配合相关部门全力做好煤电油气供应保障，分类指导和督促重点能源企业复工复产，推动雅中—江西特高压直流工程等重点能源项目有序复工建设。积极协调相关部门畅通能源物资配送通道，疏通堵点 41 处，协调忠县—武汉输气管道和川气东送管道每日向湖北供气 1100 万立方米，其中向武汉供气860万立方米。

（三）深入开展能源规划战略研究

聚焦能源需求、供应保障、能源政策和体制机制等重点问题，开展“十四五”能源需求保障、能源体制改革、能源战略和能源政策落实情况等专题调研，形成系列调研报告并上报国家能源局。分片区开展规划调研，采取走访、座谈等形式，倾听基层诉求，研究形成四川省“十四五”能源发展基本思路和规划初稿。组织开展“十四五”煤炭及煤层气、电力、石油天然气、可再生能源发展等专项规划（实施方案）的编制工作，加强重大项目论证，形成对能源总体规划的有力支撑。编制完成“十四五”可再生能源规划实施方案初稿，组织编制“三州一市”光伏基地规划及凉山州风电基地“十四五”实施方案。

（四）大力推进成渝地区双城经济圈能源一体化发展

积极落实国家推进成渝地区双城经济圈建设的区域战略，四川省、重庆市发展改革委、能源局签署《共同推动成渝地区双城经济圈能源一体化高质量发展合作协议》，在规划课题研究、重大基础设施建设、能源运行保障等方面加强川渝能源合作。扎实开展成渝地区双城经济圈能源一体化发展课题研究，为国家编制相关区域规划提供支撑。联合重庆市能源局共同探索建立川渝能源一体化煤炭保障机制，共同开展北煤入渝入川通道等重大问题研究。

（五）全国优质清洁能源基地建设推进有序

全力推进金沙江白鹤滩、叶巴滩等一批大型水电项目建设，乌东德水电站机组陆续投产发电，牵头组织白鹤滩水电站蓄水验收及相关工作。有序推动光伏、风电发展，组织开展光伏竞争配置，启动光伏基地建设。2020年底，全省清洁能源装机和清洁能源发电量占比分别达到85.9%、88.5%。坚持以中国“气大庆”建设工程为抓手，加强天然气产供储销体系建设，促进天然气增储上产，磨溪龙王庙气田、高石梯震旦系常规气建设有序推进，长宁—威远—泸州页岩气田勘探开发等重点项目顺利推进，已建成全国最大天然气（页岩气）生产基地。

（六）能源基础设施网络逐步完善优化

四川省水电外送第四回特高压直流工程建设顺利。省内骨干网架建设不断加强。2020年，核准500千伏电网项目2个、220千伏电网项目42个，新开工电网线路1.85万公里，变电容量790万千伏安。威远、泸州区块页岩气集输干线、元坝—德阳等天然气管道加快建设，已建成输气管线约1.9万公里，年输气能力达450亿立方米，年外输能力达220亿立方米，成为全国天然气输配网络的西南枢纽。积极推进储备设施建设。四川高兴煤炭储备基地建设有序推进，川东北、遂宁、川南等地面 LNG 储气调峰基地项目和老翁场、牟家坪地下储气库建设加快推进。

（七）能源供给侧改革深入推进

制定全省可再生能源电力消纳实施方案，促进全省可再生能源电力消纳，持续推动水电消纳产业示范区试点，调峰弃水电量再创新低。2020 年，调峰弃水电量 75.8 亿千瓦时左右，下降 17.8%。电能替代取得新突破。新建和改造燃煤锅炉窑炉 564 蒸吨，新建直流充电桩 1930 个、15.15 万千瓦，交流充电桩 618 个、2908 千瓦，岸电设施 2 个；在凉山州德昌县、广元市剑阁县试点“电烤烟”成功。全年累计实现替代电量 130 亿千瓦时，同比增长 16%。煤炭绿色开采有序推进。龙滩煤矿（150 万吨/年）智能化综采工作面试验示范取得成功，大宝顶、石屏、嘉阳等煤矿智能化改造正在加快推进，充分发挥中央预算内资金使用效益，煤矿安全改造取得显著效果。

（八）能源体制机制改革创新不断深化

电力体制改革不断深化，电力市场规模不断壮大，全省电力交易平台注册生效市场主体达 1.2 万家，完成交易电量 1061 亿千瓦时。增量配电试点积极推进，6 个试点项目获得国家批复，其中泸州金融商业中心、南部县工业集中区、成都青白江欧洲产业城增量配电试点项目已建成投产运行。油气体制改革持续推进，加快页岩气利益共享机制推广到更大范围和领域，启动省管道建设运营合资公司组建工作。

（九）不断提高能源普遍服务能力和水平

组织实施新一轮农网改造升级。2020 年，全省农村供电可靠率达 99.7%、电压合格率达 99.6%、户均配变容量达 2.05 千伏安，年均停电时间降低为 17 小时。相比 2019 年底，供电可靠率提升 0.34%、电压合格率提升 0.58%、户均配变容量提升 0.23 千伏安，年均停电时间缩短 8 小时。重点保障“三区三州”农网改造升级行动计划如期完工，全面完成易地搬迁通电计划，全省藏族聚居区和凉山州供电指标达到国家要求。开展采煤沉陷区基本情况调查，推进华蓥市、筠连县等重点采煤沉陷区综合治理，持续改善约 15 万矿区居民生产生活条件，促进煤炭资源地转型发展。

（十）积极支持能源新技术新业态发展

燃气轮机创新发展示范工作顺利推进。南充市西充县多扶食品工业园天然气分布式能源项目安装 1 台燃气轮机并完成静态调试和满转速发电试行实验，已符合并网条件。积极推进华电内江白马 2×475MW 燃气轮机创新发展示范项目、德阳经开区分布式能源站项目。参与制定《四川省氢能产业发展规划

(2021—2025)》。国家电投集团西南能源研究院顺利落户成都，国家电投集团四川能源研究院和中国智慧能源产业联盟先进能源研究院落户成都相关工作有序推进。

（十一）能源管理能力不断加强

着力加强水电项目质量监督及抽查检测，强化工程安全监管，及时审批完成长江经济带小水电整改手续，使整改工作如期完成。着力提升油气行业安全管理水平，扎实推进油气行业“清单制”管理工作，组织开展全省2020年油气行业安全生产清单制管理暨管道完整性管理培训，推动安全生产清单制管理在全省油气行业主管部门和油气企业全面落地落实。多次赴油气勘探开发重点地区督导检查暗访油气企业疫情防控、复工复产、排险除患、应急值守和安全生产工作落实情况，对检查中发现安全生产问题的企业及时予以通报，并全程跟踪确保整改到位。顺利举办首届川渝电力企业电力交易技能大赛。

二、存在的主要困难和问题

（一）成都负荷中心用电保障问题较为紧迫

据国家电网公司和多家电力研究机构“十四五”规划的研究数据分析，“十四五”期间，四川省在能源清洁低碳转型发展、成渝地区双城经济圈建设等背景的叠加影响下，用电量将继续保持平稳较快增长。届时，全省用电量年均增速将在5.5%左右，最大用电负荷年均增速将在5.6%左右。2025年，全省用电量将达到3750亿千瓦时左右，最大负荷将达到7100万千瓦左右。这期间，作为四川省“一干多支”发展战略的主干，成都都市圈用电增势迅猛，稳定可靠的电力保障需求迫切。为落实“碳达峰碳中和”目标要求，四川省不再新上煤电，成都等负荷中心电力保障主要由川西水电和新能源负责。川西水电又受现有四川电网500千伏送出通道输送能力限制，预计从“十四五”中期开始，成都负荷中心将出现电力缺口。

（二）水电开发相关支持政策亟待出台

四川省水电开发已转向河流的中上游，这些地区远离负荷中心，地质地形条件复杂、生态环境脆弱、经济发展水平不高、交通等基础设施较差，导致水电开发移民安置难度大、环境保护要求高、工程建设难度大、工程投资造价高，如果国家没有相应的支持政策，水电开发将难以持续。

（三）中国“气大庆”建设推进存在困难

涉地手续办理程序较为复杂。天然气（页岩气）勘探试采阶段无法办理永久使用林地手续，占用永久基本农田和林地审批周期较长，管道类建设项目临时用地政策难以在短时间内完善用地手续，对项目快速推进影响较大。国家尚未出台油基岩屑处理标准规范，制约了天然气（页岩气）开发速度。

三、对四川能源发展的建议

“十四五”是在全面建成小康社会基础上开启全面建设社会主义现代化国家新征程的第一个五年。2021 年是“十四五”的开局之年，四川省能源系统将坚持以习近平新时代中国特色社会主义思想为指导，深入贯彻新发展理念、着力构建新发展格局，积极落实能源安全新战略，不断推动新时代能源高质量发展，为成渝地区双城经济圈建设和“一干多支、五区协同”战略实施提供坚强的能源保障。

科学编制四川省“十四五”能源发展规划。在国家能源局的指导下，深入研判“十四五”能源发展面临形势，落实国家规划要求，加强规划目标、重点任务、重大项目的研究，广泛征求社会各界意见，开展规划衔接和专家论证，完成《四川省“十四五”能源发展规划》的编制并印发实施。同步完成“十四五”电力规划、可再生能源实施方案等专项规划（方案）编制，形成“十四五”能源规划体系。

着力推进水电和可再生能源开发。推动金沙江白鹤滩、苏洼龙，雅砻江两河口、杨房沟水电站首批机组投产发电；加快推进双江口、叶巴滩等项目建设；争取核准金沙江昌波、旭龙，雅砻江孟底沟，大渡河枕头坝二级、沙坪一级等水电项目。科学有序推进凉山州风电基地、“三州一市”光伏基地建设。推进水库电站风光互补开发相关工作。

有序建设中国“气大庆”工程。以建设中国“气大庆”项目为抓手，大力推进天然气（页岩气）勘探开发，加快常规天然气增储上产，重点实施川中安岳气田、川东北高含硫、川东北普光、川西致密气等气田滚动开发，加快长宁区块、威远区块、泸州区块等区块页岩气产能建设。

加快推进能源基础设施建设。建成投产四川雅中至江西特高压直流输电工程，推动以白鹤滩水电为主力电源的特高压直流输电工程建设、推动特高压交流输电工程完成前期工作，尽快核准开工建设。进一步完善甘孜、阿坝、凉山州、攀枝花等地区至成都负荷中心送电方式，增强省内 500 千伏、220 千伏骨干网架。加快推进省重点管道项目和储气调峰设施建设。加快推进四川高兴煤炭储备基地建设。

持续推进供给侧结构性改革。继续在五大领域因地制宜推进“以电代煤、以电代油、以电代柴”电能替代工作，力争 2021 年电能替代电量突破 150 亿千瓦时。加快推进煤矿智能化升级改造，力争2021年底全省建成智能化综采能力达到500万吨/年，在建智能化综采能力达到300万吨/年。

积极推进能源体制机制改革。持续深化电力体制改革，加快推进电力市场建设，加快培育售电侧主体，进一步规范售电公司注册运营管理，继续开展售电公司信用评价工作，稳步推进全省增量配电业务改革试点项目建设。积极推进油气体制改革，扩大页岩气开发利益共享机制适用地域，拓展天然气利益共享领域，开展常规天然气领域合资合作，加快组建四川省天然气管道建设运营合资公司。

大力支持能源新技术新业态发展。在国家能源局指导下，积极推进四川省燃机装备自主研发和示范应用。密切关注并大力支持大数据、5G等技术与清洁能源产业跨界融合，大力推动以氢能、储能、能源互联网等为代表的能源新技术、新业态发展。着力完善氢能产业发展的技术创新体系和政策服务体系，规范引导电力系统储能健康有序发展，推动储能示范应用。

深入推动成渝能源合作。组织召开成渝地区双城经济圈能源一体化高质量发展第二次联席会议，在油气勘探开发、煤炭保供、电力运行等方面进一步加强合作。

加强能源行业安全监管。加强水电及新能源项目行业管理，协调解决工程建设重大问题，开展质量监督抽查检测。加快完善油气输送管道地理信息系统，强化油气输送管道高后果区管控，筹备组织2021年油气输送管道地理信息系统及高后果区管理培训，确保油气管道安全生产。

作者单位：四川省能源局综合处

四川省煤炭供应保障形势与对策

四川省能源局煤炭处

四川省“煤贫、油缺、气丰、水力资源得天独厚”的能源资源特点，以及水电、天然气（包括页岩气等非常规天然气）的大力开发利用和煤电、冶金、建材等用煤行业优化发展，煤炭消费在一次能源结构中的比重已由“十五”时期的50%以上逐步下降至目前的30%以下。但四川省能源供需受季节性、时段性影响突出，以及钢铁、建材等行业用煤在短期内尚不能完全被替代，相当长时期煤炭仍不可或缺。受煤炭资源开采条件制约和全国及周边煤炭市场影响，煤炭稳定供应保障仍面临着诸多困难和挑战。

一、供需现状

（一）煤炭生产

受四川省煤炭资源条件制约和历史因素等影响，煤矿数量多且规模小。多年来，随着煤矿整顿关闭、淘汰落后产能等工作深入推进，煤炭结构逐步优化。2016年以来，共关闭煤矿339处，退出产能4397万吨/年，分别占2015年底总数的47.1%、36.6%。全省现有煤矿380处、产能7624万吨/年。大力推进煤矿“四化”改造，推动龙滩煤矿等智能化综采试验示范，采煤机械化程度提高15个百分点，产业水平不断提升。平均单井规模由16.7万吨/年提高到20.1万吨/年，总体产能利用率由31.8%提高到44.5%。2019年煤炭产量3390万吨，大中型煤矿产量占54%。

（二）煤炭消费

近年来，随着水电、天然气等能源资源大力开发利用和煤电、冶金、建材等用煤行业优化发展，煤炭消费由2010年9697万吨，下降至2019年约5890万吨。而且，电力、冶金、建材等行业煤炭消费量的变化趋势与煤炭消费总量变化趋势基本一致，所占比重保持大致稳定，其中电煤约占29%，冶金用煤约占27%，建材用煤约占29%，化工用煤约占4%，民用及其他用煤约占11%。

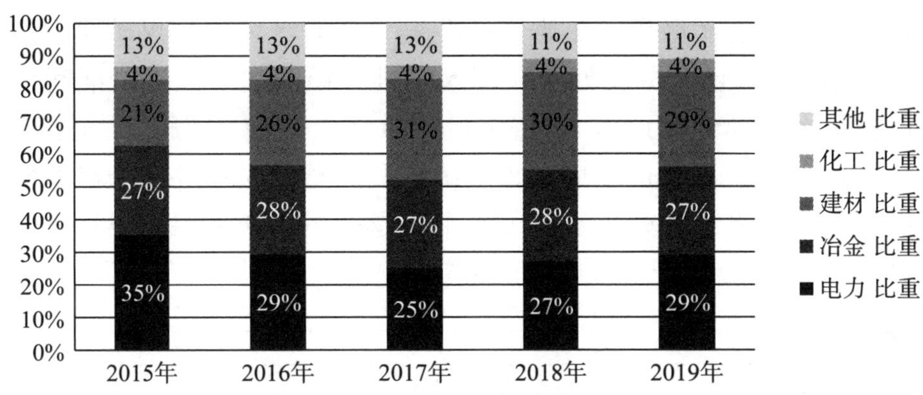

图1 2015—2019年全省煤炭消费及分行业比重变化

（三）调运平衡

随着“北煤入川”交通条件改善，煤炭由“自给自足”逐步变为“省内供应与省外调入并重”，省内煤炭自给率保持在60%左右；省外煤炭调入稳定性、可靠性逐步增强，净调入量逐年增加至2019年的2500万吨左右，其中铁路调入比重达到80%以上，煤炭供需态势总体平稳，较好满足了全省经济社会发展用煤需求。省外调入煤炭主要来自陕西、山西、甘肃、贵州等省区。

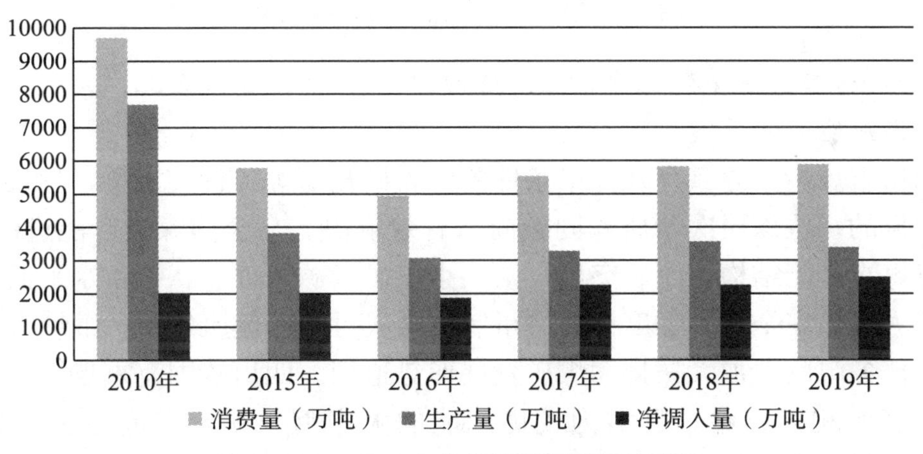

图2 2010—2019年全省煤炭消费及调入情况

二、面临形势

（一）从四川所处地理位置和煤运通道看，“立足省内、稳定调入”是未来煤炭保障趋势

未来，四川省煤炭消费减量是必然趋势，但季节性、时段性能源供需矛盾离不开煤电的服务保障，冶金和建材等行业用煤在短期内尚不能完全被替代，且煤炭的可洁净利用性、经济性以及确保能源安全的需要，相当长时期煤炭仍

不可或缺。考虑到老矿区资源枯竭产能萎缩、新矿区大中型煤矿建设滞后，以及“30万吨/年以下煤矿分类处置”深入推进，预测“十四五”期间全省煤炭产需缺口将扩大至3000万吨，占需求量比重将由目前40%扩大至接近50%。随着“北煤入川”运输通道环境改善，统筹利用省内、省外两个市场资源，提高省内煤炭生产水平和省外煤炭调入水平，是四川省未来保障煤炭供应安全的必然趋势。

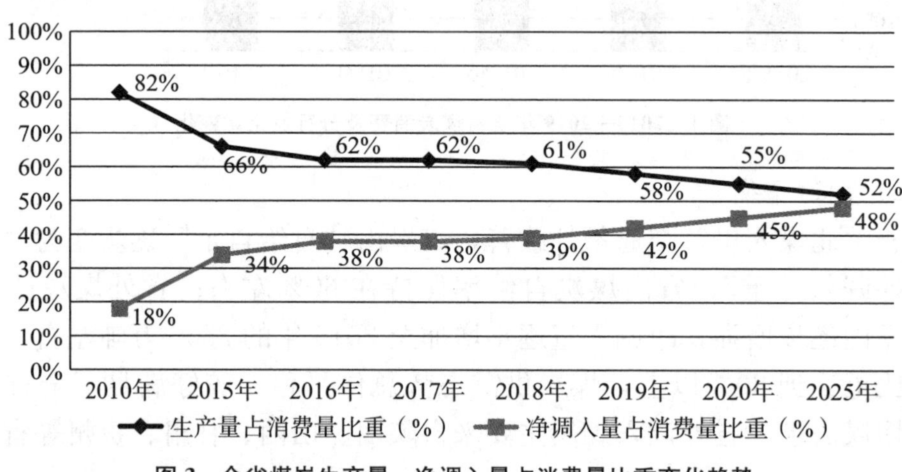

图3 全省煤炭生产量、净调入量占消费量比重变化趋势

（二）从四川省煤矿现状和生产结构看，“大矿区、大企业、大煤矿”是提升自身供应能力的关键

四川省煤炭资源赋存及开采条件差，煤矿瓦斯等各种灾害重，且长期粗放发展积累的一些深层次矛盾和问题尚未有效解决。与全国煤炭产能过剩不同，四川省煤炭产能结构性矛盾突出，众多小煤矿资源条件差、装备水平低、改造升级潜力小、安全保障程度低，严重制约煤炭可持续健康发展，继续淘汰落后小煤矿任务艰巨，加大扶持大煤矿发展形势迫切。四川省国有重点煤炭企业开采煤炭资源相对富集，且多为较优产能的大中型煤矿，产能占全省总产能28%、产量约占全省总产量40%。短期内，四川省仍呈现合规优质产能严重不足的格局，亟待优质重点煤矿在搞好安全工作的基础上，充分释放优质产能，提升煤矿绿色安全开采和清洁高效利用水平。

（三）从四川省能源结构特点和保障条件看，健全煤炭储备体系迫在眉睫

四川省电力结构中占比重较大的水电，受自然来水影响，电力供应丰枯季节性特点明显，电煤供需与煤矿均衡安全生产、铁路均衡运力调配的矛盾始终存在。煤炭持续稳定调入能力受经济发展、周边煤炭市场、调出地政策和长距离运输不确定性因素多等制约。围绕解决季节性、时段性煤炭供需矛盾，应加

快构建“产品＋产能＋产地”多元互补煤炭储备体系，健全完善煤炭储备制度，建设煤炭应急储备基地，保持一定规模的煤炭应急储备能力，充分发挥其“蓄水池”和“调节器”作用，能够显著缓解四川省煤炭供应不足，特别是解决特殊时段及极端情况下的煤炭应急保障需求。

三、对策措施

认真贯彻落实能源安全新战略，坚持煤炭“减量开发、减量替代、减量排放和绿色发展”，保障煤炭稳定供应和供需平衡。从煤炭消费总量上，推进用煤产业优化发展，减少煤炭消费；从保障煤炭供应上，充分依托省内、省外两个市场，加强区域合作；从省内煤矿生产上，立足“大矿区、大企业、大煤矿”，增强自身供应能力；从省外调入煤炭，针对季节性、时段性等产运需矛盾，健全煤炭储备并发挥其“蓄水池”作用，增强煤炭供给对需求变化适应性。

（一）增强省内煤炭稳定生产能力

统筹煤炭去产能和保供应，有序退出落后产能，重点培育 30 万吨/年及以上煤矿、15 万吨/年及以上稀缺煤种煤矿优质产能，优质产能比重由 35％以下提高到 65％以上。稳步推进宜宾筠连、泸州古叙矿区绿色开发，建设现代化大中型矿井。支持大型煤炭企业兼并整合有资源和改造条件的煤矿，煤炭产业集中度（前 3 家）提高到 50％以上，增强对全省煤炭保障及煤炭市场平抑能力。

（二）提升省外煤炭稳定调入水平

推动煤炭跨区域合作，以重点煤炭生产、经营、消费企业为依托，与陕西、山西、贵州等煤炭调出省区建立稳定的煤炭供需关系，形成以北方省区（陕西、山西等地）煤炭净调入为主的省外煤炭供给体系。持续改善宝成线、襄渝线、兰渝线、成昆线、成渝线等“入川”铁路煤炭运输通道环境。通过开展跨区域合作、跨行业联营，强化“产运需”三方长期协定的签订及落实，建立煤炭供需季节性、时段性等特殊时段运力协调保障机制，提高调运效率。

（三）健全煤炭产品与煤炭产能储备

坚持统筹布局、有序建设，加快广安高兴煤炭储备基地建设（静态储煤能力 120 万吨，一期 60 万吨），有序推进川南、川北、川西、攀西等主要煤炭消费地、煤运枢纽及中转地的煤炭储备基地建设。加快推进在建矿井建成投产，支持具备条件的优质煤矿实施技改扩能，尽快形成一批接续产能，弥补老矿区因资源枯竭形成的产能缺口，提升煤炭供给弹性。做好煤炭持续发展的资源勘查，完善产品、产能、资源相结合的煤炭储备和保障体系。

（四）建立区域煤炭供应保障体系

重点推进成渝地区双城经济圈能源一体化高质量发展，加强煤炭保障能力建设。建设川渝一体化煤炭保供体系，建立煤炭储备和应急沟通互保机制；争取国家支持改善运煤通道，推动完善陕晋蒙、新甘宁东西两线铁路通道运力；建立区域外调入煤炭和运输沟通协调机制，稳定煤源及煤炭价格；争取国家支持在川渝地区主要煤炭消费区域以及运输通道关键节点建立煤炭储备基地，建立区域煤炭储备相互保障机制，增强煤炭应急保障能力。

2020年四川省节能环保产业发展情况及2021年展望

四川省发展和改革委员会资源节约和环境保护处

节能环保产业，是四川省委省政府确定的“5+1”现代工业体系16个重点产业领域之一。2020年，四川节能环保产业保持稳定发展态势，产业规模不断扩大，发展质量不断改善。

一、四川省节能环保产业发展现状

一是产业发展规模持续扩大。2020年1—11月，全省规模以上节能环保企业实现营业收入1834.3亿元，同比增长1.3%。规模以上节能环保企业超过1000家，拥有华西能源、长虹格润、环能科技等一批具有较强实力和较高知名度的骨干企业，逐步构建起跨领域、跨行业、多种经济形式并存的产业发展格局。

二是产业集聚效应逐步显现。初步形成以成都、自贡为重点的节能环保装备产业基地，以内江、绵阳、成都等为重点的废塑料、废旧金属、废弃电子电器产品再生循环利用产业集聚区，以成都、绵阳、遂宁等为重点的节能家电和LED照明产品生产基地，以攀枝花、德阳、内江为重点的矿产资源和工业副产物综合利用基地，以成都、绵阳、南充等为重点的餐厨废弃物资源化利用和无害化处理基地，特色优势产业链逐步完善，大中小企业协同发展水平不断增强。

三是装备保障水平显著增强。多项技术列入国家重点节能技术推广目录，30余项重点节能先进技术得到推广应用。已建成国家烟气脱硫工程技术研究中心等20余家国家级和省级创新平台，燃煤机组“近零排放”、高性能特种膜分离等一批关键技术取得突破，部分技术达到国际领先水平。造纸工业碱回收炉、水泥行业余热回收炉等特种锅炉国内市场占有率超过30%，电站脱硫脱硝成套设备、机动车尾气净化催化剂等国内市场占有率超过20%，磁分离水处理、膜分离水处理等一体化设备在细分市场处于领先地位，土壤污染治理、放射性与电磁波污染防护等领域竞争力加速形成。

四是节能环保服务业发展迅速。合同能源管理、合同环境管理、特许经营等专业市场化服务模式初步建立，实施了一大批合同能源管理项目。综合环境服务业加快发展，开展了一批环境第三方治理试点，推进环境服务业与环保装备制造业一体化发展。

二、四川推进节能环保产业发展的政策措施

一是在工作机制上，四川省委省政府高度重视节能环保产业，将节能环保产业作为“5+1”现代工业体系的重点领域之一加以重点培育，确定了一名省领导联系指导，建立了联系指导工作机制。省委主要领导多次听取工作推进情况汇报，联系省领导每个季度召开一次专题会议研究推动节能环保产业发展，每个季度开展一次节能环保产业专题调研。

二是在产业规划上，近年来，四川先后制定了节能环保产业发展规划、节能环保装备产业发展规划、节约能源规划、循环经济发展规划等，特别是编制出台了《四川省节能环保产业培育方案》，进一步明确了全省节能环保产业发展的总体思路和发展目标、主要任务、重点领域、重点工程。连续两年由省领导联系机制办公室印发全省节能环保产业年度工作要点，提出年度具体重点任务，明确责任分工。

三是在支持政策上，省发展改革委会同相关部门制定印发《四川省支持节能环保产业发展政策措施》，从财税金融、科技创新、人才培养、资源要素保障等方面，提出40条具体可行、可操作可落地的政策措施。积极争取和安排中央、省各类财政资金，发行绿色债券和生态环保专项债券，重点投向节能环保领域。

四是在技术创新上。印发《构建市场导向的绿色技术创新体系实施方案》，编制2019—2022年节能环保产业技术攻关路线图，在9个重点领域梳理出31项节能环保产业急需突破的关键共性技术，围绕污水处理新技术与一体化装置等重点方向开展技术攻关和成果转化应用，批复组建了一批省级以上重点实验室和工程技术研究中心，新增了一批节能环保高新技术企业。

五是在项目推动上，连续两年确定节能环保产业年度重点项目清单，2020年确定了总投资达1084亿元的183个年度重点项目，并及时跟踪项目建设进展情况。印发节能环保产业重点培育企业名单，确定15家龙头企业和65家重点企业，加快培育一批代表性强、成长性好的重点骨干企业。建设了四川省绿色企业和绿色项目库，已有150家企业和55个项目首批入库，为企业项目和金融机构搭建了良好的对接沟通平台。

六是在产业招商上，研究制定节能环保产业招商方案，并在《四川省招商引资三年规划》中专列节能环保产业招商规划。联系机制办公室梳理形成《2020年全省节能环保产业重点招商引资项目名单》，有针对性地引进强链补链延链重点项目，共计45个项目，计划总投资279亿元。在深圳举办四川—粤港澳大湾区节能环保产业合作交流对接会，省内相关市州、园区、企业与粤港澳地区40多家重点企业进行了对接。组织举办“四川节能环保品牌推广全川行”“成都国际环保博览会”等相关展览展会活动，搭建良好的对话交流、展览展示和项目推介平台。

三、存在的主要问题

从总体上看，四川节能环保产业发展规模和层次仍待提升，与国民经济支柱产业的要求有较大差距，与广东、浙江、江苏等发达省份近万亿元的产业规模相距甚远。

一是技术创新能力不足。以企业为主体的节能环保技术创新体系还不完善，缺乏自主知识产权的技术支撑，多数企业不具备独立的技术及产品开发能力，制约产业核心竞争力提升。

二是骨干龙头企业较少。四川节能环保企业规模偏小，创新能力突出、带动作用明显的龙头企业不多，全省营业收入超10亿元的企业仅20家左右。成都市作为四川节能环保产业主要集聚地，大型环保企业仅占总数的3%，中小微企业占比高达79%。

三是资金短缺问题严重。四川节能环保企业以小微企业、民营企业居多，重技术、轻资产，普遍存在融资难、融资贵等问题。调查显示，有7成左右的企业表示流动资金紧张，其中30%左右的企业缺口在20%以上，流动资金严重紧张。在前期收集到的企业反馈困难问题中，超一半的企业认为融资困难且融资成本过高，影响正常的生产经营。

四是服务业发展缓慢。相比制造业，四川节能环保服务业发展滞后，占比较低、门类偏少，尚未成为产业发展壮大的重要增长点，专业化、规模化的节能环保服务公司有待加快培育。全省节能环保服务业营业收入占全产业的比重不到4%，远低于广东、浙江等发达省份10%以上的占比。

四、下一步发展思路

中共十九届五中全会提出，要加快推动绿色低碳发展，促进经济社会发展全面绿色转型，全面提高资源利用效率。从四川情况看，工业化、城镇化发展加速，能源和资源的需求将继续呈刚性增长态势，生态建设和环境保护压力将更加凸显。加快转变发展方式，调整优化产业结构，加强节能减排，既是四川生态文明建设的重要内容，也为四川省节能环保产业发展提供了更大的市场需求。

四川节能环保产业发展将围绕市场和企业，抓基地抓园区、抓项目抓招商、抓技术抓创新、抓政策抓服务。

一是突出重点城市建设一批产业基地和园区。在成渝地区双城经济圈建设中统筹产业布局，支持重点地区建设一批节能环保产业集聚区，继续推动建设一批资源循环利用基地、绿色产业示范基地，建设一批规模经济效益显著、专业特色鲜明、综合竞争力较强的节能环保产业园区。

二是抓住国家补短板机遇推进一批重点工程和重大项目。抓住疫情后国家聚焦生态环保领域补短板机遇，争取国家投资新上一批公共环保项目。加强招商引资，重点引进中再生、中节能、三峡集团等大型企业落地一批重点项目，完善产业发展链条。

三是着眼提升整体竞争力推动产业发展模式创新和技术创新。加强产业模式创新，推动节能环保装备产品制造与应用建设、运营管理、中介服务相结合，提供系统解决方案，促进第二、三产业融合，提升产业整体竞争力。支持培育创新主体，实施一批原创核心技术项目，突破一批自主研发技术，加快创新技术成果转化。

四是服务企业高质量发展强化政策平台支撑。推动制定一批节能环保地方标准、行业标准、企业标准，健全节能环保标准体系，提升标准化水平，抢占产业发展制高点。落实已出台政策措施，强化土地、资金等要素保障，加快建设全省绿色企业库、绿色项目库，推动建设“绿蓉融”绿色金融超市，搭建项目推介平台和产业发展服务平台。

推进休闲农业转型升级高质量发展的对策

杨祥禄　彭华　冉飞

休闲农业是农业功能拓展、乡村价值发掘、业态类型创新的新业态，对带动农民就业增收意义重大。四川是中国农家乐发源地，是全国休闲农业和乡村旅游第一大省。近年来，四川以现代农业产业基地为基础、以创意农业为手段、以农耕文化为灵魂，以打造休闲农业精品工程推动农业高质量发展为主线，建景区、强主体、育品牌，促进产业繁荣兴旺，助推农民就业增收，满足城乡居民休闲消费升级需求，休闲农业得到快速发展。四川休闲农业已成为农业农村经济发展的新动能、精准扶贫精准脱贫的助推器、农民持续就业增收的大产业，成为全国的一面旗帜。面对新的发展形势和市场消费需求不断升级，四川休闲农业也还存在一些不足。为此，要充分发挥生态优势、资源优势，紧扣乡村全面振兴和农民持续增收，聚焦特色产业、聚集资源要素，强化创新引领，运用现代科技、管理要素和服务手段，改造提升休闲农业，逐步实现生产、经营、管理、服务的现代化，加快推进四川休闲农业转型升级高质量发展。

一、四川休闲农业发展的做法与成效

（一）政府重视，政策支持

四川省人民政府 2012 年出台《关于加快发展休闲农业与乡村旅游的意见》。近年来，四川将休闲农业纳入《关于大力发展文旅经济加快建设文化强省旅游强省的意见》《四川省“十三五”旅游业发展规划》《关于加快建设现代农业“10+3”产业体系推进农业大省向农业强省跨越的意见》《四川省现代农业园区建设考评激励方案》《四川省促进乡村产业振兴工作重点任务清单》等系列文件中，不断加大扶持力度，创新体制与举措，推动产业规模日益扩大，发展方式逐步升级，产业效益持续提升，休闲农业规模效益位居全国首位。2019 年，全省休闲农业经营单位发展到 4.2 万家、接待游客 4.4 亿人次、经营收入 1605 亿元，带动全省 1500 万农民就业，带动全省农民人均增收 90 元，带动17万农村贫困人口脱贫。

（二）基地景区化，提升园区景观

四川按照现代农业“10+3”产业体系，整合涉农项目资金，加快特色优势产业集群景区化建设，建成高标准农田395万亩，新创建国家现代农业产业园3个、省级星级园区35个，建成1.6万个“美丽四川·宜居乡村”达标村，围绕川茶川菜川果川药等特色产业开展休闲接待，改造农村土坯房58万户、农村危房16万户、农村厕所118万户，极大地完善了休闲观光接待能力和设施，提升了产业园区景观质量。

江油市大康镇依托百合花产业现代农业园区，建成“百年好合爱情谷”国家4A级旅游景区，是全国最大的以百合花为主题的农业旅游融合发展景区；宜宾市叙州区樟海镇依托油樟产业，正在创建世界樟海4A级旅游景区；雅安市名山区依托万亩茶叶基地，创建牛碾坪万亩观光茶园国家3A级旅游景区；绵阳市北川县依托万亩百年辛夷花和中药材树林，开发中医药养生主题旅游产品，带动周边3个村1300余名贫困群众脱贫。

（三）品质持续升级，产业融合发展

在农产品品质方面，切实保障农产品质量安全，不断强化监管能力建设。广安市通过品质提升，形成广安龙安柚、邻水脐橙、广安蜜梨、武胜大雅柑等10个四川省优秀农产品区域公用品牌，大大提高了城市游客的满意度和吸引力。在休闲服务方面，为满足城市居民休闲升级需求，形成乡村酒店、民宿经济、农事体验等新业态，休闲农业逐步向休闲娱乐、度假居住、高端体验加快转型升级。广安市武胜县建设“五感”“五能”绿道，串联文化院子、绿色园子、游乐坝子、生态池子、景观林子，成功建成国家4A级旅游景区白坪—飞龙乡村旅游度假区。

在农产品加工方面，把产业链、价值链等现代产业组织方式引入农业，以农产品加工业和休闲农业为引领，通过农业“接二连三”、农产品加工业“接一连三”、休闲农业“接二连一”和信息技术“接三连二连一”，推进农村一二三产业融合发展。绵阳天虹公司通过探索雄蚕养殖技术，占领高端生丝市场，打造蚕桑文化广场、科普博览馆和丝绸绣馆，弘扬蚕桑文化，培育绣娘传承蜀绣文化技艺，带动农民持续增收。

（四）培育经营主体，多方式培养人才

积极引导家庭农场、农民合作社、农业企业转型发展休闲农庄，在土地流转、税收等政策上给予扶持，省级乡村旅游示范社省级财政每个给予奖补资金30万—50万元。结合四川实际，有序开展休闲农业人才培养工作，通过农产品加工业人才、全国农村创业创新人才、休闲农业和乡村旅游人才三大人才培训工程，分级、分类和分批培育一批休闲农业从业人员；实施乡村旅游领军人才培养计划，举办高级人才研修班、省际交流考察等各类活动，每年组织600名乡村旅游产业带头人前往台湾学习交流；加强政企合作，与新希望集团签署协议，共同开展10万新型职业农民培育计划，截至2019年，共为成都市培育持证上岗的休闲农业和乡村旅游职业经理人“大掌柜”2600人，成效显著。

（五）制定标准，做响品牌

制定全国首个省级地方标准《农业主题公园建设规范》，制定农家乐/乡村酒店等级评定标准和乡村民宿达标户标准以及相关评定管理办法，培育休闲农业品牌，打造休闲农业品牌和亮点。截至2019年底，全省成功创建全国休闲农业和乡村旅游示范县（市）19个，其中示范市2个；建成美丽休闲专业村1700多个，其中中国美丽休闲乡村45个；各类农业主题公园600多个，其中认定省级示范农业主题公园127个；建成休闲农庄2420家，其中认定省级示范休闲农庄300个。截至2018年前三季度，全省现有星级农家乐/乡村酒店5048家，其中五星级120家，乡村民宿2350家，乡村旅游特色经营点1173家。

（六）宣传推介，扩大影响

组织举办“四川美丽田园欢乐游”“四川花卉（果类）生态旅游节”和“四川乡村文化旅游节”（四季版）三大省级活动。全省各地每年举办各类特色产业节庆活动350个以上，吸引游客上亿人次。编辑发行《休闲农业》季刊，年发行量1.8万册。利用新华社、《农民日报》、《四川日报》、四川电视台、新浪网、腾讯网等30多家主流媒体和新媒体平台，全方位推介四川休闲农业资源。通过举办西部投资贸易洽谈会、西部博览会和农博会等大型活动，采取多种宣传形式，广泛宣传休闲农业与乡村旅游发展的有关优惠扶持政策，多视角宣传推介四川休闲农业，全面增强四川休闲农业的影响力和知名度。

二、当前四川休闲农业发展存在的问题与挑战

一是统筹规划缺失，农业建设与公共服务设施配套滞后。依托现代农业打造的休闲农业业态，部分存在宜耕不宜游、宜居不宜留、宜看不宜住等问题，产业同质化引发的服务低端同质化竞争严重，盲目开发，发展定位不清晰，淡旺季明显，持续经营和增收乏力。

二是协调联动不够，农业生产与休闲旅游产品开发脱离。休闲农业涉及多个领域、学科和部门，单一部门牵头难以有效整合资源，“小马拉大车”导致

农文旅融合度不高，一些地方出现重数量轻质量、重硬件轻服务、重开发轻运营、重资源轻市场、重景观轻体验等问题。

三是管理主体不明，模式创新与品牌营销示范带动不足。管理制度不健全、不规范，农业主题公园等大型园区的管理和经营人员由乡村人员兼任，人员调动频繁，缺少管理长效机制，未能形成高品质服务能力。休闲农业经营主体仍以农户个体经营模式为主，带动辐射面较小，与当地农户利益联结不够紧密，缺乏市场观念和品牌意识。

四是行业弱质敏感，政策风向和市场变化影响巨大。农业是弱质产业，旅游业是敏感产业，两者共同特点是投资大、回报慢，容易受到环境、市场和政策的影响。2018 年以来受大棚房整治、新冠肺炎疫情的影响，休闲农业经营主体成本增加，收入减少，营运压力大，部分业主经营困难，处于歇业或停业状态。

五是扶持力度不足，经费投入和用地瓶颈制约发展。一方面，目前国家、省级层面均缺乏对休闲农业发展的扶持专项资金，这成为制约产业提升的瓶颈。另一方面，各地在发展现代农业及休闲农业时，都存在土地政策及建设用地指标制约，导致工作推进落实困难。

三、推动四川休闲农业转型升级高质量发展的思路与举措

2019 年我国人均 GDP 已突破 1 万美元，中等收入群体达到 4 亿人。40 年的改革开放，已经让中国彻底摆脱短缺经济时代，高质量发展是时代主题。休闲农业提供干净的自然田园、健康的绿色食材和生动的乡村文化体验，是满足人民对美好生活的向往和都市消费升级转移的最佳载体，也是实施乡村振兴战略的重要内容。

2020 年面对突如其来的新冠肺炎疫情，党中央科学研判，提出“构建国内大循环为主，国内国际双循环相互促进”的新发展格局，国内超大市场、消费意识升级和限制性出行等因素利好休闲农业发展。稳基础、高品质、重体验是休闲农业转型升级高质量发展的重要方向。具体来讲，要做好四个方面工作：一是夯实第一产业基础。保障农业安全底线做加法，加强现代农业基础设施建设，做优做强现代农业，配套旅游服务设施。二是做强第二产业配套。开发绿色健康、高品质的农产品，在提高农产品附加值的同时，梳理休闲农业的特色与核心吸引物。三是联动第三产业服务。打破部门和政策壁垒，加强行业协作，开发品质旅游产品，保障农民就业和增收。四是融入文化灵魂。依托现代农业园区提供场景，挖掘乡村文化赋能特色产业，通过农文旅融合激活农村

高质量发展动力。休闲农业转型升级高质量发展能满足后疫情时代人们的休闲需求，是实现农业强、农村美、农民富的重要抓手，为当前农业农村做好“六稳”工作，落实“六保”任务，全面建成小康社会和实施乡村振兴战略奠定坚实基础。要围绕把四川建设成为中国著名的休闲农业和乡村旅游重要目的地的目标，不断巩固四川休闲农业在全国的领先地位。

（一）加大扶持力度

一是在项目安排、资金投向和政策法规等方面对休闲农业给予倾斜和支持。引导社会资本踊跃参与发展休闲农业；出台金融支持政策，切实缓解休闲农业企业融资难、融资贵的困境；出台细则，解决土地使用问题，明确界定设施用地的属性、范围和指标。二是设立休闲农业发展专项资金。将基础设施建设、品牌打造、人员培训、宣传推介、信息化建设等纳入产业发展财政专项资金扶持范围。三是整合资源形成合力。加强部门间的联系和协调，探索制订休闲观光农业管理办法，严格审批程序，强化前期论证，规范经营行为，形成发展合力。

（二）全域统筹规划

一是科学规划。围绕四川现代农业“10＋3”产业体系，一张蓝图绘到底，科学布局休闲农业业态，整合涉农项目资金，加快现代农业产业基地建设，完善休闲农业服务配套设施建设。二是精准研判。针对国际国内新形势，抓住市场机遇，按照疫情后城市游客对农产品“标准化、品质化、品牌化”的需求，开发特色旅游产品，提升服务品质。三是与时俱进。加快推动智慧旅游基础设施建设，扩大宽带通信、移动互联、无线网络及监控摄像头等设施覆盖面，线上线下深度融合，促进乡村旅游新业态、新模式、新场景的普及应用。四是守住底线。以农业农村优先发展、农民扩大就业和拓宽增收渠道为目标，守住土地、生态和安全三条红线，制定和完善审批手续。

（三）筑牢安全保障

一是营造良好的人居环境和卫生整洁的村容村貌，提升休闲场所游览、餐饮、住宿等各环节卫生服务。二是积极开展“公筷公勺”行动，营造安全健康卫生放心用餐环境。三是及时开展种养畜区域和周围环境的全面消毒工作。四是指导休闲农业经营主体制定应急预案，明确疫情防控和安全突发事件应急措施和处置流程，确保人民健康安全。

（四）提升服务品质

一是在农业生产方面，利用网络配送和社区直供模式，搭建纽带桥梁，积累稳定客源。二是在产品开发方面，合理开发农业文化遗产，强化创意理念与景观创意设计，推出休闲农业精品线路，开发乡村美食、夜间游览和深度体验，尤其要结合国家研学旅游和大中小学生增加劳动教育实际，开发主题研学实践产品。三是在运营能力方面，培育一批爱乡村、懂旅游、善运营、留得住的运营团队，积极招引大学生青年、乡贤返乡创业，为休闲农业文旅运营提供人才支撑。

（五）加强宣传营销

一是加强部门联动。将休闲农业发展有机整合到四川现代农业“10＋3”产业体系、天府旅游名县和国家全域旅游示范区创建工作中，围绕农村特色文化、地理标志农产品塑造品牌形象，加大对本地特色休闲产品线路的宣传推介。二是加强数字化宣传。主动与数字文化企业、网络传播平台开展深度合作，积极开展宣传推介、直播带货，增加休闲农业的曝光度，适应主客共享的新消费理念。三是持续开展各类节事活动。让休闲农业经营者、农户和城市游客能切实参与活动，让活动有吸引力、接地气，充分释放民众消费活力。

作者单位：四川旅游学院

推进四川省物流降本增效综合改革试点研究

李益柱

受基础设施条件、运输结构等因素影响，四川物流成本较高。2020 年，四川社会物流总费用与 GDP 比率为 14.9%，比 2019 年降低 0.3 个百分点。为进一步降低成本、提高效益，四川被国家确定为全国 6 个物流降本增效综合改革试点省份之一，各项试点任务有序推进，取得了积极成效。

一、推进情况

（一）基础设施不断完善

成渝中线高铁、隆黄铁路叙永至毕节段、成兰铁路成都至川主寺试验段、川藏铁路等项目建设有序推进。攀枝花至大理（四川境）、资阳至潼南高速公路项目顺利推进。提升内河航道通行能力，推进岷江犍为枢纽建设、长江干线宜宾至重庆段险滩整治。完善港口配套交通基础设施，遂宁港通港大道、泸州港自贡至泸州大件公路、宜宾港内六铁路宜宾港铁路集疏运中心港口支线等项目加快建设。成都、遂宁国家物流枢纽完成度分别达到 78%、83%。宜宾、广元铁路枢纽已获批复，达州、遂宁、南充、泸州等次级铁路枢纽规划工作有序推进。大力推进邮快合作，实际投入运营的“邮快驿站”数量 785 个，全省乡镇快递网点覆盖率达 100%。成都、泸州、达州创建全国城市绿色货运配送示范工程进展顺利。

（二）物流企业进一步发展

大力推进物流企业协同发展，建立西部陆海新通道物流产业联盟。引导物流企业向国家物流枢纽、示范物流园区、国家骨干冷链基地聚集发展。推动大中型制造企业分离具有比较优势的第三方物流服务功能，成立法人企业促进物流发展。召开制造业供应链管理创新与应用工作推进会，推进物流业与制造业合作，促进装备制造、饮料食品、油气化工等产业领域完善供应链体系。截至 2020 年底，累计投入中央、省级财政资金 5.7 亿元，推动现代农业烘干冷链物流体系建设。

（三）物流成本进一步下降

2020 年 1—8 月，全省收费公路车辆通行费共计减免 83.05 亿元，其中，疫情防控期间免收车辆通行费 62.99 亿元，鲜活农产品运输车辆“绿色通道”减免约 4.47 亿元。推进和优化高速公路电子不停车收费系统建设，积极推广高速公路通行费非现金支付，四川 ETC 使用率在全国排在前列，收费系统运行平稳。着力降低地方铁路运费。从 2020 年 4 月 10 日至 6 月 30 日，四川省内 3 条铁路整车运费从 0.40 元/吨公里下调至 0.32 元/吨公里，经测算，降费约 1100 万元。经营性港口继续免收实行政府定价的货物港务费、港口设施保安费 2 项费用，实行政府指导价的 4 项中仅四川宜宾港（集团）有限公司收取停泊费 1 项，其余 3 项均未收费。

（四）新技术新业态不断推广

积极打造多式联运示范工程，成都国际铁路港集装箱公铁水多式联运示范工程于 2019 年 11 月通过验收，被交通运输部、国家发展改革委正式命名为“国家多式联运示范工程”。中国西部汽车物流多式联运示范工程完成铁路专用线选项方案论证，启动可研报告编制等前期工作。通过四川省科技计划项目、四川省科技服务业发展专项，支持物流科技创新项目 16 个，支持经费 655 万元。

（五）物流营商环境不断优化

大力优化大件运输审批流程，聚力排查打通大件物流“堵点”。加快推行“告知承诺制”和“容缺受理”，不断优化完善交通运输网上行政审批业务办理系统功能，提高审批效率，持续优化办事环节，缩短办理时限。开展优化口岸营商环境专项行动，全面推进“两步申报”“两段准入”通关模式改革，简化流程。2019 年 9 月至 2020 年 9 月，全省随机抽查机动车排放检验机构 425 次，完成 20 家检验机构抽检任务。加强物流业相关专业应用人才、技术技能人才培养，在全省企事业单位开展快递专业技术人才职称评审工作。已有 200 多人通过快递工程初中级职称评审，全省共有 42 所技工院校开设现代物流、电子商务等物流相关专业。支持物流项目灵活选择，根据实际采取先租后让、租让结合、弹性年期出让等方式取得土地使用权。

（六）物流资源配置效率不断提高

引导企业信息系统接入四川省交通运输物流公共信息平台，推进道路货物运输电子运单管理信息系统建设，鼓励铁路、水路、公路和民航货运信息互联互通，推动部门、不同运输方式、企业之间物流信息互联共享。加快建设西部物流大数据中心。建立四川兴川贷融资大数据服务平台，主要向金融机构以及企业提供信贷撮合、金融科技等互联网开放链接服务，为中小微企业拓展用户融资渠道、提升用户融资效率。在制造领域推广标准托盘和包装基础模数，推动物流相关设备标准化、模块化生产，降低包装、搬倒等成本。鼓励制造企业生产标准化、厢式化、轻量化货运汽车，鼓励发展清洁能源和新能源汽车，在物流（工业）园区、高速公路服务区等合理布局加气站和充电基础设施。开展规模以上交通运输业企业统计调查制度，按月收集企业财务状况，开展物流总额、总费用统计，测算并发布全省物流业运行情况。

二、主要问题

（一）交通基础设施仍然相对薄弱

对外大通道布局不完善，现有通道能力不足，通达京津冀、长三角、粤港澳、北部湾等主要经济区时速350公里的高速铁路尚未建成，至北部湾的铁路货运路线绕行严重。铁路、水运、城市轨道交通等大容量、清洁化的运输方式发展滞后。普通国省干线公路和长江航道等级整体偏低。双流机场国际航线密度与其枢纽地位不匹配，航空物流发展滞后。交通基础设施建设需求和资金保障能力的矛盾日益突出，公路建设和养护资金筹集缺乏有效手段和来源。

（二）区域间物流基础设施条件不均衡

不同区域之间、物流基础设施总量和水平差异较大，大多数物流园区及物流节点位于成都周边。农村物流基础设施建设滞后，农资和农产品双向流通渠道不畅。物流中心、配送中心、终端网点等物流网络体系有效衔接不够，城乡配送网络不健全。海关特殊监管区域（场所）等开放平台数量总体偏少。

（三）智慧物流建设进程较慢

统一物流信息系统尚未建成，物流数据分散，信息“孤岛”问题仍然存在。物流企业信息化程度较低，新技术在运输、仓储、包装、装卸、配送等环节中运用程度较低。

（四）物流企业经营方式粗放

物流企业规模小、实力弱、服务水平偏低，现代物流技术应用程度不高，物流企业之间缺乏协作机制。邮政服务网络较独立、封闭，开放合作成本高，且服务网络未达建制村一级。快递企业因设点、运输等运营成本受制约，以及农村市场开发程度不高等因素，农村服务网络覆盖率低。

三、继续推进物流降本增效综合改革

（一）补齐基础设施短板，夯实物流降本增效基础

持续优化城市路网，打通城市微循环。加快打造“水陆联动、辐射全球”

的多式联运基础设施体系，加快推进“一带一路”国际多式联运综合试验区建设。大力推进“交邮合作”“邮商合作”，统筹建设乡村综合服务站点。支持建设一批农产品仓储冷链物流示范县和乡村级农产品产地仓储冷链物流集配中心。建成峨眉至汉源、宜宾至彝良高速公路，加快推进成乐高速扩容、成南高速扩容、成绵高速扩容、马尔康至久治等高速公路项目建设。推进长江干线宜宾至重庆段滩险整治，推进岷江犍为、龙溪口航电枢纽等续建项目。

（二）促进集聚融合发展，培育壮大物流龙头企业

大力培育大型综合性交通物流骨干企业，打造网络货运平台，提高组织能力、降低物流成本，促进四川物流运输资源集约整合、高效利用。引进股权投资、产业基金等投融资手段，大力培育加工流通企业。充分发挥西部陆海新通道物流产业联盟纽带作用，加强与联盟成员单位交流对接，推进信息开放共享，深化物流领域合作。

（三）严格规范各类收费，推进物流成本持续下降

精简铁路货运杂费项目，深化中欧班列运费分段结算估价管理改革。大力推进汇总征税、自报自缴、多元化税款担保改革，鼓励加工贸易企业在内销征税环节使用关税保证保险等方式办理税款担保。开展高速公路车辆救援服务、铁路、港口等方面收费监督检查。继续严格执行鲜活农产品“绿色通道”政策、高速公路货车ETC优惠政策、国际标准集装箱通行费差异化收费等政策。进一步推进货运车辆排放检验规范化。

（四）推广新技术新业态，大力推动智慧物流发展

推动大数据、5G、人工智能等技术在物流产业的应用，扩大与物流企业的电子化系统合作，完善供应链信息系统研发。大力推广新能源、清洁能源运输，拓展从事汽车销售（含新能源汽车）、充电桩运维等业务，大力发展绿色物流。落实“全企触网、全民入网”行动，促进线上线下融合发展。整合各类物流配送资源，着力提升物流效率。

（五）推动数据资源共享，提高物流资源配置效率

建成四川全球物贸服务网络平台，积极推进宜宾港智慧港口建设。拓展仓储金融、融资租赁等供应链金融服务，适时开展保险经纪等专业金融业务，促进现代供应链与商贸流通业等融合发展。开展铁路市场化改革综合试点，持续完善铁路货物运输价格灵活调整机制。严格落实《网络平台道路货物运输经营管理暂行办法》，完成省级网络货运信息监测平台建设，规范市场准入，引导网络货运企业规范经营。

作者单位：四川省发展和改革委员会经济贸易处

强化平台载体建设助推四川口岸经济发展

马红梅

口岸是国家对外开放的门户，是对外开放必不可少的重要基础设施。近年来，四川大力发展开放平台和载体建设，口岸经济发展水平不断提升。四川除设立中国（四川）自由贸易试验区外，共计获批综合保税区6个、数量跃居全国第4位，保税物流中心（B型）6个、数量跃居全国第3位。1—12月，成都高新综合保税区实现进出口5491.7亿元，同比增长26.8%，在全国已运行的97个综保区中位居第1位。

一、开展口岸建设情况

（一）积极支持口岸基础设施建设

安排省级财政性补助资金5.1亿元（其中省预算内基本建设资金1.9亿元），支持建设安装天府国际机场联检设施设备，提升完善旅客出发、到达旅检大厅、中转大厅、货站、联检业务综合大楼等设施条件。加快推进九黄机场国际航站楼改造，实现机场基础设施的口岸功能。支持南充高坪机场按照口岸标准进行改造扩建。推进宜宾五粮液机场临时口岸开放基础设施建设。将宜宾港铁路集疏运中心项目列入长江干线12个重点铁水联运设施联通项目之一，申请到长江经济带绿色发展专项资金2亿元。在成都国际铁路港布局陆港型国家物流枢纽，争取到中央预算内投资支持成都陆港型国家物流枢纽建设，枢纽完成度达78%。泸州市纳入国家物流枢纽承载城市，泸州港口型国家物流枢纽建设方案进一步完善。

（二）大力推进口岸平台和载体建设

四川已建成正式开放口岸1个——双流空港口岸，临时开放口岸3个——青白江铁路港口岸、泸州港口岸、宜宾港口岸，进境产品指定监管场地（口岸）功能9类——进境食用水生动物、冰鲜水产品、水果、植物种苗、肉类、粮食、药品、生物制品、汽车整车。双流空港口岸已开通国际（地区）航线127条，通航城市111个，2019年开行国际（地区）航班39905架次、同比增长18.8%，出入境人员7062305人次、同比增长17.7%；全省口岸进出口货运量586.4万吨、同比减少12.5%，进出口集装箱28.73万标箱、同比增长52.61%，进出口贸易总值9805139万美元、同比增长9%。

（三）大力推动海关特殊监管区建设

认真落实省委省政府关于积极争取创建一批开放平台的重要指示精神和安排部署，全力争取国家支持四川海关特殊监管区域、保税监管场所建设。成都国际铁路港、泸州、宜宾、绵阳综合保税区和天府新区、南充保税物流中心（B型）封关运行。内江、自贡等地保税物流中心（B型）按照标准推进建设。1—9月，成都国际铁路港、宜宾港、泸州港、成都空港、天府新区保税物流中心（B型）分别实现进出口183.3亿元、21.2亿元、18.8亿元、14.1亿元、0.6亿元（无同比），分别增长219.5%、492.1%、51.6%、51.4%，在全国已运行的79个保税物流中心（B型）中分别排名第2、第12、第14、第17、第53位。

（四）不断优化口岸营商环境

四川国际贸易“单一窗口”新增注册企业247家、累计注册1907家，完成业务608万票、累计完成753万票，业务覆盖率稳定在100%。成都双流国际机场开通31条国际通程航班行李直挂中转业务，2019年12月1日起外国人144小时过境免签停留范围扩展至成都、自贡、泸州等11个城市，成都双流国际机场正逐渐从目的地机场变为重要国际中转枢纽机场。持续推进口岸降税清费工作落地见效，货物港务费、港口设施保管费、引航（移泊）费、航行国内航线船舶拖轮费分别降低15%、20%、10%、5%，货物整体通关时间压缩65%。

（五）积极培育发展口岸经济

推动成都“一带一路”国际多式联运综合试验区获批成立。以天府新区（成都片区）、天府国际空港、双流国际空港、成都国际铁路港、成都国际公路港为核心，充分发挥空铁公水集成优势，设立成都“一带一路”国际多式联运综合试验区，积极探索深化“一带一路”国际合作新模式新路径，拓展内陆地区开放发展新空间，推动建立陆上国际贸易新规则。设立成都国际铁路港经济开发区，编制完成《成都国际铁路港经济开发区发展规划（2020—2025）》，助推加快形成辐射“一带一路”沿线国家（地区）的外向型产业集聚区。推动泸州临港粮油物流交易等产业发展，支持泸州港片区和润集团粮油物流枢纽项目和川商投集团西南食谷（一期）项目建设，两个项目投产后每年将产生220万吨以上进口大豆、玉米等散粮港口物流需求。支持中欧班列集结中心示范工程项目建设，加快成都国际铁路港综合保税区配套工程、成都国际铁路港集装箱共享运营基地等项目建设，加速构建全球物流配送体系，夯实成都国际铁路港发展基础。

二、存在的主要问题

（一）口岸建设亟待提升

口岸数量与进一步扩大对外开放和经济社会发展需要还不匹配。四川只有一个国家正式开放口岸，即双流空港口岸，青白江铁路港、泸州港、宜宾港均为临时开放口岸，需要每半年申请延期，且口岸功能不完善，目前仅允许高粱、豌豆等散装杂粮杂豆办理检验检疫等清关手续，小麦、玉米、大米等散装主粮尚需在江苏连云港、新疆阿拉山口等第一入境口岸办理检验检疫清关手续。口岸基础设施建设与沿海等发达地区相比还有较大差距，连接口岸的多式联运通道还未打通，四川口岸陆水空并举的格局尚待形成。宜宾进港铁路尚在建设，天府国际机场空铁公多式联运项目尚待落地。

（二）特殊监管区域和指定监管场地作用发挥不充分

四川海关特殊监管区域和保税物流中心（B型）发展不平衡，存在错位发展定位不清晰等问题。11个指定监管场地运行情况参差不齐，2019年，成都双流国际机场进境植物种苗指定监管场地、成都国际铁路港进境粮食指定监管场地、成都国际铁路港进口肉类指定监管场地、川南临港片区（泸州）进口肉类指定监管场地等4个指定监管场地无进口量。

（三）口岸信息化水平不高

四川尚未建立统一的物流信息化系统，口岸物流多个系统并存，且系统之间缺乏有机整合，难以发挥多元数据的融合优势，“信息孤岛”现象依然存在。口岸监管作业场所的日常业务现代化程度不高，货物搬卸主要以传统的货架和叉车为主，货物核查以人工清点为主，管理效率较低且成本较高。

（四）多式联运发展有待提升

全省港口集疏运方式以公路为主，铁路为辅，以港口为枢纽的集装箱铁水联运体系尚处于起步阶段，主要港口通过铁路对接成都主枢纽及拓展辐射云贵等周边地区的能力不强，泸州港进港铁路专用线存在与国铁运价不统一、管理不协调等问题，利用效率不高。多式联运运单物权属性缺少法律支撑，在实际操作中部分银行不认可，广泛推广难度较大，在一定程度上影响成都“一带一路”国际多式联运综合试验区建设。

三、推进口岸建设和口岸经济发展的建议

（一）推动特殊监管区域高质量发展

已运行的特殊监管区域（场所），围绕“创新”促进高质量发展，推动更多符合企业期望的改革举措在区内落地生效。拟验收运行的特殊监管区域（场所），围绕“特色”支持错位发展，充分结合地方经济发展情况、产业特色、区位条件等，培育特殊监管区域（场所）在产业配套、营商环境等方面的综合竞争新优势，有的放矢做好招商引资，切实健全区内外、上下游产业配套，做强特色产业。拟申建的特殊监管区域（场所），围绕“统筹”做好规划，避免无序建设、重复建设。加强对指定监管场地的宣传和招商引资，充分挖掘市场潜力，找准进口量少或无进口量的制约因素，了解企业意愿和需求，积极寻求解决办法，推动无业务量的指定监管场地尽快开展实质性运作。

（二）大力推进口岸建设

统筹天府国际机场基础设施与海关监管设施场地的规划设计，进一步完善疫情疫病防控基础设施和特殊监管区域（场所）、指定监管场地等开放平台和开放功能布局，高起点规划、高标准建设，积极推动设立正式航空口岸。大力推动九黄、泸州机场尽早实现临时开放。积极争取成都国际铁路港，泸州港、宜宾港扩大开放，建设更多进境产品指定监管场地，加快发展临港产业、临港经济，促进国际产能承接。支持成都国际铁路港申建国际邮件交换中心。支持成都国际班列加强海外场站（仓储）建设，促进口岸功能提升。支持天府国际机场和双流国际机场申请更多航权，加快设立全货运基地航空公司，加快建设国际航空货运枢纽。

（三）加快推进综合保税区、保税物流中心（B型）建设

推动成都高新、成都高新西园、成都国际铁路港及泸州、宜宾、绵阳综合保税区高质量发展。积极支持天府国际空港申建综合保税区，德阳、乐山、遂宁、内江、自贡、达州等地申建保税物流中心（B型）。支持成渝地区综合保税区、保税物流中心（B型）加强合作，形成联动发展格局。

（四）完善口岸物流功能

加快推动成都“一带一路”国际多式联运综合试验区建设，着力构建多式联运、综合交通、国际供应链、金融服务、开放环境等五大体系。加快推进成都、遂宁陆港型国家物流枢纽建设，补齐功能短板，发展枢纽经济，加入国家物流枢纽联盟。指导泸州市进一步完善方案，支持继续申建港口型国家物流枢纽。支持成都市申建空港型国家物流枢纽。加快推进中欧班列集结中心示范工

程项目建设进度。科学编制“十四五”物流业发展规划，做好物流降本增效综合改革试点工作。

（五）加快智慧口岸建设

提升口岸智能化水平，探索建立口岸全链条物流监控系统，建立从货物装卸到进出监管作业场所，再到出入卡口的全链条物流监控系统，将多个环节的业务操作尽可能集成在一个综合系统，提高现场作业效率，提高整体监控能力。推动自动化货架、智能分拣线、智能运输机器人、RFID 电子标签等智能仓储技术运用，进一步提升口岸作业效率。

作者单位：四川省发展和改革委员会经济贸易处

宜宾市服务业高质量发展研究报告

罗琳

加快服务业高质量发展既事关当前稳增长，又事关长远发展，具有十分重要的现实意义和深远的战略影响。中共中央、国务院出台《关于推动高质量发展的意见》，国家发展改革委、市场监管总局印发《关于新时代服务业高质量发展的指导意见》，四川省委、省政府印发《关于加快构建“4+6”现代服务业体系推动服务业高质量发展的意见》。宜宾如何立足实际、切实贯彻落实中央、省委决策部署，推进服务业高质量发展、加快建设现代服务业强市，值得深入思考和研究。

一、宜宾市服务业发展概况

（一）总体情况

2016—2019 年，全市服务业增加值年均增长 9.85%，高出同期 GDP 年均增速 1.08 个百分点。2019 年，全市服务业增加值 1015.33 亿元，居全省第 3 位，在 7 个争创省级经济副中心城市中列第 2 位；增速 9.8%，居全省第 1 位；服务业增加值占 GDP 的比重 39%，对经济增长的贡献率为 38.8%，拉动 GDP 增长 3.4 个百分点，成为稳增长的重要动力和“中坚力量”。

（二）主要行业发展情况

2019 年，全市实现社会物流总额 4445.8 亿元、增长 16.32%；金融业增加值 83.46 亿元、增长 10.8%；旅游总收入 826 亿元、增长 20.2%；社会消费品零售总额 1027.19 亿元、增长 10.4%；规模以上服务业中的信息传输、软件和信息技术服务业实现营业收入 32.31 亿元、增长 0.65%；电子商务网络交易额 374.17 亿元、增长 26.49%；科技对经济增长贡献率达 56%；实现房地产业增加值 201.24 亿元、增长 8.1%。

二、存在的主要问题

（一）增速较快但总量偏小

2019年，全市服务业增加值增速9.8%，居全省第1位；总量1015.3亿元，不到成都市增加值的1/10，比绵阳少387.1亿元。

（二）结构性矛盾比较突出

一是传统产业仍占主导地位，现代服务业发展滞后。2019年，交通运输仓储和邮电通信、批发零售、住宿餐饮三大传统服务业增加值264.81亿元，占服务业增加值的26.1%。以现代金融、信息传输计算机和软件业、租赁和商务服务业为代表的现代服务业增加值占比不到30%。现代服务业企业数量少、规模小，全市规模以上高技术服务业企业20户，占规模以上服务业企业总数的6%，实现营业收入35.82亿元，占规模以上服务业营业收入的23%。二是缺乏大型重点企业。2019年，全市规模以上服务业企业295户，其中营业收入超5000万元、1亿元的企业分别有40户、23户，分别占规模以上服务业企业总数的13%、7%。三是生产性服务业发展水平不高，服务业和制造业融合度低。作为全省工业大市，制造业发展过程中研发设计、市场营销、金融支持等服务业要素植入不足。

（三）部分行业供给不足

一是高等级医疗资源较少。泸州拥有三级甲等医院5家，宜宾2家，在7个争创全省经济副中心城市中排名靠后。泸州依托西南医科大学分学科申报高等级医院是领先的关键因素。二是科技服务平台建设有差距。宜宾暂无国家级工程技术研究中心，省级研究中心数量与绵阳、乐山、德阳差距较大。宜宾暂无国家级科技企业孵化器，省级孵化器数量不到绵阳的1/2。7市中仅绵阳有1家国家级大学科技园，宜宾无省级大学科技园，落后于绵阳、德阳、泸州、南充。宜宾市国家级众创空间2家，比居首的绵阳少1家，省级众创空间数量仅为泸州的1/2。

表1　全省经济副中心竞争城市三甲医疗资源一览表

城市	三甲医院数量（家）	医院名称
泸州市	5	西南医科大学附属中医医院、西南医科大学附属医院、泸州市中医医院、泸州市人民医院（泸州市红十字医院、泸州市江阳区人民医院）、西南医科大学附属口腔医院

续表

城市	三甲医院数量（家）	医院名称
绵阳市	4	四川绵阳四〇四医院、绵阳市中医医院、绵阳市中心医院、绵阳市第三人民医院
南充市	3	四川省南充精神卫生中心、南充市中心医院、川北医学院附属医院
宜宾市	2	宜宾市第一人民医院、宜宾市第二人民医院
乐山市	2	乐山市人民医院、乐山市中医医院
达州市	2	达州市中心医院、达州市中西医结合医院
德阳市	1	德阳市人民医院

（资料来源：四川省卫生健康委员会网站）

表 2　全省经济副中心竞争城市创新创业孵化载体数量表　　单位：家

城市	工程技术研究中心		科技企业孵化器		大学科技园		众创空间	
	国家级	省级	国家级	省级	国家级	省级	国家级	省级
绵阳市	4	15	4	22	1	1	3	7
德阳市	0	7	1	8	0	1	0	3
宜宾市	0	4	0	8	0	0	2	9
泸州市	1	2	1	7	0	1	1	18
乐山市	0	13	1	2	0	0	0	2
南充市	0	1	0	4	0	1	0	3
达州市	0	2	0	3	0	0	0	2

（数据来源：根据科技部网站、四川省科技厅网站信息统计而得）

（四）县（区）之间发展不均衡

2019 年，服务业增加值总量排名前两位的翠屏区、叙州区，分别是排名第 3 位江安县的 3.96 倍、2.55 倍；排名第 1 位的翠屏区是排名末位屏山县的 9.33 倍。除翠屏区、叙州区以外的县（区）服务业体量都在 100 亿元以下。

（五）中高端人才缺乏

2019 年，批发零售、交通运输、住宿餐饮等传统服务业就业人数占服务业从业总人数的 72.91%，信息传输计算机服务软件业、金融业、科学研究等高技术服务业就业人数仅占服务业从业总人数的 6%。

（六）城镇化水平不高，制约服务业发展

一是中心城区建成区面积偏小，限制发展空间。2019 年，宜宾中心城区建成区面积 153 平方公里，分别比泸州少 19 平方公里、比绵阳少 9.6 平方公里，与南充持平，多于达州、德阳、乐山。二是城镇化水平依然不高，不利于消费结构升级。2019 年，宜宾常住人口城镇化率 51.19%，比全省低 2.6 个百分点、比全国低 9.41 个百分点，分别比泸州、绵阳、德阳、乐山低 0.81、2.94、2.71、2.17 个百分点，高于达州、南充。[①]

三、加快服务业高质量发展的思路

抢抓新时期西部大开发、成渝地区双城经济圈建设等重大战略机遇，坚持以供给侧结构性改革为主线，加快发展“5+5”现代服务业，建设现代服务业强市。

（一）优化产业结构，突出“5+5”行业发展重点

1. “5”：巩固提升商贸流通、物流快递、现代金融、文化旅游、商务会展五大支柱型服务业发展质量

商贸流通业。系统规划布局商业综合体，着力培育一批商贸流通企业，打造一批以宜宾农产品为核心的特色专业市场，推动电子商务大发展，打造夜间经济集聚区，引导居民线上消费、培育在线经济新业态。

现代物流快递业。高质量建设、高水平运营宜宾（四川）综合保税区，推进南向开放合作，打造区域物流枢纽和物资集散地。重点推进物流园区建设，逐步构建完备的物流节点体系。引进和培育一批 A 级以上物流企业。深入推进“宜宾—钦州”国际货运班列常态化运行，大力发展多式联运、城市共同配送、城乡集中配送等运输方式，降低物流成本。

现代金融业。加快吸引各类金融机构集聚宜宾，逐步完善金融市场体系，大力发展保险、证券、理财等行业。积极引导金融机构加快创新金融产品，加大对扶贫、数据、生态等领域的金融支持力度。

文化旅游业。着眼当前，推动文化旅游产业恢复性增长和持续增长。着眼长远，推进文旅融合发展，深度挖掘酒文化、茶文化、竹文化、僰苗彝文化等特色文化，突出展示、体验、欣赏、品味，构建三江文化、蜀南竹海、兴文石海、乡村旅游、酒都文化旅游为支撑的旅游产品体系。积极创建旅游度假区和生态旅游区。

---

① 数据来源：2019 年全国、全省、宜宾、泸州、绵阳、德阳、乐山统计公报。

商务会展业。加强规划，通过完善配套设施、培育市场主体、打造特色品牌展会等，提升会展经济竞争力，加快建成区域性国际会展中心。抓好咨询、评估、鉴证、展览、品牌推广等市场中介组织建设。通过建立基金、出台支持政策等，引导和扶持律师服务、经济仲裁、会计审计、资产评估、项目策划等商务服务业发展。

2. “5”：加快发展科技服务、人力资源与教育培训、医疗康养、特色餐饮、大数据五大成长型服务业

科技服务业。抢抓新时代国家推进西部大开发重大战略机遇，主动争取与东部地区的科技创新合作、“双一流”高校对宜宾高职院校的对口支援。加快双城建设，深入推进产教融合，紧扣“5＋1”产业，加快构建“政产学研用”紧密结合的协同创新体系，积极争创科技服务业集聚区、科技成果转移转化示范区。培育一批重点企业，构建以企业为主体、市场为导向、产学研用高度融合的科技服务创新体系。

人力资源与教育培训业。依托各类园区，规划建设一批人力资源服务产业园区。出台相关优惠政策，扶持建立人力资源服务孵化基地。设立专项扶持基金，支持人力资源与教育培训业发展。加快推进国家产教融合型试点城市建设，加强高技能人才培养，进一步完善职业教育和培训体系。

医疗康养业。积极对接知名康养企业，争取一批品牌康养项目落地。大力提升医疗机构服务能力，促进医院达标升级。鼓励社会兴办养老机构，推进投资主体多元化。支持医疗机构开展养老服务，实现“医内设养”。支持养老机构开展康复、医学护理等服务，实现“养内设医”。推进康养与医药食品、旅游、体育文化等多业态融合发展。

特色餐饮业。培育和改造提升特色商业街区，打造特色餐饮美食街区。加快推进“宜宾燃面”“全竹宴”等特色餐饮品牌推广和标准化建设运营。鼓励餐饮企业建设绿色生态餐饮原料辅料基地，培育餐饮企业集团。

大数据产业。建设行业大数据应用中心，在重点行业开展大数据应用试点示范项目。培育和孵化具备较强市场竞争力的代表性企业。创建大数据产业园区，打造川南大数据产业集聚区。

（二）加强载体和平台规划建设

加快编制现代服务业集聚区规划，明确目标、功能定位和建设规模。全力推进现代服务业集聚区建设，加大项目跟踪，紧盯大集团、大公司、大品牌和行业龙头企业，加强招引，加强展示交易、研发设计、专业服务等平台建设。将宜宾综合保税区作为对外开放的重要平台，建设保税物流区、服务贸易区、

综合服务区等，建设研发平台、服务中心、创新创业孵化基地，发展跨境电商、服务贸易、服务外包、融资租赁等新业态新模式。

（三）加强市场主体培育

引进和扶植龙头企业，充分发挥示范引领和辐射带动作用。加大中小型企业扶持力度，提供信息咨询、筹资融资、贷款担保、技术支持等，积极引导中小型企业向“专、精、特、新”发展。

（四）优化发展格局，促进县（区）均衡发展

以中心城区和新型城镇化建设优化发展格局。根据各地区资源和需求实际，对位于不同能级的地区赋予不同功能。形成以临港经开区、翠屏区、叙州区、南溪区为龙头，其他各县为主体，以基础设施网络为骨架，“互联网＋”为媒介，各县（区）主导产业为支撑，特色区域为节点，点、线、面的服务业发展格局。打造“一核一带一区多点”总体构架。“一核”：以临港经开区、翠屏区、南溪区、叙州区为核心。“一带”：以江安、屏山县为沿江现代商贸物流带。“一区”：以长宁、兴文、高县、筠连、珙县为生态旅游商贸发展区。“多点”：依托城镇、交通、产业、重点开发区和商品集散地，培育壮大一批服务业聚集区、特色小镇、服务业平台等产业区块和项目，发展各具特色的服务业。

（五）加快推进新型城镇化建设，改善现代服务业发展环境

一是加快推进基础设施建设，提升承载容量。构建统筹全市的公铁水空立体化物流通道网络，积极推进物流园区中心、配送中心建设，加快完善旅游文化、会展等基础设施，加快5G、物联网、人工智能等新型基础设施建设。二是加快中心城区建设，促进县城及中心城镇发展。进一步拓展中心城区面积、完善功能、提升形象。争取更多县城入选国家新型城镇化建设示范名单，积极培育一批经济实力强、发展潜力大、带动效应好的中心城镇。

四、保障措施

（一）增加制度供给，加大政策扶持

一是推行负面清单管理模式，创建公开、平等、规范的准入制度。二是健全财政政策。突出对项目的支持、投资的带动、发展的鼓励，采用贴息、担保、奖补等方式，引导更多社会资本参与服务业发展。逐渐加大服务业专项资金规模，规范资金管理，提高资金放大效应。三是落实土地政策。制定服务业用地优惠政策，逐步增加现代服务业用地比例。四是完善招商引资政策。根据不同行业、企业、项目特点，研究制定有针对性的招商引资政策，大力招引高质量企业和科研院所入驻科创城。

（二）降低企业成本，激发发展活力

一是着力降低创新创业成本。支持多元主体以科学城、科创城、宜宾三江新区、国家农业科技园区为依托，建设众创空间，重点支持工业园区、服务业集聚区及主力商圈等，利用闲置用房、厂房、库房等资源，改建众创空间，降低综合成本。二是推进税费改革，切实减轻企业税费成本。三是贯彻落实好相关社保政策，降低企业人力成本。

（三）增加公共服务供给，补短板强弱项

补齐文化教育、医疗卫生、体育娱乐等公共服务设施短板。推进双城建设量质提升，优化高校办学体系，集中力量引进医学类高校。着力提高医疗服务能力，加大对医院创建“三甲”的支持力度，推进长江上游区域性医疗中心建设。

（四）保障人才供给，助推服务业优化升级

围绕服务业“5+5”行业，抓紧研究制定引进海内外高端、高科技人才的配套措施，采取安居入学、股权激励等方式引人留人。制定创新创业人才培养计划，构建服务业经营管理人才培养体系。大力发展职业教育，建立完善企业与高校、科研院所的人才交流合作机制，开展订单式培训。

作者单位：宜宾市经济信息中心

南充工业融入成渝地区双城经济圈及临江新区产业布局的对策建议

石全华　朱光俊

中共南充市委六届十二次全会审议通过了《关于深入贯彻习近平总书记重要讲话精神和党中央重大战略部署省委重大决策部署奋力打造成渝地区双城经济圈次极核的决定》和《关于深入贯彻省委重大决策部署加快建设临江新区的决定》，“两个决定”通篇贯穿新发展理念，落实高质量发展要求，提出了全力建设成渝地区交通枢纽、现代产业、内陆开放、科教文卫、宜居宜业“五大高地”，深入实施临江新区引领、区域协作示范、嘉陵江生态廊道建设、Ⅰ型大城市建设、县域经济提质、园区能级提升、名企名品名牌培育、科技协同创新、重大改革突破“九大工程”，加快建设成渝第二城、争创全省经济副中心、打造成渝地区双城经济圈次极核。

未来五年，南充工业战线要切实认真按照市委的部署要求，紧扣“打造双城经济圈次极核”这一定位，抢抓新时代西部大开发、新基建等宏观战略机遇，抢抓成渝共建中国制造第四极、国家数字经济创新发展试验区、西部科学城、临江新区等系列政策，以“加快产业融入、做强产业支撑”为主攻方向，以新产品、新技术、新业态、新模式为突破口，大力培育战略性新兴产业，提档升级优势产业集群，加强与成都和重庆重大支柱产业配套协作，谋划发展一批特色产业、前沿产业，推动南充工业的总量规模、创新水平、市场主体“三个倍增”，打造西部地区的先进制造业聚集地。

一、结合产业基础，主动承接成渝地区转移产业

一是抓好成渝高端制造基地的承接。紧盯真空波纹管、真空分子泵、真空阀门等真空产品和炼油、化工生产设备及设备制造、无人机等南充有基础的产业，主动承接成都重庆相关制造企业的转移，全力构建“总部研发在成都重庆、生产制造在南充”的产业格局。二是抓好“飞地经济”的承接。围绕新能源汽车等共性产业，探索“飞地经济”区域合作利益分享机制，开展以共同成

立开发运营有限责任公司、“园中园”、单体项目合作等方式的合作共建，建立一批类似成阿工业园之类的“飞地”园区。三是抓好工业设计服务的承接。认真分析研判聚集成都重庆的工业设计服务资源，着力招引工业设计大师、领军人才（团队），组建第三方工业设计服务企业（工作室、设计室等），在新能源汽车、电子信息、丝纺服装等领域建立行业级用户体验中心，研发用户体验品质高的工业设计产品，大力发展信息产品设计、消费服务设计、文化产品设计等高中端工业设计服务，形成门类广、特色强的工业设计集群，培育新的增长点。

二、立足产业优势，择优配套成渝地区主导产业

一是打造汽车配套产业基地。立足现有的“一中心四基地”发展格局，紧盯动力电池、汽车电子电控技术等汽配产业的前沿，找准最有基础、最具前景的细分领域，进一步加强技术攻关，整体提高现有企业的技术密度和创新密度。同时，加快招引驱动电机、电控系统等核心配套产业的企业，前瞻布局氢燃料电池研发及产业化项目，推动汽配产业尽快走出低端，促进产品更多抢占成渝地区整车制造市场。二是壮大电子配套产业。围绕成都重庆智能手机、可穿戴设备、车载移动终端、虚拟现实设备等终端电子产品，以南充高新区、高坪电子信息产业园、西充军民融合精密制造产业园为载体，招引更多零部件配套以及终端应用服务企业，引导三环电子等企业进一步拓宽产品领域，整体升级产品质量，争取更多更好地配套成渝及全国市场。三是发展农产品精深加工产业。用好南充农产品的资源优势，推动西充有机食品、阆中旅游食品等提品质、增品种、创品牌，强力打造农产品精深加工产业园，着力开发一批诸如张飞牛肉等精深加工食品，抢占成渝地区餐桌市场。

三、依托临江新区，打造培育辐射区域前沿产业

一是构建增材制造（3D 打印）产业链。以临江新区南充高新区为依托，深化与电子科大、四川大学等高校院所的合作，面向高端装备、健康医疗、文化创意等产业领域，探索增材制造材料、数字化设计、快速成型等应用领域技术，推动 3D 打印应用产业链实现突破，加快培育发展基于云环境下增材制造等产业。二是发展机器人产业。抓住“机器换人”这一大趋势，以顺庆新松机器人为突破，争取成都重庆智能化工业机器人、服务机器人、特种机器人整机产品的制造基地设在南充；积极开展与电子科大等高校和科研院所技术合作，大力发展智能化工业和服务机器人整机制造、可靠性基础功能部件及系统工艺

应用解决方案，推动机器人产业实现跃升。三是打造高端电子信息产业。围绕集成电路配套，布局招引一批新型显示材料、高热导率陶瓷材料、电子浆料等上游材料产业链企业，加快打造发展动力控制系统、底盘与安全控制、车身电子等车载电子装置，探索车联网、无人驾驶关键技术设备的集成与应用。

四、突出错位发展，升级壮大特色优势产业

一是做强油气化工产业。用好南充经济开发区是全省规划的三大石化基地之一，是西南地区少有的符合长江经济带政策的专业化工园区的优势，依托四川能投，大力招引聚酯瓶片、聚酯纤维等下游配套项目，延伸 PTA 下游产业链。同时，抓住东部地区化工产业转移的机遇，通过“专场招商”等模式，布局招引一批、承接招引一批精细化工、化工新材料、化学原料药项目，打造成渝地区化工产业高地。二是升级丝纺服装产业。用好用活南充是省上唯一明确布局丝纺服装产业市州的独特优势，组织市内丝纺企业组团到浙江、江苏等地考察，建立战略联盟、开展引资引技，推动老字号企业换发新活力。主动与成都的“蜀锦”“蜀绣”企业开展对接，争取南充丝纺企业生产的产品纳入“蜀锦”“蜀绣”产业链，提升产品附加值。三是构建泛盐产业链。依托顺城盐化，招引一批企业，构建风味调味盐、盐化妆品、健康养生等高附加值的盐产业链，建立南充多品种盐研究院，打造川东北泛盐产业高地。

五、促进融合发展，做大做强数字经济工业板块

一是抓好 5G 设施建设及应用。结合城乡建设规划，按照集约化、同步化、系统化要求，统筹 5G 基站选址和网络布局，按照“一年核心区域全覆盖、两年重点地域全覆盖、三年所有区县全覆盖”三步走战略目标，积极推进 5G 网络建设，力争到 2022 年，基本实现 9 个县（市、区）全覆盖。围绕 5G 大规模商用化，大力探索“5G+”，重点发展智慧医疗、云制造、机器人、无人驾驶汽车等 5G 应用模式，推进应用产业规模发展。二是发展工业互联网。推进吉利商用车等有条件的工业企业联合软件行业龙头企业共同构建开放共享的供应链管理、产品生命周期管理、制造执行管理系统等工业互联网平台，提高综合集成应用和业务协同创新水平，促进制造业服务化，打造新能源汽车等工业互联网平台，探索协同设计、智能制造、定制化生产等模式。引进装备制造、电子信息等领域专业软件企业，建立一批行业特色鲜明、优势突出的工业 APP 社区，开发一批推广价值高、带动作用强的行业通用工业 APP。三是布局建设大数据中心。以顺庆科创园为载体，招引有影响力的大企业建设大数据

中心，督促移动、电信、联通三大运营商加快本领域大数据中心建设，围绕工业、交通、金融等重点领域建立行业性云服务中心平台，推动各层面的数据中心的互联互通，打造服务南充、辐射川东北的“云服务”支撑平台。招引科大讯飞等行业龙头企业，探索数据获取、数据挖掘与分析、大数据计算、数据可视化等模式，深化大数据应用服务。

作者单位：南充市经济和信息化局

南充市推动“农业+旅游”融合发展的探索与启示

罗光润　朱光俊

休闲农业是利用农业景观资源和农业生产条件，发展观光、休闲、旅游的一种新型农业生产经营形态，是深度开发农业资源潜力，调整农业结构，改善农业环境，增加农民收入的新途径。“农业+旅游”融合发展是南充现代农业的重要组成部分，在推动农业供给侧结构性改革、建设美丽乡村、带动农民就业增收、传承农耕文明等方面发挥着重要作用。

近年来，南充市委、市政府坚持把“农业+旅游”融合发展作为南充市现代农业发展新的增长极，立足产业特色优势和市场前景需求，以城市近郊区域为发展农旅融合的重点，将休闲农业与产业基地规划有机结合，遵循“生态优先，推动农旅融合高质发展；夯实基建，筑牢农旅融合发展基石；培育引进，共享农旅融合发展红利”的发展策略，全市的“农业+旅游”融合发展得以顺利推进、成效显著。已建成国家级休闲农业和乡村旅游示范县 2 个、全国乡村旅游重点村 1 个、省级休闲农业示范主题公园 9 个、省级休闲农业示范农庄 15 个；培育引进旅游型龙头企业 44 家，培育各类农民专业合作组织 479 个；举办了桃花节、橙花节、蛴螟节、火龙节等 11 个休闲农业观光节庆、农耕文化节庆活动。

一、生态优先，推动农旅融合高质发展

始终坚持“生态优先、以农为本、市场导向、突出特色”的基本原则，立足融入成渝地区双城经济圈战略定位，突出农耕文化，装扮美丽田园，爱护农业生态，保护传统村落，鼓励创新创造，重点打造都市城郊和乡村休闲农业，促进农业与旅游、教育、文化、体育、健康、养老等产业深度融合，推动休闲农业和乡村旅游提档升级和快速发展。全市已建成西充县、阆中市 2 个国家级休闲农业和乡村旅游示范县；阆中市天林乡五龙村成为首批全国乡村旅游重点村；省级休闲农业示范主题公园 9 个，省级休闲农业示范农庄 15 个；打造起高坪的金凤山村 3A 级旅游景区、南部飞龙山庄 2A 级旅游景区、仪陇龙神垭 2A 级旅游景区等一批各具特色的乡村旅游景区。

如南充市高坪区江陵镇的中法农业科技园项目在整个建设运营过程中做到了高起点统筹规划、高标准建设打造、高质量管理运营，实现了“1+1>2”的效果。项目总规划面积 3 万亩，一期规划建设面积 1.7 万亩，总投资近 40 亿元（含政府投入配套建设），主要建设凤仪湾生态湿地农业区、欧盟循环农业区、法式康养水镇三大功能区域，并围绕园区实施交通环线、乡村振兴和市政配套等项目。现在园区内道路平坦、湖水清澈、游人如织、花团锦簇，法式风情街具备各式休闲娱乐功能，游人三三两两漫步其中，纷纷驻足拍照，充满欢声笑语。2019 年园区正式对外开放迎客以来，已接待游客量达 50 余万人次，综合收入达 1000 余万元。

二、夯实基建，筑牢农旅融合发展基石

始终坚持“农旅融合发展，基础设施先行”的发展思路，在发展农旅融合的过程中，通过大力开展农田景观、廊道景观、村落景观等景观建设培育，实现了乡村处处有景、步步有景；重点推进规模农田镶边、农田缓冲带种植、闲置地景观改造、坡地景观栽培、沟路林渠景观提升等生态景观农业工程；结合新农村建设，重点推进实施农村供水管网、污水管网、垃圾收运处理网、电网、乡村路网、互联网“六网”改造提升工程，整体改善了乡村旅游地区的基础设施条件；规划完善了乡村旅游公共服务设施，加强了游客综合服务中心、餐饮住宿的洗涤消毒设施、农事景观观光道路、农产品展示中心、休闲辅助设施等公益性基础服务设施建设，改善优化了休闲旅游环境。同时，还以休闲农业精品景点为依托，积极举办桃花节、橙花节、梨花节、蛴螬节、火龙节等 11 个休闲农业观光节庆、农耕文化节庆活动。

如顺庆区于 2011 年引进农业龙头企业，打造了锦绣田园景区。经过多年的发展，锦绣田园逐渐成为集现代农业开发、科普教育、高科技农业展示、观光旅游、休闲度假为一体的产业融合示范园区。一条大道直接从市区通往园区大门，十分方便；园内游客综合服务中心、餐饮住宿的洗涤消毒设施、农事景观观光道路、农产品展示中心、休闲辅助设施等公益性基础服务设施齐备；花儿种类繁多、景色宜人，让人心情愉悦，游人如织。

三、培育引进，共享农旅融合发展红利

始终坚持“抓大、选优、引强”的发展思路，成功培育引进旅游型龙头企业 44 家，培育各类农民专业合作组织 479 个；坚持产业种与养、业态农与旅、见效长与短“三结合”，依托优势特色产业，建成中国有机生态循环第一村、

古楼桃园新村等乡村旅游核心景区。此外，积极争取国省农旅项目，重点支持乡村旅游景点建设，已成功打造南部八尔湖乡村旅游区、营山“耕读原乡”产业园等乡村旅游目的地，以及顺庆区青山湖水果公园、阆中市天林乡五龙生态休闲农业园等新兴农业景区。据统计，2019年，全市休闲农业持续火爆，乡村旅游综合收入近50亿元。

其中蓬安县近年来大力推进农旅融合发展，先后建成正源镇红豆村爱情谷、利溪镇花好月圆、新园乡蜀北桑海等示范点，景区每年累计接待游客500余万人次，营业收入达1.5亿元，解决老百姓就业1000余人次。如正源镇红豆村爱情主题公园依托优越的地理位置、良好的自然环境、齐全的娱乐设施等优势，当地较好的农家乐销售收入超过60万元。

成功实践证明，农旅融合是现代农业新业态的体现，能有效延长农业产业链条、有力促进农民快速稳定增收致富。作为欠发达地区近期发展壮大途径，一要与乡村旅游紧密结合。大力推进“农旅融合、以农促旅、以旅强农”休闲农业发展，将旅游与休闲农业有机结合，丰富景区观光资源，提升景区配套服务。配套完善休闲垂钓、农耕体验、田园采摘、民俗体验等休闲活动。谋划淡季旅游替代产品，让旅游四季有看的、有玩的，通过品种轮换，做到四季有花可赏。二要与民俗文化紧密结合。传统民风民俗、历史风情是休闲农业的文化之根。充分依托水体、田野、森林等涉农资源，重点挖掘传统村落、民俗民情、红色文化、三国文化、嘉陵江文化等，开发特色乡村旅游产品，办好特色文化节会活动，提升休闲农业的文化品位和文化功能。三要与农村电商紧密结合。大力推进“互联网+农业”发展，提升休闲农业经济效益。为休闲农业经营业主构建电商销售平台，把土鸡蛋、山珍菌类等特色农产品卖出去，畅通农产品进城之路，培养一批忠实的消费群体，从而带动线下顾客流量的增加，把资源优势变成产业优势。

同时，还要加强规划引导，加大投入力度，实现就业增收，重点做实做好“规划覆盖、产品塑造、设施建设、市场拓展、人才培训、科学管理”六个方面工作，形成多方共赢的发展局面。一要明确发展思路。以环境生态化、居住文明化、活动民俗化、饮食本地化、服务规范化、管理网络化为方向，以“存量抓升级、增量重转型”为主线，坚持农耕文化为魂、美丽田园为韵、生态农业为基、传统村落为形、创新创造为径，推动休闲农业和乡村旅游提档升级和健康发展。二要加强政策集成。进一步优化集体经营性建设用地的指标结构和空间布局；盘活农村闲置房屋、集体建设用地、四荒地、废弃矿山、水面等资产资源；进一步集成新农村基础设施建设、沟域经济发展、中小河道治理、园林绿化等方面政策，支持休闲农业和乡村旅游发展；加大投入力度，建立政府投入为引导，农民、企业和社会投入为主体的多元投入机制，建立相关奖励激励机制。三要拓宽融资渠道。采取“政府引导，市场运作”的方式，撬动金融资本，引导资金投向休闲农业和乡村旅游；鼓励金融机构开发特色休闲农业金融产品，拓宽抵押担保物范围，开展农村承包土地的经营权抵押贷款业务；推进休闲农业乡村旅游政策性保险；鼓励金融机构与农业担保机构合作，加大融资担保力度，满足休闲农业发展的资金需求。四要提升公共服务。加大休闲农业和乡村旅游公共服务平台建设，探索建立休闲农业电子商务服务系统；支持休闲农业聚集区域的公共交通体系及公共服务设施配套；加强对休闲农业和乡村旅游经营业主、从业人员的技能培训；强化食品、卫生等各方面安全意识和管理制度建设。

作者单位：南充市经济和信息化局

南充全力推进有机农业强市建设的探索与实践

张小玲　朱光俊

有机农业是一种新型的农业生产经营方式，对促进实现农业可持续发展，增加农民收入，满足人们生活需求都具有非常重要的作用。为整体提高农产品质量，南充市于20世纪90年代开始进行有机农业试点示范建设，先后出台《南充市有机农业强市建设方案》《南充市有机产品认证管理办法》等一系列文件，尤其是“十三五”时期始终坚持以有机农业为基础，着力打造有机农业强市；以环保督查为契机，切实推进可持续农业发展；以区域品牌为抓手，强力推动农业品牌化发展，全市有机农业总体呈现快速良性发展态势。已制定各类有机农产品地方标准近50个，“三品一标”认证总数达368个；有机果蔬基地面积达2万亩，培育农业龙头企业8家、专合社11个；制定有机农业企业标准57项，26项成为地方行业标准，培育广绿蔬菜、葵花鸡等有机农产品品牌20个，为建设有机农业强市提供了有利的条件和坚实的保障。

一、以生态农业为基础，着力打造有机农业强市

始终坚持充分发挥区域自然生态条件良好的资源优势，在大力发展生态农业的基础上，全面启动实施有机农业强市发展战略。2013年高起点编制有机农业强市建设规划，通过持续加强有机农产品基地建设，不断优化生产、加工、仓储、物流、销售等环节和建立完善生产、标准、监管、追溯、营销“五大体系”，有力地促进了区域有机农业的快速良性发展，全力打造有机农业强市取得了明显成效。一是狠抓基地建设，建立健全生产体系。结合高标准农田建设，稳步提高耕地质量；依托国家现代农业示范区、国家农业科技园区和农业农村综合示范区，大力培育有机生产经营主体，初步形成了企业为主体、基地为依托、环境有保障的有机农业生产体系。二是强化技术支撑，建立完善标准体系。全市研究制定有机农产品生产技术地方标准近50项，并在生产中得到推广运用。三是注重质量提升，建立健全监管体系。进一步完善了有机农业强市建设工作联系会制度，坚持企业自愿申报、有机工作机构初审推荐、认证

机构审验颁证制度，积极组织企业开展有机认证。加强了日常监测和专项检查，对环境不达标、生产不规范、质量不合格的经营主体，促请认证机构一律不予认证。制定了奖补政策，对违规企业坚决取消有机产业发展相关政策和待遇，确保有机农产品质量和有机产业健康良性发展。四是严格过程管理，建立完善追溯体系。坚持从严要求生产企业强化基地标识管理，制作并公示基地地理位置图、生产地块平面分布图等资料，在有机生产基地醒目位置设立统一格式的标识牌，督促生产主体建立生产档案，做好农事记录，建好投入品台账，确保有机农产品生产信息全面完整可追溯。五是着力市场开拓，建立健全营销体系。通过建立有机农产品专业交易市场，鼓励企业在经济发达地区和重点城市建立有机农产品中央厨房、专销门店和展示体验店，引导支持有机生产企业参加国内大型展会，充分利用互联网平台开展社群营销，采取 VIP 客户订单销售，有效破解了销售难题。

如西充县有机果蔬现代农业园是市级现代农业园区、国家农业科技园区核心区。园区始终注重建立完善有机标准，整体带动品牌发展；注重农旅融合，带动延链良性发展；注重国际合作，带动产品高端发展。通过“三注重三带动”，建成了覆盖 3 个乡镇 16 个行政村的有机果蔬基地，面积达 2 万亩，培育农业龙头企业 8 家、专合社 11 个，带动园区农户年均增收 3000 元。同时依托中国农科院、亚洲有机农业科技研发中心等科研机构，制定有机农业企业标准 57 项，26 项成为地方行业标准，培育广绿蔬菜、葵花鸡等有机农产品品牌 20 个。坚持秉承“有机农业打底、特色文化引领、乡村旅游带动”的发展理念，常态化开展水果采摘、亲子教育等文旅活动，中国有机生活公园、双龙桥幸福美丽新村等成为乡村旅游目的地。并与国际有机运动联盟亚洲理事会建立了长期合作关系，韩国、日本等 20 余个国家和地区多次派出团队到园区开展交流合作，两年一届的亚洲有机产业创新发展峰会定期在园区召开，永久会址落户该园区，西充已成为名副其实的“中国西部有机农业第一县”。

二、以环保督查为契机，推进有机农业可持续发展

2017 年以来，南充市以中央环保督查为契机，大力推行畜禽养殖废弃物资源化利用，推进生态文明建设、转变农业发展方式，积极创建国家农业可持续发展试验示范区。一是为加大农业环境整治力度，专项编制了《南充市农业面源污染防治“十三五”总体规划》，对农业面源污染进行综合治理。针对群众反映强烈的农业环境问题，通过现场调查情况，及时解决问题，办理信访案件群众满意率达 100%，中央环保督查交办案件办结率 100%，是全省唯一无

退件的市（州）。二是依托畜牧业绿色发展示范县项目，全面推广“猪—沼—果”种养结合循环发展模式，以种定养，种养配套，建成了一大批种养循环畜禽养殖示范场。三是为大力发展有机农业，不断推进三次产业融合发展，围绕生态粮油、晚熟柑橘、蔬菜、中药材、现代蚕桑、现代林业、现代畜牧等主导特色产业，加快建设现代农业产业融合示范园区，规划建设一批初加工、采后加工、精深加工项目，整体提升了农产品加工能力，扩大延伸了产业链条。还通过举办桃花节、橙花节等节庆活动，不断提高农业综合效益。开展“互联网+现代农业”的生产、经营、管理和服务，积极开发农业社会化服务和农产品个性化需求定制服务，积极发展智慧农业和大数据农业，以及以农田艺术景观和林业园艺为核心的创意农业，持续增加农业综合收入，切实推进了有机农业可持续发展。

三、以区域品牌为抓手，推动有机农业品牌化发展

始终紧紧围绕农业供给侧结构性改革，大力培育优质有机农产品品牌。根据全市丘陵地貌特征和地理气候环境条件，坚持走“质量效益型”现代农业发展道路，注重培育产品特色，不断提高产品质量，确保市域农产品技高一筹、质高一级、价高一等。全市“三品一标”认证总数已达368个。一是精准培育创牌主体。围绕特色优势主导产业，认真遴选适应消费需求的农产品，招引一批创牌经验丰富、引领带动力强的知名企业创建品牌，培育一批有潜力的本土农业龙头企业参与品牌创建，发动一批利益连接机制健全的农民专业合作组织融入品牌发展，引导企业联合创牌，充分发挥企业在品牌创建中的主体作用。二是精心打造产品特色。在生产环节认真抓好有机肥替代化肥行动，大力发展无公害、绿色食品、有机农产品，加强培育产品在色、香、味、形、质方面的特色和优势；大力发展以特色优质农产品为原料的农产品精深加工，大力开发佐餐、休闲、方便和旅游食品，以特色优质农产品支撑农产品品牌创建。三是持续强化质量保障。切实开展无公害、绿色、有机和地理标志产品的农业标准化认证工作，建立以有机农业为引领、绿色食品为主体、无公害农产品为基础的农业标准化生产体系，实行品牌和品质双提升战略，确保农产品质量安全。建立健全企业自检、官方抽检和第三方检测的产品质量检测认证体系。建立完善标准化生产体系和可追溯制度，不断提升农产品的社会公信力，增强消费者对品牌农产品的消费信心。四是切实抓好市场营销。通过政府“站台”、调动公共资源、打造电商平台，加大对特色优质农产品的宣传推介力度。根据产业实际和未来发展，重点培育“充国香桃”“尚好桑茶”“果城香米”等有机农产

品品牌，充分利用国际国内大型活动和展会平台予以重点推介。积极组织品牌企业采取“走出去”策略，变传统营销为上门推销和体验营销。坚持瞄准中、高端市场，实行个性化订单生产，建设完善专业市场，设立营销专柜等品牌产品专销渠道，切实提升品牌形象。建立健全“红榜黑单”诚信制度，严厉打击假冒伪劣产品，杜绝以次充好等不诚信行为。积极探索建立品牌有机农产品品质保险机制，进一步增强消费信心。五是打造农产品区域公用品牌。通过编制实施《南充市农产品区域公用品牌战略规划》，策划了“好充食”农产品区域公用品牌，已对45个大类产品全部予以申报注册，并对区域品牌商标实施了版权登记保护。积极组织“三品一标”认证、产品溯源体系完善、产品获得省级以上名特优新称号的企业优先使用区域公用品牌等，均取得了显著的成效，有力促进了区域品牌的快速良性发展。

作者单位：民进南充市委员会

对甘孜州乡城县绿色经济发展的几点思考

黄力

甘孜藏族自治州乡城县位于四川省西部，青藏高原东南缘，横断山脉中北段，县域面积5016平方公里，常住人口3万人，是典型传统的边远贫困地区，也是四川58个重点生态功能县之一。

改革开放以来，乡城县经济社会发展取得了瞩目的成就，经济社会民生等各项事业获得了长足的进步，城乡面貌发生了翻天覆地的变化。“十三五”期间，乡城朝着预期目标稳步前行，各项主要经济指标基本都保持了较高的增长。2019年该县完成地区生产总值11.97亿元，完成社会固定资产投资15.61亿元，完成地方公共财政收入8818万元，完成工业增加值3.51亿元，完成社会消费品零售总额3.37亿元，城镇居民人均可支配收入达到33282元，农村居民人均可支配收入达到12414元，三次产业结构比例为16.7：28.6：54.7。

在肯定成绩的同时，也需清楚地认识到乡城县经济发展总量小、水平低、欠发达的问题依旧存在，乡城县还处于工业化城镇化起步阶段，发展不充分不平衡，基础设施短板多、公共服务质量低、产业支撑作用弱、民生改善任务重、发展关键要素缺失等问题仍然突出。尽管乡城县已通过脱贫验收，成功实现摘帽，解决了绝对意义上的贫困问题，但仍然面临诸多制约和挑战。

由于特殊的地理位置、自然环境和气候植被资源条件，国家赋予乡城县生态功能区的基本定位，这是完全切合实际并十分准确的。基于此战略定位，乡城的发展必须是绿色发展，经济增长必须走绿色循环的道路，从而全面彰显乡城经济发展鲜明的绿色属性。立足于基本定位的框架，充分因地制宜、大胆创新开拓，广泛体现并大力践行“绿水青山就是金山银山”的理念，在保护中开发、在发展中保护，在利用中深耕、在整合中重组，促进生态涵养、有效调节平衡、增强能量流动，浓墨重彩地描绘乡城经济的底色。为此，夯实绿色经济发展之基、培育绿色经济发展之源、拓宽绿色经济发展之路应成为乡城县经济社会发展的战略决策和政策取向。

一、夯实绿色经济发展之基

“夯实基础”有利于乡城绿色经济“底盘”的稳固坚定。在确保全县生态安全的前提下，保护好划定的三条“控制线”尤为重要。全县干部群众需进一步提高认识、提升站位，树牢抓好新时期生态经济发展的思想防线和底线意识，下好“管控”棋、打好“整治”牌，同步实现经济效益、社会效益和生态效益。在积极创新生态保护模式，提高生态系统服务功能的同时，有效助推生态产品经济社会价值的实现和民生的改善。

加强统筹县域范围内山水林田湖草系统治理。森林资源管控制度，保护好珍稀的野生动植物资源，特别是要进一步健全森林草原防火工作机制，压实责任、毫不松懈，坚决杜绝连片火灾。扎实开展“双违”整治，同步开展“商业业态整治”“非法采砂整治”“环保督察反馈问题整改”“大棚房专项清理整治”等专项整治整改。密切关注环保相关的行政处罚案件的处理和后续跟踪。强化生态环境质量监测和污染源普查。加强河湖清理，按照湖长制工作制度，抓好防汛、巡河督查、河湖“清四乱”等工作，倡导循环、低碳、集约发展模式，保卫绿水青山，保障好乡城经济社会发展之基础。

二、培育绿色经济发展之源

“培育源泉”有利于乡城绿色经济“活水”的取之不竭。建好乡城经济发展的要素聚拢平台，打通各类资源要素流动通道。培养多点多面支撑的绿色产业体系，树立全域绿色产业格局，搭建绿色产业发展与新兴企业孵化平台，构造跨产业平台和运作载体，构建以生态产业化和产业生态化为主体的生态经济体系。运用绿色规范标准，实行绿色技术改造，着力打造重点、优势绿色产品品牌。在培育过程中融入更多的包容性、互补性。

重点培植壮大农林生态特色产业，大力发展苹果、芫根特色主导种植业和藏猪、藏鸡特色畜禽养殖业，统一打造“净土原乡”区域农产品品牌。抓好酿酒葡萄、中藏药、牦牛、藏系绵羊、干杂水果等辅助的产业布局。完善康南农特产品加工园区建设，增强园区产业和系统配套，以基地为龙头、纽带，延伸产业链、开展深加工、提升附加值。增大高原“绿色”葡萄酒、苹果醋等较为成熟的产品的商务营销和市场推广。加大力度推进绿色新能源的开发，建设光伏产业，强化乡城光伏园区扩容增量，积极争取电力输出通道建设。大力争取政策资金，补齐县域基础设施和配套设备短板。持续大规模绿化乡城，实施营造林木、绿化庭院、道路绿化等行动。继续开展城乡环境综合治理，进行农村垃圾、污水、厕所“三大革命”，搞好人畜粪便、农业发酵物等的循环利用，在有条件的地区启动生活垃圾无害化处理。选取基础条件较好的村落开展乡村振兴试点村的示范建设。

三、拓宽绿色经济发展之路

“拓宽道路”有利于乡城绿色经济“富民”的延展增效。充分发挥绿色产业的支撑和聚集联动的效应，在“清理、整顿、整治”和“产业平台搭建、综合体系构建”的基础上集中发力，创造开拓成果、发挥聚变效果。

开发建设囊括众多类目子集的乡城绿色经济体系，包括绿色农牧、绿色建筑、绿色旅游、绿色文化、绿色营销、绿色物流、绿色农旅（文旅）等，为乡城县乡村振兴奠定坚实基础。结合各个乡镇的实际，帮助指导老乡念好“致富经”，引导农牧民群众家门口入股、务工、经商增收。推进旅游区域合作，突出“田园白藏房、净土香巴拉”的绿色、干净的旅游形象。结合“三创联动”，着重体现乡城文明、安全、示范的特征，进一步增强当地群众和游客的获得感、幸福感、安全感。增强各类扶贫和发展项目的动能，积极利用好对口帮扶、东西扶贫机制及协作成果。完美呈现人类与自然和谐相处、经济与社会互促互利的格局，建设打造具有乡城地域特色的可持续发展样本模式。

作者单位：四川省发展和改革委员会

附 录

附表 1—1 2020 年四川部分主要经济指标在全国的排名

	地区生产总值		工业增加值		固定资产投资（不含农户）	
	（亿元）	排名	增长（%）	排名	增长（%）	排名
全 国	1015986	—	2.8	—	2.9	—
北 京	36103	13	2.3	1	2.2	26
天 津	14084	23	1.6	2	3.0	23
河 北	36207	12	4.7	3	3.2	21
山 西	17652	21	5.7	4	10.6	2
内蒙古	17360	22	0.7	5	−1.5	29
辽 宁	25115	16	1.8	6	2.6	25
吉 林	12311	26	6.9	7	8.3	4
黑龙江	13699	25	3.3	8	3.6	19
上 海	38701	10	1.7	9	10.3	3
江 苏	102719	2	6.1	10	0.3	27
浙 江	64613	4	5.4	11	5.4	11
安 徽	38681	11	6.0	12	5.1	13
福 建	43904	7	2.0	13	−0.4	28
江 西	25692	15	4.6	14	8.2	5
山 东	73129	3	5.0	15	3.6	20
河 南	54997	5	0.4	16	4.3	14
湖 北	43443	8	−6.1	17	−18.8	31
湖 南	41781	9	4.8	18	7.6	9
广 东	110761	1	1.5	19	7.2	10
广 西	22157	19	1.2	20	4.2	15
海 南	5532	28	−4.5	21	8.0	6
重 庆	25003	17	5.8	22	3.9	18
四 川	48599	6	4.5	23	2.8	24
贵 州	17827	20	5.0	24	3.2	22
云 南	24522	18	2.4	25	7.7	8
西 藏	1903	31	9.6	26	5.4	12
陕 西	26182	14	1.0	27	4.1	16
甘 肃	9017	27	6.5	28	7.8	7
青 海	3006	30	−0.2	29	−12.2	30
宁 夏	3921	29	4.3	30	4.0	17
新 疆	13798	24	6.9	31	16.2	1

数据来源：《四川省宏观经济监测预警系统》。

附表 1—2　2020 年四川部分主要经济指标在全国的排名

地　区	居民人均可支配收入		进出口总额		居民消费价格指数	
	（元）	排名	增长（%）	排名	同比上涨（%）	排名
全　国	32189	—	1.5	—	2.5	—
北　京	69434	2	−19.6	28	1.7	28
天　津	43854	4	−0.7	20	2.0	25
河　北	27136	17	9.9	9	2.1	24
山　西	25214	22	4.2	15	2.9	3
内蒙古	31497	10	−5.5	24	1.9	27
辽　宁	32738	9	−10.3	26	2.4	15
吉　林	25751	20	−2.2	22	2.3	16
黑龙江	24902	23	−18.1	27	2.3	16
上　海	72232	1	1.9	19	1.7	28
江　苏	43390	5	2.1	18	2.5	13
浙　江	52397	3	9.1	10	2.3	16
安　徽	28103	13	13.6	5	2.7	7
福　建	37202	7	4.9	14	2.2	22
江　西	28017	14	13.6	6	2.6	9
山　东	32886	8	7.2	12	2.8	4
河　南	24810	24	17.5	3	2.8	4
湖　北	27881	16	8.6	11	2.7	7
湖　南	29380	12	12.2	7	2.3	16
广　东	41029	6	−1.3	21	2.6	9
广　西	24562	25	3.0	16	2.8	4
海　南	27904	15	2.9	17	2.3	16
重　庆	30824	11	12.2	8	2.3	16
四　川	26522	18	18.7	2	3.2	2
贵　州	21795	29	20.4	1	2.6	9
云　南	23295	28	15.6	4	3.6	1
西　藏	21744	30	−55.8	31	2.2	22
陕　西	26226	19	6.8	13	2.5	13
甘　肃	20335	31	−2.4	23	2.0	25
青　海	24037	26	−39.4	29	2.6	9
宁　夏	25735	21	−49.0	30	1.5	30
新　疆	23845	27	−9.8	25	1.5	30

数据来源：《四川省宏观经济监测预警系统》。

附表2 四川“十三五”规划主要指标及完成情况

类别	指标		属性	“十三五”规划目标			实现情况
				2015年	2020年	年均增速［累计］	
经济发展	地区生产总值（GDP）（亿元）		预期性	30053.1*	42000	7%	完成
经济发展	全员劳动生产率（万元/人）		预期性	6.2*	9.5	—	完成
经济发展	城镇化率	常住人口城镇化率（%）	预期性	47.7	54	—	完成
经济发展	城镇化率	户籍人口城镇化率（%）	约束性	30.6*	38	—	未完成
经济发展	服务业增加值比重（%）		预期性	43.7*	50*	—	完成
经济发展	实际利用外资（亿美元）		预期性	104.4*	—	［550］	未完成
创新驱动	研究与试验发展（R&D）经费投入强度（%）		预期性	1.67*	2.0	—	完成
创新驱动	每万人口发明专利拥有量（件）		预期性	3.5	7.5	—	完成
创新驱动	科技进步贡献率（%）		预期性	50.8*	60	—	完成
创新驱动	互联网普及率	固定宽带家庭普及率（%）	预期性	37	65	—	完成
创新驱动	互联网普及率	移动宽带用户普及率（%）	预期性	50	75	—	完成
民生福祉	居民人均可支配收入（元）		预期性	17221	24300	7%	完成
民生福祉	劳动年龄人口平均受教育年限（年）		约束性	9.67*	10.16*	—	完成
民生福祉	城镇新增就业人数（万人）		预期性	101.9*	—	［400］	完成
民生福祉	农村贫困人口脱贫（万人）		约束性	117.7*	—	［380.3］*	完成
民生福祉	基本养老保险参保率（%）		约束性	80.1*	87	—	完成
民生福祉	城镇棚户区住房改造（万套）		约束性	—	—	完成国家下达目标任务	完成
资源环境	耕地保有量（万公顷）		约束性	673.61*	629.87*	—	完成
资源环境	新增建设用地规模（万公顷）		约束性	—	—	完成国家下达目标任务	完成
资源环境	单位地区生产总值用水量降低（%）		约束性	—	—	［23］*	完成
资源环境	单位地区生产总值能源消耗降低（%）		约束性	—	—	［16］*	完成
资源环境	非化石能源占一次能源消费比重（%）		约束性	30.1*	34.2*	—	完成
资源环境	单位地区生产总值二氧化碳排放降低（%）		约束性		—	［19.5］*	完成
资源环境	森林发展	森林覆盖率（%）	约束性	36	40*	—	完成
资源环境	森林发展	森林蓄积量（亿立方米）	约束性	17.3	19*	—	完成
资源环境	空气质量	地级及以上城市空气质量优良天数比率（%）	约束性	—	83.5*	—	完成
资源环境	空气质量	细颗粒物（PM2.5）未达标的地级及以上城市年均浓度下降（%）	约束性	—	—	［18］*	完成
资源环境	地表水质量	达到或好于Ⅲ类水体比例（%）	约束性	61.3	81.6*	—	完成
资源环境	地表水质量	劣Ⅴ类水体比例（%）	约束性	—	0*	—	完成
资源环境	主要污染物排放总量减少	化学需氧量（%）	约束性	—	—	［12.8］*	完成
资源环境	主要污染物排放总量减少	氨氮（%）	约束性	—	—	［13.9］*	完成
资源环境	主要污染物排放总量减少	二氧化硫（%）	约束性	—	—	［16］*	完成
资源环境	主要污染物排放总量减少	氮氧化物（%）	约束性	—	—	［16］*	完成

注：1. 年均增速按可比价格计算；

2. ［ ］内数据为累计数；

3. 加*号数据为2015年实际数及相应调整后的规划目标数。

附表 3　四川“十四五”时期经济社会发展主要指标

类别	指标	2020 年	2025 年	年均增速或［累计数］	属性
经济发展	1. 地区生产总值增长（%）	3.8	—	6	预期性
	2. 全员劳动生产率增长（%）	—	—	6	预期性
	3. 常住人口城镇化率（%）	55*	60	—	预期性
创新驱动	4. 研发经费投入增长（%）	—	—	>10	预期性
	5. 研发经费投入强度（%）	2.0*	2.4	—	预期性
	6. 每万人口高价值发明专利拥有量（件）	2.94	5.67	—	预期性
	7. 数字经济核心产业增加值占 GDP 比重（%）	—	达到全国平均水平	—	预期性
民生福祉	8. 居民人均可支配收入增长（%）	7.4	—	>6	预期性
	9. 城镇调查失业率（%）	5.8	—	<6	预期性
	10. 劳动年龄人口平均受教育年限（年）	10.16	10.51	—	约束性
	11. 每千人口拥有执业（助理）医师数（人）	2.75	2.85	—	预期性
	12. 基本养老保险参保率（%）	90	95	—	预期性
	13. 每千人口拥有 3 岁以下婴幼儿托位数（个）	1.5	3	—	预期性
	14. 人均预期寿命（岁）	77.3	—	[0.9]	预期性
绿色生态	15. 单位 GDP 能源消耗降低（%）	—	—	完成国家下达目标任务	约束性
	16. 单位 GDP 二氧化碳排放降低（%）	—	—	完成国家下达目标任务	约束性
	17. 地级及以上城市空气质量优良天数比率（%）	—	完成国家考核目标	—	约束性
	18. 地表水达到或好于Ⅲ类水体比例（%）	—	完成国家考核目标	—	约束性
	19. 森林覆盖率（%）	40	41	—	约束性
安全保障	20. 粮食综合生产能力（万吨）	3500	3500	—	约束性
	21. 能源综合生产能力（亿吨标准煤）	—	2.57	—	约束性

注：1. [　] 内数据为 5 年累计数；
2. * 为 2020 年预计数；
3. 能源综合生产能力指煤炭、石油、天然气、非化石能源生产能力之和。